Manfred Nowak

Folter: Die Alltäglichkeit des Unfassbaren

Manfred Nowak

Folter

Die Alltäglichkeit des Unfassbaren

K&S

www.kremayr-scheriau.at

ISBN 978-3-218-00833-4

Schutzumschlaggestaltung: Kurt Hamtil, Wien
unter Verwendung eines Fotos von Michael Cevoli/Corbis
Typografische Gestaltung: Ekke Wolf, typic.at
Druck und Bindung: CPI Moravia Books, Pohořelice

Inhalt

Die Unfassbarkeit der Folter

Alle Menschen haben eine bestimmte Vorstellung von Folter. In Europa denken viele an die dunkelsten Zeiten des Mittelalters: Nagelbrett, Daumenschraube, die Inquisition der katholischen Kirche, Hexenverbrennungen oder die Peinliche Halsgerichtsordnung von Kaiser Karl V. In Lateinamerika assoziieren die Menschen mit Folter, wenn sie nicht auch an die spanische Conquista denken, die brutalen Methoden, mit denen die Militärdiktaturen der 1970er Jahre politisch Andersdenkende unterdrückt haben. Häufig drängen sich beim Gedanken an Folter auch die grausamen Bilder aus Abu Ghraib, Guantánamo Bay und anderen Foltergefängnissen der Bush-Regierung in unser Bewusstsein: ein Knäuel von nackten Männern, die von amerikanischen Soldaten aufeinandergestapelt wurden, oder gebrochene und gedemütigte Menschen in orangen Häftlingsuniformen, deren Sinne und Wahrnehmungen durch wissenschaftlich untermauerte psychische Foltermethoden gezielt »desorientiert« wurden.

Wir können Folter beschreiben oder definieren, aber wirklich erfassen können wir nicht, was Folter bedeutet, wenn wir sie nicht selbst erlebt haben. Wir versuchen, uns in das Leiden der Gefolterten hineinzufühlen, aber an einem bestimmten Punkt versagt unsere Vorstellungskraft. Als ich vor nunmehr 35 Jahren mein erstes Interview mit einem Folteropfer für die Zeitschrift »Lateinamerika Anders« in Wien versuchte, wurde mir schlecht. Mein späterer Freund Erik Zott begann, über seine Erlebnisse unter der chilenischen Militärjunta zu berichten, aber ich musste das Interview abbrechen und mich übergeben. Ich konnte es physisch und psychisch nicht ertragen, mich in seine Leiden und Qualen wirklich hineinzuversetzen.

Damals ahnte ich noch nicht, dass ich im Laufe meines Lebens noch unzählige Folteropfer und -überlebende in allen Teilen der Welt interviewen würde. Ich kann ihre Geschichten und Erfahrungen anhören und dokumentieren, aber die physischen Schmerzen und das seelische Leid dieser gepeinigten Menschen wirklich zu erfassen und zu erfühlen, geht über meine geistige und seelische Vorstellungskraft hinaus.

Angriff auf den Kern der Menschenwürde

Wie die Sklaverei stellt die Folter einen unmittelbaren Angriff auf den Kern der menschlichen Würde und Integrität dar. Während Sklaven rechtlich das Mensch-Sein abgesprochen wird und sie folglich zu einer Sache im Eigentum eines anderen Menschen degradiert werden, führt die Folter zur faktischen Dehumanisierung des Menschen. Sklaverei und Leibeigenschaft ist die völlige rechtliche Herrschaftsgewalt von Menschen über Menschen, Folter die faktische Herrschaftsgewalt. Die Opfer werden erniedrigt und gedemütigt, häufig entkleidet, an Händen und Füßen gefesselt, nicht selten aufgehängt und gezwungen, in einer wehrlosen und schmerzhaften Position zu verharren. Man gibt ihnen das Gefühl, entmenschlicht und ohnmächtig zu sein, um sie dazu zu zwingen, Geständnisse oder sonstige Informationen preiszugeben.

Die Folter ist so abscheulich, dass sie in Reaktion auf die unvorstellbaren Methoden der Nazi-Schergen in der Gestapo und SS wie kaum eine andere Menschenrechtsverletzung weltweit ohne Wenn und Aber, also absolut, auch im Kriegs- oder Ausnahmezustand, verboten und geächtet wurde. Um Folter auch wirklich auszurotten, hat sich die Staatengemeinschaft unter dem Eindruck der Gräuel in Chile, Argentinien und anderen Militärdiktaturen Lateinamerikas 1984 darauf geeinigt, Folterknechte zu Schwerverbrechern und sogar zu »Feinden der Menschheit« zu erklären, für die es in keinem Winkel der Welt mehr einen sicheren Zufluchtsort geben dürfe. Die Staaten haben sich verpflichtet, jede einzelne der Folter verdächtige Person, die sich auf ihrem Hoheitsgebiet befindet, festzunehmen und, falls sie nicht an den Tatort- oder Heimatstaat ausgeliefert wird, selbst vor ihre eigenen Gerichte zu stellen und im Falle ihrer Schuld zu langjährigen Freiheitsstrafen zu verurteilen.

Wir hatten gehofft, dass diese als Weltstrafrechtsprinzip bekannte Methode ihre abschreckende Wirkung nicht verfehlen wird und dass die Folter, wie Sklaverei oder Völkermord, bis zum Ende des 20. Jahrhunderts auch wirklich der Vergangenheit angehören würde, dass unsere Kinder über diese unfassbare Praxis nur mehr in den Geschichtsbüchern statt in den Tageszeitungen lesen würden.

Weit gefehlt! Auch wenn unser Verstand die Qualen der Folter nicht wirklich zu erfassen vermag und unsere Vorstellungswelt sie deshalb unwillkürlich in das weit entfernte Mittelalter, oder in den emotional ebenso wenig fassbaren Nationalsozialismus oder zumindest in ferne Kontinente unseres Planeten zu verbannen trachtet, so zeigen unsere Untersuchungen, dass die Folter zur alltäglichen Routine der Polizei im Großteil der Staaten des 21. Jahrhunderts gehört – nicht nur zum Instrumentarium der Geheimpolizei finsterer »Schurkenstaaten«, sondern zum Standardrepertoire der normalen Kriminalpolizei, auch in Demokratien.

Das Ziel dieses Buches

Dieses Buch beruht im Wesentlichen auf meinen persönlichen Erfahrungen als UNO-Sonderberichterstatter über Folter in den Jahren zwischen 2004 und 2010. Diese Funktion hat es mir und meinen verschiedenen Teams ermöglicht, viele Staaten dieser Welt, ihre Gefängnisse und Polizeidienststellen zu besuchen, mit Tätern, Zeugen und Opfern der Folter, insbesondere in der Haft, zu sprechen, um Folter und Haftbedingungen zu untersuchen, zu dokumentieren und den Vereinten Nationen darüber zu berichten.

Es bezweckt keineswegs, die Regierungen jener Staaten, die mich ohne jede Verpflichtung zu Untersuchungsmissionen eingeladen haben, zu kritisieren oder gar an den Pranger zu stellen. Im Gegenteil, ich bin gerade diesen Regierungen zu Dank verpflichtet, weil sie es uns gestattet haben, uns ein objektives Bild an Ort und Stelle zu machen und darüber öffentlich zu berichten.

Dieses Buch will nicht mit dem Finger zeigen und verurteilen, sondern es will versuchen, das Unfassbare etwas fassbarer zu machen, die Ursachen und Mechanismen der Alltäglichkeit der Folter verstehen zu lernen. Es will auch aufrütteln, Empathie für die »vergessenen Häftlinge« wecken und Wege aufzeigen, wie Folter verhütet und vielleicht sogar eines Tages wirklich ausgerottet werden kann. Wie wir Folter verhindern oder zumindest auf ein Mindestmaß seltener Einzelfälle reduzieren können, wissen wir. Aber wir können dieses Wissen nicht in die Praxis umsetzen, wenn sich nicht viele Menschen über das Unfassbare empören und durch diesen moralischen und politischen Druck die Verantwortlichen zwingen, die notwendigen Maßnahmen zu ergreifen.

Die globale Gesellschaft des 21. Jahrhunderts braucht viel mehr »Rebellen« vom Schlage des 94-jährigen französischen Diplomaten Stéphane Hessel, die uns ein »Empört Euch!« zurufen. Denn der Traum einer neuen, an den Menschenrechten orientierten Weltordnung ist in den Konzentrationslagern und Folterkellern der Nazis entstanden, hat nach dem Ende des Kalten Krieges einen neuen Anstoß erhalten, ist aber leider in den Wirren des sogenannten »Krieges gegen den Terror« wieder versandet. Dass mit dem »Arabischen Frühling« eine neue Bewegung der Zivilgesellschaft gerade in jenem Teil der Welt entstanden ist, wo die Folter am stärksten verbreitet und geradezu institutionalisiert ist, gibt Anlass zur Hoffnung, dass dieser Traum einer neuen Weltordnung im 21. Jahrhundert Wirklichkeit werden kann.

Was ist ein UNO-Sonderberichterstatter über Folter?

Der »Sonderberichterstatter über Folter, grausame, unmenschliche oder erniedrigende Behandlung oder Strafe« ist eines der sogenannten »Sonderverfahren« des Menschenrechtsrats der Vereinten Nationen. Wie sich der Sicherheitsrat mit Fragen des Weltfriedens und der internationalen Sicherheit auseinandersetzt, so befasst sich der Menschenrechtsrat mit Fragen der Menschenrechte in allen Staaten der Welt. Beides sind politische Organe, das heißt, sie setzen sich aus Staaten zusammen, die dort von ihren Botschaftern, bei wichtigen Sitzungen auch von Ministern, vertreten werden. Während der Sicherheitsrat als das einzige Organ der Vereinten Nationen, das völkerrechtlich bindende Entscheidungen treffen und nötigenfalls auch mit politischen, ökonomischen oder gar militärischen Zwangsmitteln durchsetzen kann, seit der Gründung der Weltorganisation im Jahr 1945 besteht, wurde der Menschenrechtsrat erst 2006 geschaffen. Bis dahin wurden Menschenrechtsfragen in der dem Wirtschafts- und Sozialrat unterstellten Menschenrechtskommission beraten und beschlossen.

Untersuchungen durch unabhängige Experten

Neben der Ausarbeitung universeller normativer Standards und Verträge zum Schutz der Menschenrechte – von der Allgemeinen Erklärung der Menschenrechte 1948 über die beiden Weltpakte 1966 oder die Konvention über die Rechte des Kindes 1989 bis zur Konvention über das erzwungene Verschwindenlassen 2006 – hat die Menschenrechtskommission schon in den 1960er Jahren begonnen, sich auch mit der konkreten Situation der Menschenrechte in aller Welt zu beschäftigen.

Einen Staat wegen Verletzungen der Menschenrechte zu kritisieren oder gar durch eine formelle Resolution zu verurteilen, ist natürlich eine politisch höchst brisante Angelegenheit, die von den betroffenen Regierungen auch heute noch oft als unzulässige Einmischung in ihre nationale Souveränität empfunden wird. Da die Versuchung für die Staaten groß ist, sich bei der Beurteilung der realen Menschenrechtssituation in anderen Staaten auch von politischen Kriterien leiten zu lassen, haben die in der Menschenrechtskommission vertretenen Staaten beschlossen, Untersuchungen über konkrete Menschenrechtsverletzungen von unabhängigen Experten durchführen zu lassen.

Am Beginn dieser Entwicklung stand die Einsetzung von fünfköpfigen Arbeitsgruppen (je ein Experte oder eine Expertin aus einer der fünf geopolitischen Regionen), welche die Gesamtsituation der Menschenrechte in ausgewählten Staaten wie Südafrika, Israel oder Chile durch konkrete Missionen vor Ort untersuchen und der Kommission darüber berichten sollten. Seit den 1980er Jahren wurden diese Arbeitsgruppen zunehmend durch Einzelpersonen ersetzt, die meist Sonderberichterstatter (»Special Rapporteur«) genannt wurden.

Die Einsetzung dieser länderspezifischen Arbeitsgruppen oder Sonderberichterstatter erfolgte durch einen Mehrheitsbeschluss der Kommission, worin diese ihre Besorgnis über schwere und systematische Verletzungen der Menschenrechte in den jeweiligen Staaten zum Ausdruck brachte. Wenn der Untersuchungsbericht dieser Arbeitsgruppen oder Sonderberichterstatter die Annahme bestätigte, dass die Menschenrechte in dem betreffenden Land auf systematische Weise verletzt wurden, so verlängerte die Kommission das Mandat dieser unabhängigen Experten für jeweils ein Jahr, bis sich die Lage der Menschenrechte entsprechend verbessert hatte. Im Fall Südafrikas wurde die Arbeitsgruppe erst nach dem Ende des Apartheid-Regimes im Jahr 1995 aufgelöst, im Fall Chiles mit der Rückkehr zur Demokratie im Jahr 1990.

Die Sonderverfahren

Die Einsetzung dieser länderspezifischen Sonderverfahren, die natürlich zu einer Stigmatisierung der betreffenden Staaten führte, war die stärkste »Waffe« der Menschenrechtskommission. In den 1990er Jahren gab es über 20 Staaten, deren Menschenrechtsverletzungen in diesem öffentlichen Sonderverfahren der Kommission an den Pranger gestellt wurden.

Diese »schwarze Liste« der Kommission umfasste Staaten wie El Salvador, Guatemala, Kuba, Haiti, Ruanda, Burundi, Zaire (Kongo), Äquatorialguinea, Sudan, Somalia, Israel, Irak, Iran, Afghanistan, Kambodscha, Myanmar (Burma) oder das ehemalige Jugoslawien. Auch wenn die Entscheidung der Kommission, einen Staat diesem Sonderverfahren zu unterwerfen, durch politische Motive mitbestimmt war, so stellt diese »schwarze Liste« dennoch eine ziemlich repräsentative Auswahl jener Staaten dar, in denen die Menschenrechte am Ende des 20. Jahrhunderts am stärksten verletzt wurden. Dennoch hat diese »Selektivität« der Kommission zu immer stärkerer Kritik und schließlich auch zur Ablösung der Kommission durch den Menschenrechtsrat im Jahr 2006 geführt.

Der Rat hat die »schwarze Liste« drastisch gekürzt, so dass heute nur mehr wenige Staaten wie Israel, Nordkorea, Myanmar (Burma) und kürzlich wieder der Iran diesem Sonderverfahren unterliegen.

Größere Bedeutung haben heute die thematischen Sonderverfahren. An ihrer Wiege stand die Einsetzung einer fünfköpfigen Arbeitsgruppe über das erzwungene Verschwindenlassen im Jahr 1980, weil sich die Kommission nicht auf eine länderspezifische Untersuchung dieses Phänomens in Argentinien einigen konnte. Also wurde diese Arbeitsgruppe mit einem globalen Mandat ausgestattet. 1982 folgte die Einsetzung eines Sonderberichterstatters über willkürliche Hinrichtungen, 1985 über Folter, 1986 über religiöse Intoleranz. Später wurden auch für spezifische Menschenrechtsverletzungen wie Kinderhandel oder Gewalt gegen Frauen und für wirtschaftliche, soziale und kulturelle Menschenrechte, wie die Rechte auf Bildung, Gesundheit, Unterkunft, Nahrung und Wasser, eigene thematische Sonderberichterstatter eingesetzt, so dass es heute für die meisten Menschenrechte entsprechende »Sonderverfahren« gibt, die nach Abschaffung der Kommission auch vom Menschenrechtsrat übernommen wurden.

Die Wahl der Sonderberichterstatter

Während die länderspezifischen Sonderberichterstatter die Gesamtsituation der Menschenrechte in einem bestimmten Staat untersuchen sollen, ist es Aufgabe der thematischen Sonderberichterstatter, die reale Situation im Hinblick auf ein bestimmtes Recht oder eine bestimmte Menschenrechtsverletzung wie Folter in möglichst allen Staaten der Welt zu untersuchen und entsprechende Berichte mit Empfehlungen an den Menschenrechtsrat in Genf und an die Generalversammlung in New York zu richten. Das ist natürlich ein unmögliches Unterfangen, aber man kann durch eine möglichst repräsentative Auswahl jener Staaten, in denen man Untersuchungsmissionen durchführt, Erkenntnisse gewinnen, die eine globale Einschätzung und Beurteilung ermöglichen.

Thematische Sonderverfahren sind in der Regel auf Dauer angelegt, aber die einzelnen Experten und Expertinnen, die der Menschenrechtsrat mit diesem Mandat betraut, werden meist für drei Jahre bestellt, wobei dieses Mandat nur einmal für weitere drei Jahre verlängert werden kann. Als ich im Dezember 2004 vom damaligen Präsidenten der Menschenrechtskommission zum Sonderberichterstatter über Folter bestellt wurde, hatte ich bereits drei prominente Vorgänger. Die Verlängerung meines Mandats erfolgte schließlich 2007 nach heftigen Debatten durch den Menschenrechtsrat. Obwohl die Auswahl der einzelnen Personen durch die Staaten und in der Regel auf Vorschlag von Staaten erfolgt, so achtet der Rat wie früher die Kommission darauf, dass wirklich unabhängige Experten und Expertinnen, häufig aus dem universitären Bereich, mit diesen Funktionen betraut werden. Die Unabhängigkeit wird durch diplomatische Privilegien und Immunitäten geschützt und dadurch unterstrichen, dass Sonderberichterstatter für ihre Tätigkeit kein Honorar, sondern nur eine Aufwandsentschädigung für die entstandenen Reise- und Aufenthaltskosten erhalten.

Meine Arbeit als Sonderberichterstatter

Die Sonderverfahren werden häufig als die »Augen und Ohren« des Menschenrechtsrates bezeichnet. Als Sonderberichterstatter über Folter war es meine Aufgabe, mir in den sechs Jahren des Mandats eine möglichst umfassende Kenntnis der globalen Praxis der Folter und anderer Formen der Misshandlung anzueignen, die Gründe für diese weit verbreitete Praxis aufzuzeigen, alle in diesem Zusammenhang auftauchenden Rechtsfragen zu klären und Vorschläge zu unterbreiten, wie Folter und Misshandlung am wirksamsten bekämpft und verhütet werden können.

Gemeinsam mit meinen Teams in Genf und Wien habe ich Tausende Individualbeschwerden von Opfern, ihren Familienangehörigen oder nicht-staatlichen Organisationen entgegengenommen, analysiert und an die betreffenden Regierungen mit der Aufforderung zur Untersuchung, oft in Form sogenannter »urgent appeals« weitergeleitet. Wir haben 18 offizielle Untersuchungsmissionen in ausgewählte Staaten in allen Regionen der Welt durchgeführt, drei gemeinsame Untersuchungen mit anderen Sonderverfahren, zwei Follow-up-Missionen und unzählige sonstige Besuche in verschiedenen Staaten, um uns ein möglichst umfassendes Bild der Folter, sonstiger Formen der Misshandlung sowie der Haftbedingungen zu machen. Neben vielen Länderberichten habe ich jedes Frühjahr der Menschenrechtskommission und später dem Menschenrechtsrat in Genf sowie im Herbst der Generalversammlung in New York einen umfangreichen allgemeinen Bericht über unsere Erkenntnisse samt detaillierten Empfehlungen zur Verbesserung der Situation vorgelegt.

Wie viele andere Berichte unabhängiger Experten und Expertinnen dienen auch diese Berichte und Vorschläge als Grundlage für den politischen Willensbildungs- und Entscheidungsprozess in den verschiedenen mit Menschenrechten befassten Gremien der Vereinten Nationen. Der reale Einfluss der Sonderberichterstatter hängt folglich nicht nur von der Qualität ihrer Expertisen und ihrem diplomatischen Geschick ab, sondern primär von der politischen Realität. Wenn es gerade politisch opportun ist, wirksame Maßnahmen zu setzen, können diese Berichte und Empfehlungen plötzlich große Relevanz bekommen; wenn die politische Situation anders ist, versanden auch die besten Berichte und Vorschläge ohne entsprechende Resonanz.

Das Büro der UNO-Hochkommissarin für Menschenrechte (OHCHR) in Genf – zur Zeit meines Mandats Louise Arbour aus Kanada und später Navi Pillay aus Südafrika – hat meine Tätigkeit mit einer Reihe von ausgezeichneten Mitarbeitern und Mitarbeiterinnen unterstützt, die mich auch auf meinen Missionen und sonstigen Reisen begleitet haben. Darüber hinaus habe ich mit Hilfe finanzieller Unterstützung durch einzelne Staaten wie insbesondere Österreich und die Schweiz ein exzellentes Team von Expertinnen und Experten zur Unterstützung meines Mandats am Ludwig Boltzmann Institut für Menschenrechte (BIM) in Wien aufbauen können. Dieses Team hat eng mit den jeweiligen Teams in Genf zusammengearbeitet und entwickelte sich bald zu der entscheidenden Stütze, ohne die es mir nicht möglich gewesen wäre, das Mandat neben meinem eigentlichen Beruf als Wissenschaftler in einer möglichst aktiven und nachhaltigen Weise auszuüben.

Gemeinsam mit diesem bewährten Team führe ich in den Jahren 2011 bis 2013 ein von der EU finanziertes Projekt durch, das es sich zur Aufgabe gestellt hat, die Regierungen und die Zivilgesellschaft in fünf ausgewählten Ländern dabei zu unterstützen, meine Empfehlungen auf der Basis konkreter Untersuchungsmissionen in die Praxis umzusetzen.

Methoden einer unabhängigen Untersuchung der Folter

Kein Staat ist verpflichtet, einen Sonderberichterstatter der Vereinten Nationen einzuladen. Falls sich eine Regierung jedoch dazu durchringt, Sonderberichterstatter einzuladen, so muss sie deren »terms of reference« akzeptieren, also gewisse Mindestregeln, die eine unabhängige und objektive Untersuchung vor Ort ermöglichen. Dazu gehören natürlich die uneingeschränkte Bewegungsfreiheit im Land, die Einsicht in alle relevanten Dokumente und Gespräche mit den zuständigen Regierungsstellen und Auskunftspersonen der Zivilgesellschaft. Folter zu untersuchen ist allerdings schwieriger als beispielsweise die Verletzung bzw. Umsetzung der Rechte auf Bildung, Gesundheit, Meinungs- oder Versammlungsfreiheit. Denn Folter ist absolut verboten, findet immer im Geheimen statt und wird so gut wie immer abgestritten. Daher gibt es auch keine nationalen Statistiken über Folter und nur selten Urteile nationaler Straf-, Zivil- oder Verfassungsgerichte, in denen Folter nachgewiesen wurde.

Wenn ich am Beginn einer Mission die zuständigen Minister für Inneres, Justiz, nationale Sicherheit oder Verteidigung, Staatsanwälte, Polizeichefs, Gefängnisdirektoren oder die Präsidenten der Höchstgerichte fragte, wie weit verbreitet Folter in ihrem Land sei, so führte diese als unverschämt empfundene Frage in der Regel zu einer gewissen Irritation. Natürlich gebe es keine Folter, frei nach dem Motto, dass nicht sein kann, was nicht sein darf. Wenn ich dieselbe Frage an Repräsentanten der Zivilgesellschaft richtete, so wurde mir jedoch versichert, dass Folter von den Sicherheitskräften routinemäßig angewendet wurde. Wem sollte ich glauben?

Unangekündigte Besuche der Haftorte

Also mussten wir spezielle Untersuchungsmethoden entwickeln, um Folter effektiv nachweisen und glaubhaft dokumentieren zu können. Zum Teil habe ich mich dabei auf die Arbeit meiner Vorgänger und vergleichbarer Organe wie dem Europäischen Komitee zur Verhütung der Folter gestützt, zum Teil habe ich auch neue Methoden entwickelt.

Da Folter fast ausschließlich im Verborgenen, also in der Haft, praktiziert wird, haben wir die meiste Zeit unserer Missionen in Gefängnissen, Polizei- und Militärdienststellen, psychiatrischen Anstalten und speziellen Haftzentren für Kinder, Migranten und Drogenabhängige verbracht. Wenn man diese Besuche aber vorher ankündigt und sich von den Leitern der jeweiligen Anstalten herumführen lässt, wird man wenig Beweise für Folter finden. Folglich haben wir es zu einer Bedingung gemacht, alle Haftorte unangekündigt besuchen zu können, unsere Interviewpartner selbst auswählen zu können, Interviews mit Häftlingen und Zeugen vertraulich zu führen, forensische Experten mitzunehmen sowie Folterspuren und Haftbedingungen durch Fotos und Videoaufnahmen dokumentieren zu können.

Obwohl die Sinnhaftigkeit dieser speziellen Untersuchungsmethoden den meisten Menschen einleuchtet, widersprechen sie doch dem Selbstverständnis geschlossener Anstalten. Deswegen haben viele Regierungen versucht, Ausnahmeregelungen zu verhandeln, und manche Missionen, die bereits im Detail geplant waren, mussten aufgrund der mangelnden Einwilligung zu den Mindestbedingungen im letzten Augenblick verschoben bzw. abgesagt werden. Beispielsweise waren die Regierungen der USA oder Russlands trotz vorheriger Zusagen letztlich nicht bereit, vertrauliche Gespräche mit Häftlingen in Guantánamo Bay oder in Tschetschenien zuzulassen.

Aber auch nach dem Beginn einer Mission gab es immer wieder Versuche, die »terms of reference« neu zu verhandeln oder zu umgehen. Also begann ich, von den zuständigen Ministern spezielle Autorisierungsbriefe in den jeweiligen Landessprachen zu verlangen, in denen alle Mitglieder meines Teams namentlich genannt und unsere Rechte genau erläutert wurden.

Falls ein Polizeichef bei einer unangekündigten nächtlichen Visite uns dennoch den Zugang verwehren wollte oder ein Gefängnisdirektor darauf bestand, dass wir unsere Mobiltelefone, Foto- und Videokameras beim Eingang ablegen, so verhalf eine telefonische »24-Stunden-Hotline« mit deren Vorgesetzten nicht selten zum gewünschten Erfolg. Sobald wir aber eine überfüllte Gefängniszelle mit Häftlingen betreten wollten und das Gefängnispersonal ersuchten, uns alleine mit ihnen zu lassen, wurden wir in der Regel mit dem Argument konfrontiert, dass es zur Gewährleistung unserer Sicherheit unumgänglich sei, dass zumindest ein Beamter in unserer Nähe blieb.

Es kostete mich oft viele Stunden Überzeugungsarbeit mit Argumenten wie etwa jenem, dass ich noch nie von einem Häftling, wohl aber von Polizisten, Soldaten und Gefängniswärtern attackiert worden sei. Falls UNO-Sicherheitsbeamte Teil des Teams waren, war es leichter, unsere »Gastgeber« davon zu überzeugen, dass wir selbst für unsere Sicherheit verantwortlich waren.

Einzelinterviews

Sobald wir mit den Häftlingen alleine waren und uns auch überzeugt hatten, dass wir nicht belauscht, beobachtet oder abgehört wurden, erklärten wir ihnen den Zweck unseres Besuches, unseren Wunsch, individuelle und vertrauliche Interviews mit einzelnen Häftlingen zu führen, aber auch die Gefahr, dass die bloße Tatsache ihrer Einwilligung zu einem Gespräch bereits zu Repressalien führen könnte. Gewisse allgemeine Fragen über die Haftbedingungen, das Essen, den Tagesablauf, Besuchszeiten etc. konnten wir auch durch Gruppeninterviews abklären. Konkrete Erfahrungen über Folter und Misshandlungen sollten aber soweit wie möglich in Einzelinterviews besprochen werden, wobei das Vieraugenprinzip eine wichtige Rolle spielt: Um das notwendige Vertrauen zu den Interviewten herzustellen und Augenkontakt beizubehalten, ist es zweckmäßig, dass eine Person die Fragen stellt und eine andere Person Notizen macht. Das erleichtert auch die Beobachtung und Einschätzung der Person, mit der das Interview geführt wird. Außerdem sehen vier Augen mehr als zwei, und schließlich erhöht die Anwesenheit von zwei oder drei Personen (wie Dolmetscher) unsere Sicherheit während des Interviews.

Forensische Dokumentation

Falls wir Folteropfer mit sichtbaren Spuren von Folter sahen und diese bereit waren, sich medizinisch untersuchen zu lassen, führte ein forensischer Experte, wie er bei fast allen Missionen anwesend war, nochmals ein unabhängiges Interview und dokumentierte die Verletzungen ausführlich. Ich habe von diesen Experten viel über die diversen Foltermethoden, die dadurch verursachten physischen und psychischen Schmerzen und Wunden sowie die Möglichkeiten der forensischen Dokumentation und des Nachweises von Foltermethoden gelernt.

Dabei ist mir auch klar geworden, wie schwer es ist, Folter einfach vorzutäuschen. Bei den meisten Foltermethoden müsste man schon über ausgeprägte medizinische Kenntnisse verfügen, um einem forensischen Experten glaubhaft die einzelnen Symptome, Schmerzen und Beschwerden zu schildern, die man in den ersten Tagen oder Wochen nach der Folter gefühlt und erlitten hat.

Natürlich haben einzelne Personen manche Beschwerden übertrieben, oder sie konnten sich nicht mehr genau an alle Symptome erinnern, aber in den wenigsten Fällen haben sie Folter vorgetäuscht. Warum sollten sie das auch tun? Nur um die Beamten anzuschwärzen und sich dadurch dem Risiko von Repressalien auszusetzen? Da ich kein Richter bin und folglich auch nicht über die Schuld, Unschuld oder die mögliche Freilassung dieser Personen entscheiden kann, gibt es kaum vernünftige Gründe, warum mich diese Personen anlügen sollten. Falls sie es trotzdem getan haben, so haben wir es in der Regel schnell gemerkt.

Umgekehrt hat die forensische Untersuchung häufig den schlüssigen Beweis erbracht, dass die Betreffenden wirklich gefoltert wurden. Trotzdem haben die Behörden in den meisten besuchten Ländern fast gebetsmühlenartig den Vorwurf erhoben, dass die Häftlinge Folter lediglich als Schutzbehauptung erfinden würden. Es stimmt, dass ich während meiner Besuche viele Lügen hörte, aber kaum von Häftlingen, dafür aber umso routinemäßiger von Polizisten, Gefängnispersonal, Militärs und Politikern.

Der Druck der Beweise

Um diesen Lügen leichter begegnen zu können, haben wir die Spuren der Folter, aber auch die Haftbedingungen in den überfüllten und verschmutzten Zellen nach vorheriger Zustimmung der Häftlinge fotografiert und gefilmt. Wenn die Lügen der Beamten allzu dreist wurden, haben wir ihnen Fotos gezeigt, die selten ihre Wirkung verfehlten. Polizisten oder Politiker, die kurz zuvor noch felsenfest behauptet hatten, noch nie in ihrem Leben von Foltervorwürfen gehört zu haben, waren sich plötzlich nicht mehr ganz so sicher. Manche gaben unter dem Druck dieser Beweise auch zu, dass sie in einzelnen Fällen, in denen sie von Häftlingen beim Verhör keine brauchbaren Auskünfte erlangen konnten oder ihrer Meinung nach angelogen wurden, mit ein paar Schlägen deren Gedächtnis nachgeholfen hätten. Wie mir ein hoher Polizeibeamter in Nepal nach einem längeren und sehr kontroversiellen Interview versicherte: »A little bit of torture helps …«

Methoden der Staaten, objektive Untersuchungen zu verhindern

Stornierung von Besuchen

Die bisherigen Ausführungen sollten verdeutlichen, dass eine objektive Untersuchung und Dokumentation von Folter kein leichtes Unterfangen ist. Wenn Regierungen ernsthaft daran interessiert waren, von mir eine objektive, unabhängige und noch dazu kostenlose Einschätzung des Ausmaßes der Folter und der Haftbedingungen in ihrem Land zu erhalten, so konnte ich ungestört arbeiten. Dies war insbesondere in Dänemark, Grönland, Togo oder Uruguay der Fall. Auch in Georgien, Griechenland, Paraguay oder Papua-Neuguinea gab es ein relativ großes Interesse an einer objektiven Evaluierung.

Manche Regierungen hatten mich aber nicht eingeladen, weil sie ehrlich an einer objektiven Beurteilung der Situation interessiert waren, sondern weil sie der Öffentlichkeit zeigen wollten, dass sie mit unabhängigen Menschenrechtsexperten kooperieren und nichts zu verbergen haben. Also haben sie viel Energie darin investiert, meine Untersuchungen zu torpedieren und mein Leben während der Missionen so schwer wie möglich zu machen. In manchen Ländern fühlte ich mich wie in einem Katz-und-Maus-Spiel, wobei sich die jeweiligen Rollen häufig vertauschten.

Manche Regierungen wie jene der USA und Russlands versuchten bereits im Vorfeld einer Mission durch hartnäckige Verhandlungen, meine »terms of reference« neu zu definieren: keine unangekündigten Besuche, keine vertraulichen Interviews, keine fotografische Dokumentation etc. Wäre ich auf diese Bedingungen eingegangen, hätte ich wahrscheinlich keine Beweise gefunden, weil Häftlinge bei gleichzeitiger Anwesenheit von Polizei und Gefängnispersonal kaum offen über ihre Erfahrungen gesprochen hätten. Während wir zu Guantánamo Bay trotz der in letzter Minute erfolgten Stornierung unseres Besuches in diesem US-Gefangenenlager auf Kuba unsere gemeinsame Studie auf der Basis von Interviews mit Ex-Guantánamo-Häftlingen in Europa und anderen Informationen fertigstellten und veröffentlichten, bedeutete die »Verschiebung« meiner für Oktober 2006 geplanten und fertig vorbereiteten Mission in die Russische Föderation vonseiten der Regierung weniger als eine Woche vor ihrem Beginn, dass all unsere minutiösen Vorbereitungsarbeiten letztlich umsonst waren.

Vorgetäuschte Einladungen

Andere Regierungen wie Kuba oder Zimbabwe hatten mich überhaupt nur zum Schein eingeladen, um im Menschenrechtsrat volle Kooperation vorzutäuschen. Über die kubanische Einladung erfuhr ich zuerst aus den Medien. Im März 2009 hatte die kubanische Regierung im Menschenrechtsrat angekündigt, mich noch im Laufe des Jahres 2009 in Kuba sehen zu wollen. Da für Oktober 2009 eine Mission nach Zimbabwe nach offizieller Einladung durch die Regierung Mugabe ausgemacht war, reservierte ich in Absprache mit den kubanischen Botschaftern in Genf und Wien den ganzen November 2009 für Kuba. Dies war mein vorletztes Jahr als Sonderberichterstatter, und ich zog diese beiden schwierigen Missionen anderen Einladungen vor. Aber die kubanische Regierung wollte sich nicht auf ein konkretes Datum festlegen. Ende Oktober teilte sie mir dann mit, dass November 2009 doch nicht ginge und wir die Mission auf 2010 verschieben müssten. Doch auch in diesem Jahr war keiner der von mir vorgeschlagenen Termine willkommen. Also forderte ich die Regierung auf, endlich von sich aus einen Termin zu nennen. Sie schlug den Juli vor. Ich willigte ein, aber im Juni erfuhr ich dann, dass Juli kein guter Monat sei, weil die meisten meiner Gesprächspartner zu dieser Zeit auf Urlaub wären. Bis dahin hatte ich wirklich geglaubt, dass Kubas Einladung ehrlich gemeint war. Jetzt musste ich einsehen, dass ich zu naiv gewesen war und viel Zeit und Energie verschwendet hatte.

Noch ärgerlicher war freilich Zimbabwe. Mein Team war bereits zu dem mit der Regierung ausgemachten Termin im Oktober 2010 in Johannesburg, als im Büro der Hochkommissarin für Menschenrechte in Genf die Mitteilung eintraf, die »Regierung der Nationalen Einheit« habe wieder einmal Streit und wolle daher die Mission verschieben. Ich unterbrach meine Reise in Johannesburg und nahm Kontakt mit Premierminister Tsvangirai auf, der von dieser Verschiebung nichts wusste und mir mitteilte, er würde mich gerne wie vereinbart in Harare treffen. Dies teilte ich den Medien in einer kurzfristig einberufenen Pressekonferenz in Johannesburg mit und flog mit zwei Mitgliedern meines Teams, Roland Schmidt und Tiphanie Crittin, weiter nach Harare.

Statt der üblichen Protokollbeamten des Außenministeriums wurden wir am Flughafen von Sicherheitskräften empfangen, die uns die ganze Nacht am Flughafen festhielten und am frühen Morgen mit demselben Flugzeug nach Johannesburg zurückschickten. Kameraleute von Al Jazeera hatten diesen unfreundlichen Empfang am Flughafen gefilmt und sofort gesendet. Da uns unsere Wächter die Mobiltelefone und Laptops beließen, konnte ich noch während der Nacht unzählige Interviews geben. Premierminister Tsvangirai schickte sogar seinen persönlichen Sekretär um Mitternacht zum Flughafen, um uns abzuholen, aber Mugabes Sicherheitskräfte ließen ihn nicht ins Flughafengebäude. Diese Aktion, die meine diplomatische Immunität verletzte und der Regierung Zimbabwes erneut negative Schlagzeilen in den Medien bescherte, bedeutete für uns nicht nur viel Zeitvergeudung wegen der gesamten Vorbereitung, sondern sie kostete die Vereinten Nationen und das Ludwig Boltzmann Institut für Menschenrechte auch eine Menge Geld an Reisekosten.

Vorgeschobene Sicherheitsbedenken

Auch wenn Regierungen an den vereinbarten Terminen festhielten und meine »terms of reference« offiziell akzeptierten, so schloss dies keineswegs Versuche aus, diese Bedingungen nach meiner

Ankunft in den betreffenden Ländern neu verhandeln zu wollen. Beispielsweise bestand Sri Lanka darauf, dass ich ständig von Sicherheitsbeamten der Regierung begleitet werden müsse, weil sich die Regierung so große Sorgen um meine Sicherheit mache. Ich verbrachte fast zwei Tage damit, die Regierung davon zu überzeugen, dass ich wieder nach Hause fahren würde, wenn sie auf diesem Ansinnen bestehe.

Nur im Fall Chinas habe ich, um diese so schwer erkämpfte Mission nicht abbrechen zu müssen, gewisse Zugeständnisse gemacht. Ich willigte schließlich ein, dass ich bei meinen Haftbesuchen von Beamten des Außenministeriums begleitet wurde. Allerdings bestand ich darauf, dass wir den Beamten erst bei der morgendlichen Abfahrt vom Hotel mitteilten, wohin die Reise ging. Dann begann ein hektisches Telefonieren, und wir ersuchten den UNO-Chauffeur, so schnell wie möglich durch die verstopften Straßen von Beijing zu fahren, damit sich die Behörden auf unsere Besuche so wenig wie möglich vorbereiten konnten. Durch dieses Zugeständnis waren die Besuche zwar nicht mehr unangekündigt und gewisse Häftlinge konnten sicherlich versteckt werden. Für eine generelle Säuberung der Gefängnisse war die Zeit aber zu kurz. In den Gefängnissen bestand ich mit Erfolg darauf, alle Interviews vertraulich durchzuführen. Unsere Kameras mussten wir dafür leider beim Eingang abgeben.

Katz-und-Maus-Spiel

Die chinesischen Behörden waren wahre Meister im Katz-und-Maus-Spiel. Beispielsweise wollten sie uns allen Ernstes einreden, dass wir bei jedem Besuch eine ausführliche Mittagspause einlegen sollten, um das Recht der mich begleitenden Beamten auf Nahrung und das Recht der Häftlinge auf Mittagsruhe nicht zu verletzen. Auch am Abend waren Interviews schwierig, da ja das Gefängnispersonal Feierabend machen musste.

In Tibet hatte man uns tagelang die Information vorenthalten, dass die wichtigsten politischen Häftlinge kurz vor unserem Besuch aus dem berüchtigten Drapchi-Gefängnis in das neu eröffnete Qushui-Gefängnis verlegt worden waren. Erst kurz vor dem geplanten Abflug aus Lhasa gelang es uns, dieses Gefängnis ausfindig zu machen und zumindest einige jener politischen Häftlinge zu sprechen, die wir gerne interviewen wollten, in Drapchi aber nicht finden konnten. Unsere Mobiltelefone wurden derart systematisch abgehört, dass wir alle drei Stunden die Pin-Codes wechseln mussten. Trotzdem gelang es den Behörden herauszufinden, wenn Opfer oder Zeugen von Shanghai nach Beijing kommen wollten, um mit uns zu sprechen. Sie wurden einfach aus dem Zug geholt und an der Weiterreise gehindert.

Als wir uns mit der Gattin des bekannten politischen Häftlings He Depu, Jia Jianying, in Beijing zu einem Interview verabredeten, wurde sie an ihrem Arbeitsplatz abgefangen und an einen sicheren Ort außerhalb der Stadt gebracht. Nachdem wir durch vertrauliche Quellen darüber informiert worden waren, versicherten uns die Behörden, dass sie freiwillig auf Urlaub gegangen sei und sie nicht wüssten, wo sie sich aufhalte. Ich musste wieder mit dem Abbruch der gesamten Mission drohen, damit sie letztendlich von den Behörden zurückgebracht wurde und uns zu einem vertraulichen Interview zur Verfügung stand, in dem wir den genauen Hergang dieser Entführung rekonstruieren konnten. Es sei natürlich nicht das erste Mal, lächelte sie. Erst in der vergangenen Woche, in der US-Präsident George W. Bush auf Staatsbesuch in Beijing weilte, sei sie an denselben Ort gebracht worden. Sie habe sich an diese Sonderbehandlung bereits gewöhnt.

Abgehörte Gespräche

Als besonders schwierig gestaltete sich mein Interview mit dem bekannten Menschenrechtsanwalt Gao Zhisheng am 20. November 2005. Schon bei seiner Autofahrt vom Flughafen zu dem vereinbarten Treffpunkt in einem Restaurant in der Mitte eines belebten Einkaufszentrums in Beijing war er von zwei Autos des Geheimdienstes an die Leitschiene gedrängt und bedroht worden.

Trotz der Schäden an seinem Wagen konnte er die Fahrt fortsetzen. In dem Restaurant wurden wir von mehreren Beamten mit Richtmikrophonen beschattet und abgehört. Als ich einen dieser Beamten bei dieser Tätigkeit fotografierte, entstand ein wilder Streit, der schließlich so sehr eskalierte, dass wir das Restaurant verlassen mussten, aber auf Schritt und Tritt von Beamten verfolgt wurden. Selbst in meinem Hotel konnte ich ohne diese unfreiwillige Begleitung nicht einmal in den Lift einsteigen oder auf das WC gehen. Das Interview mit Gao führte ich schließlich in meinem Hotelzimmer, dem einzigen Raum ohne unerwünschte Begleitung.

Ob wir bei diesem Gespräch letztlich abgehört wurden, kann ich nicht mit Sicherheit sagen, aber ich habe nach diesem Ereignis wieder mit dem Abbruch der Mission gedroht, um die Beschattung durch den Geheimdienst auf ein erträgliches Maß zu reduzieren. Gao war so sehr an diese Methoden gewöhnt, dass sie ihn nicht davon abhielten, offen mit uns zu sprechen. Leider musste er für diesen ungewöhnlichen Mut (nicht nur in diesem Gespräch mit mir) bitter büßen. Seine Anwaltskanzlei (eine der zehn größten des Landes) wurde noch im November 2005 zugesperrt, er selbst wurde später verhaftet, verschwand für einige Zeit und wurde schwer gefoltert, insbesondere nachdem es seiner Frau und seiner Tochter durch eine abenteuerliche Flucht gelungen war, das Land zu verlassen.

»Aufgeräumte« Gefängnisse

Auch andere Regierungen, wie jene von Kasachstan, entpuppten sich als wahre Meister des Katz-und-Maus-Spiels. Unangekündigte Besuche von Gefängnissen durch Fremde sind für viele Beamte schlichtweg unbegreiflich: Man räumt ja schließlich auch das eigene Wohnzimmer auf, wenn man Gäste einlädt. Also könne man es doch den Gefängnisdirektoren nicht übelnehmen, wenn sie ein bisschen sauber machen wollten.

Da ich mich aber strikt weigerte bekanntzugeben, welche der unzähligen Gefängnisse ich in diesem aus dem Zeitalter des sowjetischen Gulag bekannten Land besuchen wollte, wurden einfach alle Gefängnisse (oder zumindest all jene, von denen man annahm, dass ich sie besuchen könnte) geputzt, frisch gestrichen und schön hergerichtet. Gefängnisbands wurden gegründet, im Frauengefängnis wurde eine Riesenparty mit Musik und Tanz im Freien veranstaltet, und man wollte uns allen Ernstes weismachen, dass solche Partys jeden Abend stattfänden. Die Betten der Frauen wurden mit frischem, blütenweißem Bettzeug überzogen. Da man aber nicht genau wusste, wann wir kommen würden, durften die Frauen ihre Betten vier Tage und Nächte lang nicht benutzen, damit das Bettzeug nur ja nicht verknittert war.

Sobald der Geheimdienst herausgefunden hatte, dass wir mit unseren UNO-Autos von Astana in Richtung Karaganda unterwegs waren, sandte man ein Polizeiauto mit Blaulicht, um uns standesgemäß abzuholen. Die Beamten müssen sehr verblüfft gewesen sein, als wir bei der nächsten Autobahnabfahrt abbogen, statt ihre Gastfreundschaft in Anspruch zu nehmen.

In einem anderen Gefängnis wurden kurz vor unserer Ankunft alle Disziplinarzellen überstürzt geräumt, und die betroffenen Häftlinge waren, wie sich bei unserem Interview herausstellte, sehr verwundert darüber, dass sie ihre Disziplinarstrafe nicht absitzen mussten. Generell waren die Zellentüren und -wände so frisch gestrichen, dass die Farbe noch nicht einmal trocken war und wir uns Mühe geben mussten, unsere Kleidung nicht mit der frischen weißen Farbe zu bekleckern. Solche Erfahrungen haben wir allerdings nicht nur in Kasachstan gemacht.

Wenn unsere Besuche schon sonst nichts bewirkt hatten, so profitierten die Häftlinge in vielen von uns besuchten Ländern zumindest insofern davon, als sie wieder einmal auf ein sauberes WC gehen konnten.

Überwachungsmethoden

Die Liste von zum Teil skurrilen Erfahrungen mit Regierungen, die große Anstrengungen unternahmen, um uns ein falsches Bild der Realität vorzugaukeln oder unsere Untersuchungen zu beeinflussen, ließe sich beliebig fortsetzen. Natürlich wurden immer wieder Häftlinge vor uns versteckt, aber Beweise dafür konnten wir nur in wenigen Fällen, wie beispielsweise in Sri Lanka oder Äquatorialguinea, finden. In großen Staaten wie China, Indonesien, Kasachstan, Papua-Neuguinea oder Nigeria mussten wir mit dem Flugzeug reisen, so dass es für die Behörden nicht schwierig war herauszufinden, wo wir uns gerade befanden.

Auf der Insel Sulawesi in Indonesien trafen wir sogar einen jungen Mitarbeiter des militärischen Geheimdienstes am Flughafen, dessen einzige Aufgabe darin bestand, sicher zu sein, dass auch alle Mitglieder des Teams die Insel wirklich wieder verlassen würden. Er war sehr besorgt, weil er nicht genau wusste, wie die Mitglieder meines Teams aussahen. Ich konnte ihn beruhigen und stellte ihm alle Mitglieder des Teams persönlich vor. Er war wohl sehr erleichtert, als er seinen Vorgesetzten den Abflug der Maschine mit allen Mitgliedern an Bord melden konnte.

Natürlich ist es bei diesen Überwachungsmethoden nicht verwunderlich, wenn zum Beispiel die Kommandanten eines Militärgefängnisses in Makassar in Indonesien schon vor unserer Ankunft wartend vor dem Gebäude standen, um uns zu begrüßen. Als wir uns dann jedoch kurzerhand entschieden, das Team in zwei Gruppen aufzuteilen und gleichzeitig Besuche in unterschiedlichen Haftorten durchführten, trug dies einigermaßen zur Verwirrung der Behörden bei.

Körperliche Bedrohungen

Manche Methoden der Behörden, uns bei unseren Untersuchungen zu überwachen bzw. unabhängiges fact finding zu verhindern, waren allerdings nicht ganz ungefährlich für uns. Vor allem ist mit Militärs nicht zu spaßen. In einer großen Militärkaserne in Kara im Norden Togos wurden Mitglieder meines Teams, die den Eingang zu den Zellen kontrollierten, von den Soldaten massiv bedroht, während ich mit dem Kommandanten die genauen Bedingungen unserer Visite verhandelte.

In einer Militärkaserne in Malabo, der Hauptstadt von Äquatorialguinea, hatte ich große Mühe, den einheimischen Chauffeur unseres UNO-Autos vor einer Verhaftung durch einen aufgebrachten Offizier zu beschützen, weil wir es gewagt hatten, uns ohne seine Erlaubnis der Kaserne zu nähern. In Bata, der größten Stadt Äquatorialguineas am afrikanischen Festland, wurden wir von einem Soldaten mit der Maschinenpistole im Anschlag bedroht, weil wir das Polizeihauptquartier zum zweiten Mal inspizieren wollten. Er erklärte dem uns begleitenden UNO-Sicherheitsbeamten Antonio Moreira lakonisch, dass er keinen Auftrag habe, mit uns zu verhandeln, sondern nur einen Schießbefehl, falls wir seine Anordnungen nicht befolgen würden.

In der Mongolei hinderte man uns mit physischer Gewalt daran, Zellen zu betreten, in denen zum Tod verurteilte Häftlinge auf ihre Hinrichtung warteten. Als wir uns in Nigeria durch ein Telefonat mit dem obersten Polizeichef in Abuja gegen den erklärten Willen des Polizeichefs von Lagos Zugang zum berüchtigten Folterraum im Hauptquartier der Kriminalpolizei verschaffen konnten, hatte unser UNO-Sicherheitsbeamter Andrzej Chlebowski große Mühe, uns vor den aufgebrachten Kriminalbeamten zu beschützen.

Kontraproduktive Verschleierungstaktiken

Wirklich gefährlich waren selbst diese Situationen meiner Einschätzung nach nicht. Aber sie beeinträchtigten natürlich unsere Möglichkeiten eines unabhängigen fact finding. Letztlich sind sie aber für die betroffenen Staaten kontraproduktiv, weil sie die Bemühungen der Behörden zeigen, die wahre Situation zu verschleiern. Je stärker ich in meiner Arbeit behindert wurde, desto skeptischer wurde ich.

Diese Skepsis kann natürlich auch dazu führen, dass ich die gesamte Situation schlechter beurteile, als sie vielleicht wirklich ist. Deshalb rate ich dringend allen Regierungen, die Sonderberichterstatter der Vereinten Nationen zu einer Mission einladen, keine Vorkehrungen zu treffen, um die wahre Situation zu verschleiern.

In den meisten Fällen sind diese Maßnahmen relativ leicht zu durchschauen, schüren aber das Misstrauen, das einer objektiven Untersuchung nicht unbedingt zuträglich ist. Vielmehr sollten die Regierungen die einmalige Chance nützen, ein kostenloses und objektives externes Gutachten über die Menschenrechtssituation in ihrem Land durch unabhängige und professionelle Experten und Expertinnen der Vereinten Nationen erhalten zu können. Würden diese Gutachten im Auftrag einer privaten Organisationsberatungsfirma oder Rating Agentur erstellt, müssten die Regierungen viel Geld dafür bezahlen. Jeder Versuch, die Fakten zu schönen oder durch Drohungen und Behinderungen Einfluss zu nehmen, beeinträchtigt die Professionalität, Objektivität und Qualität der Untersuchung und sollte daher im Interesse aller tunlichst unterlassen werden.

Sind Untersuchungsmissionen gefährlich?

In unzähligen Interviews wurde mir von Journalisten diese Frage gestellt. Ich habe sie in der Regel verneint. Es würde der Logik diplomatischer Beziehungen widersprechen, wenn Regierungen unabhängige Experten der Vereinten Nationen, die diplomatische Privilegien und Immunität genießen, zu einer offiziellen Mission einladen und dann verhaften, foltern oder verschwinden lassen! Aber natürlich laufen solche Missionen oft in einer angespannten Situation ab und führen auch in Gebiete, in denen bewaffnete Konflikte stattfinden, wie beispielsweise Nepal oder Sri Lanka, oder in Gebiete, die nicht unter der Kontrolle der Regierung stehen, wie Süd-Ossetien und Abchasien in Georgien oder Transnistrien in Moldawien. In diesen Fällen trifft die UNO natürlich entsprechende Sicherheitsvorkehrungen und stellt Sicherheitsbeamte zur Verfügung.

In anderen Ländern, wie Papua-Neuguinea, Nigeria oder Jamaica, war die Sicherheitslage durch organisierte Kriminalität oder bewaffnete Banden so schlecht, dass mir die UNO Sicherheitspersonal zur Seite stellte. In Äquatorialguinea diente das Sicherheitspersonal der UNO vor allem dazu, uns gegen Übergriffe durch Polizei oder Militär zu schützen.

Aber auch in Ländern ohne erhöhtes Sicherheitsrisiko sind natürlich Gefängnisse nicht unbedingt die ungefährlichsten Orte. Beispielsweise wurde mir in Uruguay Sicherheitspersonal gerade wegen der angespannten Situation in der Haft zur Seite gestellt. Obwohl die Regierungen und Gefängnisdirektoren nicht müde werden zu betonen, wie gefährlich Häftlinge sind und dass sie mich vor diesen schützen müssten, haben weder ich noch Mitglieder meines Teams in all diesen Jahren negative Erfahrungen mit Häftlingen gemacht. Wenn wir bedroht wurden, dann nicht durch Häftlinge, sondern durch Militärs, Polizei- und Geheimdienstbeamte.

Die Gefahr für die Team-Mitglieder

Einheimische Mitglieder meines Teams, wie insbesondere Fahrer und Dolmetscher, sind allerdings ungleich mehr gefährdet als internationales UNO-Personal. Deshalb war es mir immer ein Anliegen, forensische Experten und Dolmetscher für meine Missionen international zu rekrutieren. Dies ist jedoch bei gewissen lokalen Sprachen wie Tibetisch oder Tamilisch nicht immer möglich. Wenn Dolmetscher in den Ländern selbst rekrutiert wurden, sollten die Vereinten Nationen darauf achten, dass sie auch nach dem Ende der Mission weiterhin in einem Dienstverhältnis zur UNO und damit unter ihrem Schutz stehen. Andernfalls ist in repressiven Systemen das Risiko groß, dass sie nach der Mission unter Druck gesetzt werden, um Informationen über vertrauliche Gespräche preiszugeben. Es ist auch schon während der Missionen vorgekommen, dass beispielsweise in Indonesien lokale Dolmetscher oder in Sri Lanka Fahrer massiv unter Druck gesetzt wurden.

Die Gefahr für die interviewten Häftlinge

Noch mehr gefährdet sind naturgemäß lokale Menschenrechtsaktivisten und -aktivistinnen, Opfer, Zeugen oder Häftlinge, die mit uns kooperieren und uns Informationen geben. Für jeden Häftling ist die bloße Tatsache, für ein Interview zur Verfügung zu stehen, auch wenn dieses unter absoluter Vertraulichkeit durchgeführt wird, ein Sicherheitsrisiko. Wir konnten zwar ausreichend Vorkehrungen dafür treffen, dass unsere Interviews nicht abgehört oder beobachtet wurden, aber wir konnten die Identität unserer Gesprächspartner nur in den seltensten Fällen vor dem Gefängnispersonal geheim halten.

Deshalb ist es extrem wichtig, Häftlinge gleichzeitig mit der Einladung zu einem Interview auch über das damit verbundene Sicherheitsrisiko aufzuklären. Die mangelnde Bereitschaft von Häftlingen, sich für ein Interview zur Verfügung zu stellen, ist ein wichtiger Indikator für das Ausmaß der Angst und Repression in dem betreffenden Land.

Besonders schwierig war es in China, Interviewpartner in Gefängnissen zu finden. Ich hatte umfangreiche Listen von Personen mit, die ich in China interviewen wollte. Abgesehen davon, dass es nicht immer leicht war, diese Personen zu finden, waren nur die wenigsten bereit, mit mir zu sprechen. Ich kann mich zum Beispiel noch gut an eine Falun-Gong-Anhängerin erinnern, die wir nach langem Suchen in einem Umerziehungs-Arbeitslager gefunden hatten und die mir unter Tränen erklärte, wie sehr sie sich über meinen Besuch freute, die aber gleichzeitig ein Interview ablehnte, weil dies mit Sicherheit zu einer Verlängerung ihrer Haft geführt hätte.

Obwohl mir alle Regierungen schriftlich zusicherten, dass es keinerlei Repressionen gegen Personen geben würde, die mit uns kooperierten, konnten wir viele Beweise für das Gegenteil sammeln. Beispielsweise erhielten wir weniger als eine Stunde nach Verlassen des Terrorist Investigation Departments (TID) in Colombo in Sri Lanka eine SMS mit der Nachricht, dass alle von uns interviewten Personen unmittelbar nach unserer Abreise aus den Zellen geholt und schwer misshandelt worden waren. Bei einem Zweitbesuch konnten wir diese Behauptung verifizieren, doch haben wir nur sehr wenige Möglichkeiten, Häftlinge nach Verlassen des Gefängnisses gegen Repressalien zu schützen.

Wo andere unabhängige Organisationen wie das Internationale Komitee des Roten Kreuzes Zugang zu Häftlingen haben, wie beispielsweise in Jordanien, ersuchten wir diese, die von uns interviewten Häftlinge kurz nach unserer Abreise wieder zu besuchen. Aber in Ländern wie Äquatorialguinea, wo keinerlei Externe Zugang zu Haftorten haben, besteht auch diese Möglichkeit nicht. Aber ich war gerade in diesem Land vom Mut der Verzweiflung vieler Häftlinge beeindruckt, die mit uns sprachen. Sie wüssten natürlich, dass sie wieder geschlagen würden, aber sie hätten nichts mehr zu verlieren; daher baten sie uns ausdrücklich, ihre Interviews unter Angabe ihres Namens zu veröffentlichen. Ich hoffe inständig, dass ihnen diese mutige Entscheidung nicht zum Verhängnis wurde.

Was ist Folter und Misshandlung?

Folter ist die schwerste Form der Misshandlung und stellt wie die Sklaverei einen unmittelbaren Angriff auf den Kern der menschlichen Persönlichkeit, ihre Integrität und Würde dar. Der Folterer hat absolute faktische Verfügungsgewalt über sein Opfer und beraubt es durch die gezielte Zufügung schwerer physischer und/ oder psychischer Schmerzen für einen bestimmten Zweck seiner Menschenwürde, ja seines Mensch-Seins.

Entmenschlichung des Opfers

Das eigentliche Ziel der Folter besteht darin, das Opfer zu entmenschlichen und seine Widerstandskraft für einen bestimmten Zweck zu brechen. Wie im Mittelalter besteht der Hauptzweck von Folter darin, in einem Verhör ein Geständnis zu erzwingen. In vielen Staaten liegt die Hauptverantwortung für die Aufklärung von Verbrechen bei der Polizei, und von der Polizei unter Folter erzwungene Geständnisse werden leider noch immer von der Justiz als Beweismittel zur Verurteilung dieser Menschen verwendet.

Ein weiterer wichtiger Zweck der Folter ist die Erzwingung von Informationen, etwa über geplante Terroranschläge oder sonstige geheimdienstlich wertvolle Tatsachen. Folter kann aber auch der Einschüchterung, Diskriminierung oder Bestrafung der Opfer dienen. Meiner Erfahrung nach ist die Ohnmacht und Hilflosigkeit des Opfers ein weiteres wichtiges Definitionsmerkmal, das die Folter von anderen Formen grausamer, unmenschlicher oder erniedrigender Behandlung oder Bestrafung unterscheidet. Solange sich jemand gegen eine Festnahme oder sonstige rechtmäßige Amtshandlung wehrt, darf die Polizei Gewalt anwenden, soweit diese maßhaltend und verhältnismäßig ist.

Überschießende Polizeigewalt bei der Festnahme einer Person oder Auflösung einer Demonstration kann als unmenschliche

Behandlung qualifiziert werden, nicht aber als Folter. Sobald der Widerstand gebrochen und die betreffende Person durch Anlegen von Handschellen und/oder Fußfesseln wehrlos ist, darf allerdings keine weitere Gewalt mehr angewendet werden. Sonst würde Folter vorliegen, sobald die zugefügte Gewalt einem der angeführten Zwecke dient und schwere Schmerzen oder Leiden verursacht.

Folter im Verhör

Die klassische Situation von Folter ist jene des Verhörs, wo dem Opfer durch gewisse Rituale wie die Fesselung, das Überstülpen einer Kapuze, Nacktheit und/oder Aufhängen in einer meist schmerzvollen und gleichzeitig entwürdigenden Position seine völlige Hilflosigkeit deutlich gemacht wird. Geradezu »ideal« für die Folter sind geheime Haft- und Verhörzentren, in denen den Opfern zu verstehen gegeben wird, dass sie sich völlig in der Macht ihrer Peiniger befinden, und dass diese sie ohne Angst vor Konsequenzen töten oder verschwinden lassen können. Die Botschaft ist eindeutig: »Du hast keine Chance, dich zu wehren oder zu entkommen, also ist es besser, du kooperierst mit uns und tust, was wir dir befehlen, sei es ein Geständnis zu unterschreiben, geheimdienstlich relevante Informationen preiszugeben oder auf sonstige Art zu ›kooperieren‹.« Sollte sich das Opfer noch immer nicht unterwerfen, wird sein Wille durch die gezielte Zufügung immer größerer Schmerzen oder Leiden systematisch gebrochen.

Physische und psychische Folter

Die Methoden der physischen Folter sind seit dem Mittelalter im Wesentlichen gleich geblieben und reichen von Schlägen bis hin zu den grausamsten Formen der Zufügung körperlicher Schmerzen und Qualen, die sich der menschliche Geist je ausgedacht hat. Sie werden auf den Seiten 58 bis 61 genauer beschrieben. Die Formen der psychischen Folter wurden durch die CIA im sogenannten »Krieg gegen den Terror« geradezu perfektioniert. Sie reichen von der gezielten Desorientierung und Demütigung der Opfer durch Fesselung, Nacktheit, Überstülpen einer Kapuze, Schlafentzug, Lärm, Dunkelheit und lange Einzelhaft bis zur gezielten Ausnützung individueller Phobien wie Klaustrophobie oder Angst vor Tieren.

Während physische Folter immer auch zu schweren psychischen Leiden führt, ist die psychische Folter nicht notwendigerweise mit körperlichen Schmerzen oder Leiden verbunden. Bei vielen der von der CIA und anderen Geheimdiensten entwickelten Foltermethoden, die keine physischen Spuren hinterlassen, wie dem Verharren in Stresspositionen, stundenlangem Stehen oder »waterboarding«, sind die Grenzen zwischen psychischer und physischer Folter fließend.

Unmenschliche Haftbedingungen: Schlimmer als Folter?

Bei unseren Untersuchungsmissionen haben wir Hunderte Gefängnisse, Polizeidienststellen und sonstige Haftorte besucht, mit unzähligen Häftlingen geredet und sie gefragt, ob sie gefoltert worden seien. Viele haben in etwa wie folgt geantwortet: »Natürlich bin ich nach meiner Verhaftung durch die Polizei gefoltert worden, das ist hier Routine, alle werden gefoltert. Es war fürchterlich. Aber noch viel fürchterlicher sind die Bedingungen der Haft, denen ich seit vielen Monaten oder Jahren hier ausgesetzt bin. Niemand würde seinen Hund so behandeln wollen. Wir werden schlechter behandelt als Tiere.«

In der Tat sind die Haftbedingungen im Großteil der Staaten dieser Welt viel schlimmer, als sich das die meisten Menschen vorstellen können. Gefängnismauern erfüllen nicht nur den Zweck, Menschen einzusperren, sondern auch den, die Öffentlichkeit auszusperren. Die meisten Menschen waren noch nie in einem Gefängnis und möchten auch gar nicht wirklich wissen, wie es hinter diesen Mauern aussieht. Ihre Empathie mit Häftlingen hält sich in Grenzen. »Wer eingesperrt ist, wird schon etwas ausgefressen haben«, ist ein gängiger Abwehrmechanismus gegen allzu viel Mitgefühl mit dem Schicksal von Menschen hinter Gefängnismauern.

Dass viele dieser Menschen nur deshalb hinter Gittern leben, weil sie »illegal« über die Grenze gekommen sind, Drogen konsumieren, an einer psychischen Krankheit leiden, zu Unrecht einer Straftat verdächtigt werden oder gar unschuldig verurteilt wurden, weil sich das Gericht auf ein durch Folter erzwungenes Geständnis gestützt hat, wird dabei gerne verdrängt.

Die Polizeihaft

Am schlechtesten sind die Bedingungen zumeist in der Polizeihaft. Jede größere Polizeistation verfügt zumindest über ein paar Zellen, wo Menschen, die einer Straftat verdächtigt und deshalb von der Polizei verhaftet wurden, für eine kurze Zeit angehalten werden dürfen. In demokratischen Rechtsstaaten darf diese Zeitspanne nicht länger als zwei oder maximal drei Tage dauern und dient der Identitätsfeststellung, erkennungsdienstlichen Behandlung, medizinischen Untersuchung und Erstbefragung der Tatverdächtigen. Dann müssen diese Menschen einem unabhängigen Gericht vorgeführt werden, das darüber entscheidet, ob (zum Beispiel wegen Flucht-, Verdunkelungs- oder Wiederholungsgefahr) die Untersuchungshaft verhängt wird oder, was der Regelfall sein sollte, die Tatverdächtigen freigelassen werden.

Auch nach der Anklageerhebung durch die Staatsanwaltschaft und während des gerichtlichen Strafverfahrens sollten die Angeklagten im Prinzip in Freiheit bleiben. Wenn Untersuchungshaft verhängt wird, müssen sie aber in eigene Justizanstalten gebracht werden, wo sie getrennt von der Polizei, aber auch von verurteilten Straftätern, angehalten werden sollten. Dass die Polizeihaft nur wenige Tage dauern darf, hat einen guten Grund, nämlich Folter zu verhindern. Wenn die Polizei weiß, dass sie die Person spätestens nach 48 Stunden freilassen oder der Justiz übergeben muss, wo sie von unabhängigen Richtern befragt und von unabhängigen Ärzten untersucht wird, und wenn Foltervorwürfe von einer polizeiexternen Behörde schnell und unter Einbindung von forensischen Experten untersucht werden, reduziert sich das Folterrisiko beträchtlich.

Soweit zum Recht, das in einigen hochentwickelten demokratischen Rechtsstaaten, wie etwa den skandinavischen Ländern, auch wirklich eingehalten wird. Schon in Österreich wird die gesetzlich vorgesehene 48-Stunden-Frist für die Polizeihaft nur in den kleinen Polizeistationen wirklich eingehalten. In den großen Polizeigefängnissen werden Tatverdächtige auch neben anderen Personen angehalten, für die die 48-Stunden-Frist nicht gilt: Verwaltungsstrafhäftlinge (also Personen, die zum Beispiel ein Verkehrsdelikt begangen haben und die Geldstrafe nicht zahlen können) und vor allem Schubhäftlinge, also Fremde, die abgeschoben werden sollen, weil sie sich »illegal« im Land aufhalten.

Unter den Schubhäftlingen sind auch viele Asylsuchende. Sie können für viele Monate in Haft bleiben, und die Haftbedingungen sind oft alles andere als menschenwürdig. Und wenn ein Schubhäftling, wie der Gambier Bakary Jassey, von Polizisten so schwer verprügelt wird, dass er schwer verletzt ist, so finden sich auch in österreichischen Polizeigefängnissen Möglichkeiten, ihn in Einzelhaft zu verstecken, damit niemand sein blaues Auge und seinen Kieferbruch sehen kann. Bis in die späten 1980er Jahre konnte die Kriminalpolizei, um Tatverdächtige länger als 48 Stunden festzuhalten und zum Beispiel mit Hilfe des berühmten »Plastiksackerls« über dem Kopf befragen zu können, einfach eine zweiwöchige Verwaltungsstrafhaft wegen »ungestümen Benehmens« verhängen und gleich vollziehen. Dieser Praxis hat der Europäische Gerichtshof für Menschenrechte allerdings ein Ende gesetzt.

In der großen Mehrzahl der Staaten dieser Welt werden diese einfachen rechtsstaatlichen Regeln zur Verhütung der Folter systematisch verletzt. Auch wenn es eine gesetzliche Frist für die Polizeihaft gibt, wird diese entweder ignoriert oder durch eine Fülle von Ausnahmebestimmungen durchlöchert. Staatsanwälte oder Richter können sie beliebig durch ein kurzes Telefonat mit der Polizei verlängern, oder die Polizei entscheidet selbständig, dass eine längere Anhaltung zum Zweck der »Beweissicherung«, also zur Erzwingung eines Geständnisses, tunlich ist.

Oft sind die Justizgefängnisse so überfüllt, dass die Untersuchungshäftlinge vorläufig in Polizeihaft bleiben. Neben dem Argument, dass dies für die Polizisten Verhöre mit den Häftlingen erleichtere, haben wir bei unseren Missionen für die Rechtfertigung einer verlängerten Polizeihaft so viele Begründungen gehört, dass man mit diesen alleine ein Buch füllen könnte.

Die Haftbedingungen in Polizeistationen

Eine längere Polizeihaft führt nicht nur zu einem größeren Folterrisiko, sondern auch zu unmenschlichen Haftbedingungen. Denn Zellen in Polizeistationen sind eben nur für wenige Tage konzipiert, also minimal ausgestattet. In österreichischen »Polizeiinspektionen« sitzen oder liegen die Häftlinge auf einer Beton- oder Holzpritsche, auf die bei Bedarf eine Matratze und Decke gelegt wird. Sonst findet sich nichts in der Zelle, kein Tisch, kein Stuhl, kein Regal. In besser ausgestatteten Zellen, vor allem auf dem Land, gibt es auch ein WC und ein Waschbecken. Wenn jemand über Nacht bleiben muss, holen die Beamten aus dem Supermarkt eine Kleinigkeit zum Essen. Wenn die Polizeihaft nicht länger als ein paar Stunden dauert, stellen diese Bedingungen auch kein Problem dar.

Wenn die Polizeizelle jedoch, wie in der Mehrzahl der Staaten dieser Welt, zum »Heim« für viele Tage, Wochen, Monate oder gar Jahre wird, dann sieht die Situation völlig anders aus. Menschen, die nicht genügend Geld haben, um sich durch Bestechung freizukaufen, leben oft für lange Zeit in völlig überfüllten und verdreckten Polizeizellen, ohne ausreichende Belüftung oder Beleuchtung, ohne Wasser und Toiletten. Sie sitzen oder schlafen auf dem Lehm- oder Betonboden, wo alle möglichen Insekten auf der Suche nach Speiseresten sind. Die Hitze und der Gestank in diesen Zellen scheinen schon für wenige Stunden unzumutbar. Die meisten Häftlinge verbringen 24 Stunden pro Tag in diesen Zellen und sehen nie das Tageslicht. Beschäftigungsmöglichkeiten gibt es keine. Zum Teil findet sich ein Loch zur Verrichtung der Notdurft in der Gemeinschaftszelle, zum Teil nicht einmal das. Dann hängt die Möglichkeit, das intimste Grundbedürfnis zu erfüllen, von der Willkür der Beamten ab.

In Äquatorialguinea waren auch außerhalb der Zellen gar keine Toiletten vorgesehen. Die Familien brachten Wasser zum Trinken in Plastikflaschen, in die dann uriniert wurde. Die Plastiktaschen, mit denen die Familien Essen brachten, wurden dann zur Verrichtung der Notdurft verwendet und durch das Zellengitter ins Freie geworfen. Mit Urin gefüllte Plastikflaschen und mit Fäkalien gefüllte Plastiktaschen haben wir leider nicht nur in Äquatorialguinea gefunden, sondern in vielen Ländern in allen Kontinenten. Man sieht und riecht sie schon, wenn man sich diesen Polizeizellen nähert, sie gehören quasi zum Bild der Polizeihaft, sogar am Flughafen von Athen in Griechenland, wo die Polizeizellen mit Flüchtlingen und Migranten so überfüllt waren, dass wir kaum Platz fanden, unsere Interviews im Stehen zu führen.

Wer als Häftling keine Familie in der Nähe hat, um mit Wasser, Essen und Medikamenten versorgt zu werden, ist auf die Nächstenliebe von Mithäftlingen angewiesen, was natürlich zu Abhängigkeitsverhältnissen, Gewalt und sexuellem Missbrauch führt. In der berüchtigten Polizeistation Freeport in Montego Bay, dem bekanntesten Touristenort in Jamaica, haben wir Menschen interviewt, die bis zu fünf Jahren in dunklen, überfüllten und von Insekten völlig verseuchten Zellen ihr Dasein fristeten. Selbst die Polizei bezeichnete diese Bedingungen als grausam, aber was sollte man machen, wenn die Justizanstalten so überfüllt waren, dass sie keine neuen Häftlinge mehr aufnahmen?

Untersuchungshaft

Die Untersuchungshaft sollte, wie gesagt, die Ausnahme darstellen und die Häftlinge, für die ja noch die Unschuldsvermutung gilt, sollten in eigenen Justizanstalten, getrennt von der Polizei wie von den Strafhäftlingen, angehalten werden. In Zeiten weltweit überfüllter Gefängnisse ist das leider hehre Theorie. In den meisten Staaten bleiben Untersuchungshäftlinge entweder bis zur Verurteilung in der Polizeihaft oder sie werden in Gefängnisse überstellt, wo sie gemeinsam mit verurteilten Straftätern angehalten werden. In der Wahrnehmung des Gefängnispersonals oder anderer Häftlinge wird Verdächtigen gegenüber kein Unterschied gemacht, sie sind ja bereits durch die Polizei als schuldig bezeichnet worden und haben oft auch schon unter Zwang ein Geständnis unterschrieben.

In Nigeria und vielen anderen Staaten haben wir Häftlinge angetroffen, die nicht einmal wussten, ob sie schon verurteilt waren oder nicht. Sie meinten, die Polizei hätte sie doch schon verurteilt. Richter hätten sie noch nie gesehen. Sie waren einfach in der Untersuchungshaft vergessen worden, weil sie kein Geld hatten, sich freizukaufen. Am Ende unserer Mission in Nigeria stellte sich heraus, dass zwischen 20 000 und 25 000 Menschen schon mehr Zeit in der Untersuchungshaft verbracht hatten, als für das Delikt, dessen sie verdächtigt waren, als Maximalstrafe vorgesehen ist. Also versprach uns Präsident Obasanjo bei unserem Abschiedsgespräch, dass diese Menschen umgehend freigelassen würden. Zumindest teilweise hat er sein Versprechen unseres Wissens nach eingehalten.

Strafvollzugsanstalten

In Ländern, die auch in der Praxis einen Unterschied zwischen Untersuchungs- und Strafhaft machen, sind die Bedingungen in den Strafvollzugsanstalten (oft werden sie auch »Umerziehungsanstalten« oder »Kolonien« genannt) meist viel besser als in der Polizei- und Untersuchungshaft. Häufig schlafen verurteilte Straftäter in eigenen Betten, können sich ihre Zellen oder Schlafräume bis zu einem gewissen Grad mit Postern, Bildern, Fotos und persönlichen Gegenständen selbst einrichten, dürfen eine gewisse Zeit des Tages außerhalb ihrer Zellen verbringen, wenn möglich arbeiten, Sport betreiben, Fortbildungsveranstaltungen besuchen, fernsehen, Besuche von Angehörigen empfangen oder auf eine sonstige Art ihre Zeit möglichst sinnvoll verbringen. Schließlich sehen internationale Menschenrechtsstandards vor, dass der Zweck des Freiheitsentzugs nicht nur in der Bestrafung liegt, sondern primär darauf gerichtet sein sollte, diese Menschen nach Verbüßung ihrer Strafe wieder zu resozialisieren und in die Gesellschaft zu reintegrieren. Das geht aber nur, wenn sie bereits im Gefängnis durch Arbeit, Fortbildung, Kontakte mit der Außenwelt und sinnvolle Freizeitbeschäftigung auf ein Leben nach der Haft vorbereitet werden.

In der Praxis gibt es natürlich je nach der Strafrechtsphilosophie der Staaten riesige Unterschiede. In Staaten mit einem Vergeltungsstrafrecht wie in den USA, der Karibik, islamischen, kommunistischen oder ex-kommunistischen Staaten ist der Anteil der Häftlinge an der Gesamtbevölkerung besonders hoch. In den USA (mit 700 bis 800 Häftlingen pro 100 000 Einwohner an erster Stelle der Statistik), Russland (mit 600 bis 700 Häftlingen pro 100 000 an zweiter Stelle) und China zusammen leben mehr Menschen hinter Gittern, als in allen anderen Staaten der Welt zusammen im Gefängnis sind. Diese Menschen, viele davon wegen Drogendelikten in Haft, werden einfach weggesperrt, nicht selten in Hochsicherheitsgefängnisse. Für eine sinnvolle Rehabilitierung dieser Menschen ist in diesen Systemen wenig Platz, Zeit und Verständnis.

In der Mongolei, in Georgien, Moldawien und anderen ex-sowjetischen Staaten müssen Häftlinge je nach der Schwere ihrer Tat mit zusätzlichen Strafverschärfungen rechnen. Beispielsweise werden in der Mongolei Gefangene, die zu mehr als 20 Jahre langen Haftstrafen verurteilt werden, in Einzelhaft gesperrt und dürfen nur zwei Mal pro Jahr von ihren Angehörigen besucht werden. Dass die meisten dieser Menschen psychisch krank werden und/oder Selbstmord begehen, verwundert nicht weiter. Wer in der Mongolei zum Tode verurteilt wird, muss die letzten Wochen oder Monate seines Lebens aus Gründen weiterer Strafverschärfung in einer dunklen Zelle in Einzelhaft verbringen, an Händen und Füßen gefesselt, und darf nur von einer einzigen Person einmal vor der Hinrichtung besucht werden.

In China wird sehr viel Energie in die »Umerziehung« von Häftlingen investiert. Gefangene (ob in Straf-, Untersuchungs- oder Verwaltungshaft wie in den berüchtigten »Umerziehungs-Arbeitslagern«) werden einem rigorosen Tagesprogramm unterworfen, das vom Auswendiglernen des Strafgesetzbuches bis zu körperlichen Übungen reicht. Das Ziel besteht darin, dass die Häftlinge einsehen, etwas falsch gemacht zu haben. Wer wie manche der politischen Häftlinge auch nach der Verurteilung immer noch nicht gesteht, ein Verbrechen begangen zu haben, muss mit Strafverschärfungen rechnen. Wer jedoch seine Fehler einsieht und bekehrt wurde, kann gewisse Begünstigungen in der Haft, etwa

Sportmöglichkeiten, in Anspruch nehmen und damit rechnen, früher entlassen zu werden.

In der Praxis führt dieser direkte und indirekte Zwang zur Umerziehung zu Gehirnwäsche und zur Brechung des Willens und der Persönlichkeit dieser Menschen. Ich erinnere mich gut an die Gesichter so mancher Mönche und Nonnen im Drapchi-Gefängnis in Tibet, die einfach aufgegeben haben und in eine tiefe Apathie verfallen sind. Nur wenige tibetische Mönche und Nonnen, Anhänger von Falun Gong oder überzeugte Menschenrechts- und Demokratie-Aktivisten haben die moralische und physische Kraft, diesem enormen Druck auf Dauer standzuhalten.

Gefängnisse in Afrika oder Lateinamerika sind mit jenen in China nicht zu vergleichen. Sie sind zwar viel überfüllter, schmutziger und ärmlicher als chinesische Umerziehungsanstalten, aber dafür herrscht ein reges Leben, das mich manchmal an einen afrikanischen oder lateinamerikanischen Marktplatz erinnert hat. Viele Gefängnisse praktizieren einen offenen Vollzug, das heißt, die Menschen verbringen die meiste Zeit des Tages außerhalb ihrer Zellen. Wer Familie in der Nähe hat, kann diese häufig sehen, weil sie auch dafür zuständig ist, ihre Angehörigen mit Nahrung, Kleidung, Medikamenten und sonstigen Dingen zu versorgen. Natürlich haben auch diese Verhältnisse ihre Schattenseiten. Wer arm ist und keine Familie in der Nähe hat, muss um das blanke Überleben kämpfen und ist von seinen Mithäftlingen abhängig.

Trotz aller Armut, Korruption, Gewalt und Ausbeutung erschienen mir die meisten Gefängnisse in Afrika und Lateinamerika auf eine gewisse Weise »menschlicher« zu sein als in China, der Mongolei oder den ex-sowjetischen Staaten, wo auch die Lage in den psychiatrischen Anstalten besonders schlimm ist. Nie werde ich den Anblick jener Menschen vergessen, die, von Medikamenten völlig apathisch gemacht, angekettet in ihren Betten in einer psychiatrischen Anstalt in Moldawien lagen. Oder dreijährige Kinder, die mit kahlgeschorenen Köpfen gemeinsam mit sechzehnjährigen Jugendstraftätern in einer »Erziehungsanstalt« für Kinder in Kasachstan eingesperrt waren und regelmäßig geschlagen wurden.

Ist die Körperstrafe Folter?

Mein Mandat bezog sich nicht nur auf Folter, sondern auch auf andere Formen der »grausamen, unmenschlichen oder erniedrigenden Behandlung oder Strafe«. Woran denken die meisten Menschen bei dem Begriff der grausamen oder unmenschlichen Strafe? Ich würde meinen, an die Körperstrafe und/oder die Todesstrafe. Als ich es aber wagte, diese beiden Themen in meinen Berichten an die Generalversammlung und den Menschenrechtsrat zu thematisieren, wurde ich von vielen Staaten massiv beschimpft, mein Mandat überschritten und den Verhaltenskodex für Sonderberichterstatter verletzt zu haben. Das zeigt, wie politisch sensibel diese beiden Themen sind.

In den islamischen Staaten, welche die Scharia als staatliches Strafgesetzbuch verwenden, sind Körperstrafen wie Schläge, Amputationen oder Steinigung ausdrücklich erlaubt. Aber auch in vielen Staaten des britischen Commonwealth, insbesondere in der Karibik, ist die Züchtigung als Strafe in Schulen oder Gefängnissen weiter erlaubt. Schließlich ist es noch nicht so lange her, dass die Körperstrafe auch an britischen Schulen offiziell vollstreckt wurde. Und das Lineal diente auch meinen Lehrern an oberösterreichischen Schulen noch als Züchtigungsinstrument.

1978 hat der Europäische Gerichtshof für Menschenrechte in dem berühmten Fall Tyrer gegen das Vereinigte Königreich entschieden, dass die auf der Isle of Man damals noch praktizierte und gegen Jugendliche gerichtlich verhängte Prügelstrafe eine erniedrigende Strafe und daher eine Verletzung der Europäischen Menschenrechtskonvention war. In diesem Fall war ein 15-jähriger Schüler wegen einer Prügelei auf dem Schulgelände von einem Gericht zu drei Schlägen mit einer Birkenrute auf das nackte Hinterteil verurteilt worden. Der Gerichtshof begründete seine Entscheidung damit, dass die Konvention ein »lebendiges Instrument« sei und daher im Licht der sich wandelnden Einstellung in

der Bevölkerung interpretiert werden müsse. Das war der Anfang vom Ende der Körperstrafe in Europa. In der Zwischenzeit musste auf Drängen des Gerichtshofs auch jede Form der Körperstrafe an Schulen verboten werden, und die meisten Staaten haben auch die Gewalt in der Familie pönalisiert.

Dieser Trend hat auch auf die Staaten außerhalb Europas übergegriffen und wurde vom Inter-Amerikanischen Menschenrechtsgerichtshof und vom UNO-Ausschuss über Menschenrechte übernommen. Laut herrschender Judikatur aller relevanten gerichtlichen und quasi-gerichtlichen Organe zum völkerrechtlichen Schutz der Menschenrechte stellt die Körperstrafe eine grausame und unmenschliche, zumindest aber erniedrigende Strafe dar, die daher völkerrechtlich absolut verboten ist. Wenn sie mit schweren physischen und/oder psychischen Schmerzen und Leiden verbunden ist, kann man diese Formen der Körperstrafe auch als Folter qualifizieren.

»Rechtmäßige Sanktionen«?

Trotzdem führten meine diesbezüglichen Aussagen zu harscher Kritik, vor allem von Seiten islamischer Staaten. Sie stützen sich zur Rechtfertigung von Strafen wie der Steinigung von Frauen wegen Ehebruchs oder der Amputation der Hände von Dieben nicht nur auf Gott, sondern auch auf eine Klausel, die 1984 auf Drängen islamischer Staaten in die Definition der Folter in Artikel 1 der UNO-Konvention gegen die Folter aufgenommen worden war: Demnach sei Folter dann nicht als solche zu qualifizieren, wenn sie auf »rechtmäßigen Sanktionen« beruhe. Alle in der Scharia vorgesehenen Körperstrafen seien »rechtmäßige Sanktionen« und daher völkerrechtlich zulässig.

Wenn man dieses Argument ernst nimmt, ist die gesamte Anti-Folterkonvention der Vereinten Nationen sinnentleert. Präsident George W. Bush hätte sich nicht mit zweifelhaften »Rechtsgutachten« seines Justizministeriums, wonach »waterboarding« kein Organversagen verursache und daher nicht als Folter zu verstehen sei, Legitimation für die Verhörmethoden der CIA verschaffen müssen, sondern er hätte einfach im Kongress ein Gesetz verabschieden lassen können, das »waterboarding« als offizielle Verhörmethode oder Sanktion wegen mangelnder Kooperation einführt. Selbst die grausamsten Strafen und Foltermethoden, die sich die Folterknechte dieser Welt in den letzten Jahrhunderten ausgedacht haben, wären völkerrechtskonform, wenn sie nur in einem nationalen Gesetz angeordnet werden. Damit wären wir auf dem besten Weg zurück ins Mittelalter, denn damals war die Folter auch »rechtmäßig«.

In der Tat haben so manche Einflüsterer der Bush-Regierung, wie der Harvard-Professor Alan Dershowitz, genau das verlangt. Denn er hat allen Ernstes vorgeschlagen, dass gewisse Formen der Folter wieder rechtlich zugelassen und auf richterlichen Befehl angeordnet werden sollten, damit auch alles seine Richtigkeit habe und die orientierungslosen CIA-Agenten wieder wüssten, was sie dürften und was nicht.

Ein Theorienstreit

Die Antwort auf die eingangs gestellte Frage lautet somit wie folgt: Wenn man der herrschenden völkerrechtlichen Judikatur folgt, dann ist jede Form der Körperstrafe heute zumindest als erniedrigende Strafe zu qualifizieren und damit absolut verboten. Sobald sie zu schweren physischen und/oder psychischen Schmerzen oder Leiden führt, kann man sie auch Folter nennen. Wenn man hingegen der Argumentation der meisten islamischen Staaten folgt, dann ist die Körperstrafe immer dann erlaubt, wenn sie in einem nationalen Gesetz wie der Scharia vorgesehen ist. Damit stellt die Frage der Zulässigkeit der Körperstrafe einen beliebten Gegenstand im Theorienstreit zwischen den Vertretern eines menschenrechtlichen Universalismus und jenen eines kulturellen Relativismus sowie des Vergeltungsstrafrechts dar. Auf der Strecke bleibt freilich die Würde der von der Körperstrafe betroffenen Menschen.

Körperstrafe als Disziplinierungsmittel

In vielen Gefängnissen, die ich besucht habe, wird die Körperstrafe als Disziplinierungsmittel praktiziert. Aber nur in den wenigsten Fällen, wie beispielsweise in Paraguay, Jamaica, Äquatorialguinea, Indonesien oder Sri Lanka fand ich auch Gefängnisdirektoren, die diese Praxis mehr oder minder offen zugaben. Denn in den Gesetzen ihrer Staaten ist die Körperstrafe weder als Disziplinierungsmittel noch als gerichtliche Strafe ausdrücklich erlaubt. Es besteht zwar kein ausgeprägtes Unrechtsbewusstsein, wenn in Gefängnissen oder Schulen geprügelt wird, aber trotzdem sträubt man sich dagegen, diese Praxis offen zuzugeben, weil sie rechtlich eben nicht erlaubt ist. Nur in wenigen, vor allem islamischen Staaten ist die Körperstrafe gesetzlich verankert und wird dementsprechend offen praktiziert und verteidigt. Aber selbst ein Gottesstaat wie der Iran hat auf meine dringlichen Bitten, die Strafe der Steinigung von Frauen nicht zu vollziehen, nicht selten positiv reagiert und den Vollzug der Strafe ausgesetzt. Das könnte ein Indiz dafür sein, dass sich auch die Führer im Iran nicht ganz so sicher sind, ob diese Strafe wirklich völkerrechtlich zulässig ist.

Ist die Todesstrafe Folter?

Der wesentliche Unterschied zwischen der Körperstrafe und der Todesstrafe besteht darin, dass die Befürworter der Todesstrafe, von den USA über China bis zu islamischen Staaten, ihr »Recht«, andere Menschen zu töten, mit aller Vehemenz verteidigen, während die Körperstrafe in den wenigsten Ländern offen zugegeben wird. Dies scheint absurd, da die Todesstrafe doch eine ultimative Form der Körperstrafe darstellt. Wenn die Körperstrafe als erniedrigend, unmenschlich oder grausam und folglich mit der Menschenwürde unvereinbar betrachtet wird, wie kann dann die Todesstrafe mit der Menschenwürde in Einklang gebracht werden? Einem Dieb die Hand abzuhacken wäre nach dieser Logik verboten, aber einem Mörder den Kopf abzuhacken nicht?

So absurd diese Argumentation Menschen vorkommen mag, denen die Todesstrafe als ebenso menschenunwürdig erscheint wie die Körperstrafe, sie spielt in der rechtlichen und ethischen Debatte in den USA und anderen Staaten mit einem Vergeltungsstrafrecht, wo die Todesstrafe weiterhin praktiziert wird, eine große Rolle. Die Vorstellung einer Gerechtigkeit nach dem Motto »Aug um Aug, Zahn um Zahn« ist weltweit noch viel weiter verbreitet, als viele Menschen in Europa denken. Serienmörder und Terroristen wie Osama Bin Laden hätten eben nichts anderes verdient als den Tod. Außerdem wird immer wieder mit dem Mythos argumentiert, die Todesstrafe würde eine abschreckende Wirkung auf potenzielle Täter ausüben, auch wenn dieser Mythos durch viele wissenschaftliche Studien widerlegt wurde. Zynischere Zeitgenossen in den USA rechtfertigen die Todesstrafe auch mit der Einsparung von Gefängniskosten.

Die Abschaffung der Todesstrafe in Europa

Die ethische Unterscheidung zwischen Körperstrafe und Todesstrafe wird durch rechtliche Argumente untermauert. Als die Europäische Menschenrechtskonvention als erster völkerrechtlich bindender Menschenrechtsvertrag 1950 unterzeichnet wurde, praktizierten die meisten Staaten Europas wie in anderen Teilen der Welt noch die Todesstrafe. Also musste bei der Definition des Menschenrechts auf Leben eine explizite Ausnahme zugunsten der Todesstrafe eingefügt werden. Solange die Todesstrafe durch ein zuständiges Gericht auf Basis eines nationalen Strafgesetzes verhängt wurde, stellte sie keine Verletzung des Rechts auf Leben dar. Hinsichtlich der Folter, unmenschlichen und erniedrigenden Behandlung oder Strafe wollte man aber im Hinblick auf die schrecklichen Erfahrungen im Nationalsozialismus keine Ausnahmen zulassen, um nicht Missbrauch Tür und Tor zu öffnen. Wahrscheinlich wurden nach dem damaligen Verständnis leichtere Formen der Körperstrafe, wie sie auch noch in Europa weit verbreitet waren, nicht als erniedrigend oder unmenschlich betrachtet. Aber man wollte nicht im Detail regeln, bis zu welchem Ausmaß die Köperstrafe rechtlich noch als zulässig angesehen wurde, sondern die Klärung dieser Frage der Judikatur überlassen.

Mit der Entscheidung des Europäischen Gerichtshofs für Menschenrechte im Tyrer-Fall aus dem Jahr 1978 wurde die Körperstrafe generell für unzulässig, weil mit der Menschenwürde nicht mehr vereinbar, erklärt. Diese Änderung im Bewusstsein der Menschen in Europa führte auch zu einer Zurückdrängung der Todesstrafe. In der Folge wurden in den Jahren 1982 (auf Initiative des österreichischen Justizministers Christian Broda) und 2002 zwei Zusatzprotokolle zur Europäischen Menschenrechtskonvention angenommen, mit denen die Todesstrafe in Europa zuerst in Friedenszeiten und später auch in Kriegszeiten abgeschafft werden sollte.

Nach dem Ende des Kalten Kriegs machte der Europarat unter anderem die Abschaffung der Todesstrafe für die ex-kommunistischen Staaten zur Bedingung für den Eintritt in den Europarat.

Auch die Europäische Union tritt in ihrer Innen- und Außenpolitik als strikte Verfechterin einer weltweiten Abschaffung der Todesstrafe auf. Europa ist mit der einzigen Ausnahme Weißrusslands heute eine todesstrafenfreie Zone, ebenso wie große Teile Lateinamerikas.

Die Abschaffung der Todesstrafe weltweit

Dieser zunehmende Trend zur Abschaffung der Todesstrafe wurde auch in Zusatzprotokollen zum UNO-Pakt über bürgerliche und politische Rechte 1989 und zur Inter-Amerikanischen Menschenrechtskonvention 1990 verankert. Jährlich nimmt die Zahl der Staaten zu, die die Todesstrafe rechtlich verbieten oder zumindest nicht mehr praktizieren. Aus einer Statistik von Amnesty International Ende 2010 geht hervor, dass bereits 139 Staaten die Todesstrafe rechtlich oder zumindest praktisch abgeschafft haben und nur mehr 58 Staaten diese Strafe anwenden. Die Generalversammlung der Vereinten Nationen hat auf Initiative der EU seit 2007 diese Staaten wiederholt aufgefordert, zumindest ein Moratorium zu erlassen und niemanden mehr zu exekutieren. Im Jahr 2010 haben nur mehr 23 Staaten Menschen exekutiert, allen voran China, der Iran, Nordkorea, Jemen und die USA.

Viele nationale Gerichte wie zum Beispiel der südafrikanische Verfassungsgerichtshof haben die Todesstrafe als eine grausame, unmenschliche oder erniedrigende Strafe qualifiziert und damit zu ihrer Abschaffung beigetragen. Ich selbst war als internationaler Richter am damals höchsten Gericht in Bosnien und Herzegowina in den späten 1990er Jahren daran beteiligt, die Vollstreckung dieser Strafe gegen Menschen, die zur Zeit des Kriegs bis 1995 zum Tode verurteilt worden waren, zu verhindern und diese Strafe in Bosnien und Herzegowina endgültig abzuschaffen.

Als ich jedoch in meiner Funktion als Sonderberichterstatter über Folter das heikle Thema Todesstrafe aufgriff und die Frage stellte, ob man angesichts des zunehmenden weltweiten Trends zur Abschaffung der Todesstrafe diese ultimative Form der Körperstrafe noch mit dem universellen Verbot der Folter, der grausamen, unmenschlichen und erniedrigenden Strafe vereinbaren könne, wurde ich von vielen Staaten massiv kritisiert und der Überschreitung meines Mandats bezichtigt. Auch in dieser Frage wird es noch einige Zeit dauern, bis die kulturellen Relativisten und Anhänger des Vergeltungsstrafrechts in den USA, in China und vielen islamischen Ländern davon überzeugt werden können, dass die Todesstrafe nichts anderes ist als eine grausame, unmenschliche und erniedrigende Strafe, die gegen den Kern der Menschenwürde als dem zentralen Wert der Menschenrechte verstößt.

Aber wir sollten auch nicht vergessen, dass die universelle Menschenrechtsbewegung gerade in dieser Frage seit dem Ende des Zweiten Weltkriegs sehr viel erreicht und die Verfechter der Todesstrafe als eine kleine Minderheit von Staaten schon sehr in die Defensive gedrängt hat.

Ist Gewalt in der Familie oder Genitalverstümmelung Folter?

Traditionell wurde die Folter nur auf Handlungen durch die Polizei oder andere staatliche Organe bezogen. Auch die UNO-Konvention gegen die Folter aus dem Jahr 1984 sieht noch ausdrücklich vor, dass eine Handlung nur dann als Folter qualifiziert werden kann, wenn sie durch staatliche Organe oder zumindest mit deren Duldung oder Zustimmung geschieht. Diese Formulierung lässt allerdings genügend Raum, um auch gewisse Formen der Gewalt durch Private als Folter durch Duldung zu charakterisieren, wenn der Staat nicht ausreichend Maßnahmen setzt, um diese zu unterbinden.

Gewalt in der Familie

Insbesondere Frauen und Kinder sind in vielen Staaten der Welt unterschiedlichen Formen der Gewalt durch Private ausgesetzt, die für sie nicht weniger traumatisch sind als staatliche Folter und die alle anderen Definitionsmerkmale der Folter erfüllen (vorsätzliche Zufügung schwerer physischer oder psychischer Schmerzen oder Leiden zu einem bestimmten Zweck sowie Ohnmacht). Eines der Ergebnisse der Wiener Weltkonferenz über Menschenrechte im Jahr 1993 war die Verabschiedung einer UNO-Erklärung über Gewalt gegen Frauen und die Einsetzung einer Sonderberichterstatterin über Gewalt gegen Frauen. Dies führte in vielen Staaten zu eigenen Gewaltschutzgesetzen, mit denen Gewalt in der Familie als Menschenrechtsverletzung anerkannt wurde und neue Formen zur Bekämpfung dieser Form der Folter durch Private entwickelt wurden. Denn traditionell war Gewalt in der Familie ein Tabu, das den Staat eigentlich nichts anging, weil das traute Heim durch den ausdrücklichen Schutz des Privat- und Familienlebens vor der Überwachung durch Nachbarn oder die Polizei abgeschirmt wurde. In vielen Rechtsordnungen war bzw. ist im Familienrecht noch immer die Frau dem Mann untergeordnet, die Vergewaltigung in der Ehe von der strafrechtlichen Verfolgung ausgenommen und die Züchtigung von Kindern ein erlaubtes Erziehungsmittel.

Als in Österreich auf der Basis des Gewaltschutzgesetzes 1996 die Polizei plötzlich ermächtigt wurde, gewalttätige Ehemänner aus dem gemeinsamen Haushalt wegzuweisen, war dies der Exekutive anfangs ziemlich unangenehm. Gerade auf dem Land war es einfach undenkbar, dass der Dorfgendarm am Hof eines mächtigen Bauern auftaucht und diesen auffordert, den Hof zu verlassen, weil er seine Frau geschlagen hat. Aber durch viele Schulungen, die wir damals zum Beispiel an der Verwaltungsakademie des Bundes durchführten, konnte ein grundsätzliches Umdenken in der Exekutive, letztlich aber auch in der Bevölkerung, erreicht werden.

Bei Besuchen von Polizeidienststellen, auch in ländlichen Gebieten, die ich als Leiter einer Besuchskommission des Menschenrechtsbeirats im Innenministerium seit dem Jahr 2000 durchführte, konnten wir feststellen, dass die Wegweisung heute ein gängiges Mittel der Exekutive zum Schutz gegen familiäre Gewalt darstellt und auch bei vielen gewalttätigen Männern zu einem gewissen Umdenken geführt hat.

Genitalverstümmelung: Tradition oder Verbrechen?

Ähnliches gilt für viele andere traditionelle Formen der Gewalt gegen Frauen und Kinder, wie beispielsweise die in Afrika noch immer weit verbreitete Praxis der Genitalverstümmelung von Mädchen. Sie gilt als Initiationsritual, ohne das junge Frauen nicht heiraten können, und stellt eine der grausamsten Formen der Unterdrückung von Frauen in patriarchalischen Gesellschaften dar. Es kann kein Zweifel daran bestehen, dass diesen Mädchen und jungen Frauen, die sich durch den massiven Druck der Familie und der Gesellschaft in einer ohnmächtigen Situation befinden, vorsätzlich und aus dem alleinigen Zweck ihrer sexuellen Unterdrückung und Diskriminierung schwere physische und psychische Schmerzen zugefügt werden, an denen sie meist ein Leben lang leiden. Solange der Kampf gegen die Genitalverstümmelung vor allem von Feministinnen und Menschenrechtsaktivisten aus dem Norden geführt wurde, musste er sich allerdings dem Argument des menschenrechtlichen Imperialismus stellen, der keinen Respekt für traditionelle, oft religiös geprägte Kulturen zeige.

Als ich in den 1990er Jahren im Rahmen eines vom World University Service gemeinsam mit der UNO und UNESCO durchgeführten Projektes in Uganda Menschenrechte für Frauen aus der Zivilgesellschaft und aus hohen Funktionen in Regierungen und Parlamenten in unterschiedlichen Staaten unterrichtete, war die Genitalverstümmelung immer ein heiß umstrittenes Thema. Auch Frauen mit einem ausgeprägten Bewusstsein für Menschenrechte verteidigten vehement die Tradition der Genitalverstümmelung. In der Zwischenzeit hat sich durch menschenrechtliche Bildungsarbeit viel verändert. Im Jahr 2003 nahm sogar die Afrikanische Union ein Zusatzprotokoll zur Afrikanischen Charta der Rechte der Menschen und Völker an, in dem alle afrikanischen Staaten verpflichtet werden, die Genitalverstümmelung gesetzlich zu verbieten und durch alle geeigneten Maßnahmen zu verhindern.

Als wir auf unseren Missionen in afrikanische Staaten wie Nigeria oder Togo Genitalverstümmelung ausdrücklich als Folter bezeichneten und in unsere Untersuchungen einbezogen, stießen wir dabei durchwegs auf Zustimmung der zuständigen Ministerinnen.

Natürlich können dermaßen tief verwurzelte kulturelle Traditionen nicht von heute auf morgen ausgerottet werden, und entsprechende Bildungsarbeit in Schulen und entlegenen Dörfern ist oft viel wirksamer als strafrechtliche Verfolgung. Doch Staaten würden sich der Folter durch Duldung schuldig machen, wenn sie nicht alle geeigneten Gegenmaßnahmen zur Verhütung traditioneller Gewalt gegen Frauen träfen. Diese Auffassung habe ich auch in einem eigenen Bericht an den Menschenrechtsrat über Folter und Frauen ausführlich begründet und mit vielen Beispielen belegt. Obwohl ich mich auf harsche Kritik durch viele Staaten, vor allem aus Afrika, der arabischen und islamischen Welt vorbereitet hatte, blieb diese Kritik weitgehend aus. Dass Genitalverstümmelung und vergleichbare Formen der Gewalt gegen Frauen und Kinder wie Ehrenmorde oder Witwenverbrennungen als Folter qualifiziert werden und alle Staaten der Welt daher zu entsprechenden Gegenmaßnahmen verpflichtet sind, scheint daher heute weltweit anerkannt zu sein. Trotzdem wird es noch lange dauern, bis diese grausamen Traditionen wirklich ausgerottet werden.

Wie wird im 21. Jahrhundert gefoltert?

Im Prinzip haben sich die physischen Foltermethoden seit dem Mittelalter nicht grundlegend geändert. Nur die Bezeichnungen sind heute anders. Statt »Strappado« wird diese Form des extrem schmerzhaften Aufhängens des Opfers an den hinter dem Rücken gefesselten Handgelenken heute oft »palestinian hanging« genannt. Ich habe zum Beispiel einen Mann gesprochen, der kurz vor meinem Besuch bei der jordanischen Kriminalpolizei in Amman dieser fürchterlichen Tortur unterzogen worden war. Ihm wurden sogar noch Gewichte an die Beine gehängt, um den Druck auf die Schultergelenke zu erhöhen. Nicht selten führt das zu einer Ausrenkung des Schultergelenks mit entsprechenden Schmerzen, die meist die Bewusstlosigkeit des Opfers zur Folge haben. Der Mann, der dieser Tortur wegen der Erpressung eines Geständnisses eines vergleichsweise harmlosen Delikts unterzogen worden war, war ein Stück wimmerndes Elend, als wir ihn in seiner Zelle antrafen.

Aufhängen

Es gibt viele verschiedene Formen des Aufhängens. In der berüchtigten Folterkammer der Kriminalpolizei in Lagos, Nigeria, wo wir mehr als 120 Menschen antrafen, darunter drei Frauen und mehrere Kinder, die allesamt brutal gefoltert worden waren, zeigten uns die Häftlinge anhand der in der Folterkammer herumliegenden Instrumente, wie sie gefoltert worden waren. Eine Methode war, den am Bauch liegenden Opfern hinter dem Rücken die Hände und Beine so eng aneinanderzufesseln, dass dies einen enormen Druck auf die Wirbelsäule ausübt. In dieser extrem schmerzhaften Position wurden die Opfer dann an einer Stange aufgehängt, die zwischen den gefesselten Händen und Beinen durchgeschoben wurde, noch dazu vor allen anderen Häftlingen! Eine ähnliche Form des Aufhängens ist die sogenannte »chicken position«, also wie ein Huhn am Spieß mit dem Kopf nach unten. In Sri Lanka erzählten mir Häftlinge, dass sie gesehen hätten, wie andere Häftlinge an ihren mit einem Draht zusammengebundenen Daumen aufgehängt worden wären.

Der mich auf dieser Mission begleitende schottische forensische Experte Derrick Pounder, der über eine enorme praktische Erfahrung über die unterschiedlichsten Foltermethoden verfügt, wollte diesen Schauergeschichten keinen Glauben schenken, weil er meinte, die Daumengelenke würden das Gewicht des Körpers nicht aushalten und das Opfer würde wegen der unerträglichen Schmerzen sofort das Bewusstsein verlieren. Als wir dann zwei Tamilen fanden, die vom Militär auf diese extreme Art gefoltert worden waren, zeigte sich sofort, dass kein Zweifel an der Wahrheit ihrer Behauptungen bestand. Die beiden konnten auch sechs Monate nach der Tortur kein Blatt Papier zwischen ihren Daumen und Zeigefingern halten. Und ihre Erinnerung an die Folter hatte sofort nach dem Aufhängen an den Daumen eine Lücke, was für Derrick Pounder der beste Beweis dafür war, dass sie ihn Ohnmacht gefallen waren und ihre Geschichte daher glaubwürdig war.

Schläge

Die am weitesten verbreitete Methode der Folter sind Schläge – Schläge mit Fäusten, Eisenstangen, Gummiknüppeln, Baseballschlägern, Peitschen, Holzprügeln oder was immer gerade zur Verfügung steht. Auch Tritte mit Stiefeln gehören zum Standardrepertoire der meisten Folterer. Besonders schmerzhaft und weit verbreitet sind Schläge auf die nackten Fußsohlen, auch »Falanga« oder »Falaka« genannt. In der Zentrale des jordanischen Geheimdienstes in Amman fand ich auch Beweise dafür, dass die Opfer dieser Tortur sofort danach gezwungen wurden, mit ihren wunden Füßen über Salz zu gehen. Das erhöht die Schmerzen und trägt gleichzeitig dazu bei, dass die Wunden schneller heilen und die Spuren verwischt werden. Aber viele Opfer von »Falanga« können auch Jahre nach dieser Folter nur unter großen Schmerzen gehen, und oft ist das Gewebe dauerhaft beschädigt und kann sich nicht mehr regenerieren.

Wie im Mittelalter

Andere Formen der Folter sind Verbrennungen mit einem heißen Metall oder mit Zigaretten, die auf der Haut ausgedrückt werden, oder Elektroschocks mit unterschiedlichsten Instrumenten. Auch Finger- und Zehennägel werden wie im Mittelalter ausgerissen, und unter Saddam Hussein war im Irak sogar das Blenden der Augen eine verbreitete Foltermethode. In Nigeria fanden wir eine Reihe von Häftlingen, denen aus nächster Nähe in die Beine geschossen wurde, und die dann ohne jede medizinische Versorgung liegen gelassen wurden, bis der ganze Körper infiziert war. Hätte nicht unser forensischer Experte Duarte Vieira die sofortige Amputation des Beins erwirkt, wären diese Menschen einen langsamen und qualvollen Tod gestorben.

Sexuelle Gewalt

Vergewaltigung und andere Formen sexueller Folter gegen Frauen, aber auch gegen Männer sind ebenfalls sehr weit verbreitet, weil dadurch das Opfer noch besonders gedemütigt wird. Die USA haben auch Nacktheit und sexuelle Formen der Folter von streng gläubigen muslimischen Männern durch weibliche Beamtinnen gezielt eingesetzt. In Bosnien und Herzegowina sind während der ethnischen Säuberungen in den Jahren 1992 bis 1995 über 50 000 muslimische Frauen durch bosnisch-serbische Freischärler, Polizisten und Militärs vergewaltigt worden. Dort dienten diese Vergewaltigungen einem besonders perfiden Zweck, nämlich die Frauen sogar zu zwingen, ein serbisch-bosniakisches Kind zur Welt zu bringen (»Ich mache dir einen Tschetnik«) und dadurch die muslimische Gemeinschaft in ihrer Gesamtheit zu demütigen.

Das sind typische Fälle von Folter zum Zweck der sexuellen und ethnisch-religiösen Diskriminierung. Viele Frauen, die diese

Massenvergewaltigungen überlebt haben und ein Kind zur Welt brachten, wurden nach dem Krieg wegen des Mischkindes nicht mehr in die muslimische Gemeinschaft aufgenommen oder gaben das Kind ab. Die ärmlichen bosnischen Waisenhäuser waren voll mit diesen Kindern, die heute wissen wollen, wer ihre Eltern sind.

Ersticken

Andere Formen zielen darauf ab, bei den Opfern das Gefühl des Erstickens zu erzeugen. In Paraguay wurde den Häftlingen beim Verhör ein Plastiksack über den Kopf gestülpt und so fest zugebunden, dass sie beinahe das Bewusstsein verloren. Gleichzeitig wurden sie kräftig in die Hoden geschlagen oder gezwickt, was extreme Schmerzen, Ängste und Beklemmungen erzeugt. Sobald sie einen Plastiksack durchgebissen hatten, wurden zwei weitere über den Kopf gestülpt. Auch das sogenannte »waterboarding«, wie es von der CIA gegen Terrorverdächtige angewandt wurde, ist bereits aus der Zeit der spanischen Inquisition bekannt. Die Opfer wurden auf ein Stück Holz geschnallt und mit dem Kopf nach unten in Wasser eingetaucht, bis sie zu ertrinken fürchteten. In der lateinamerikanischen Variante des »Submarino« wurden die Opfer auch oft in eine Brühe aus Urin, Exkrementen und Erbrochenem eingetaucht. Beim US-amerikanischen »waterboarding« wurde den Opfern ein Tuch um Nase und Mund gebunden, auf das dann so lange Wasser getropft wurde, bis sie das Gefühl bekamen, zu ersticken bzw. zu ertrinken.

Die Liste dieser physischen Methoden der Folter, die immer auch zu großen Ängsten, Beklemmungen und sonstigen schweren psychischen Schmerzen und Leiden führen, ließe sich beliebig lange fortsetzen. Leider sind der menschlichen Fantasie diesbezüglich keine Grenzen gesetzt, und sie hat immer wieder neue und noch grausamere Foltermethoden entwickelt.

Psychologische Foltermethoden

Ähnliches gilt auch für die nicht-physischen, also psychologischen Methoden der Folter, wie sie vor allem von den USA im sogenannten »Krieg gegen den Terror« unter Präsident George W. Bush perfektioniert wurden, wobei die Bush-Regierung, gestützt auf äußerst zweifelhafte »Gutachten« aus dem Justizministerium, immer abgestritten hat, dass es sich dabei um Folter handle. Viele Interviews mit ehemaligen Häftlingen von Guantánamo Bay oder von Geheimgefängnissen der CIA (»black sites«) haben uns jedoch gezeigt, dass die sorgfältig geplanten und von geschulten Psychologen entwickelten Formen der psychischen Folter oft noch viel größere Schmerzen und Leiden verursachen als die physische Folter. Sie sind darauf gerichtet, den Willen der Opfer durch ständige Willkür, Desorientierung und Verunsicherung systematisch zu brechen.

Schon alleine die Tatsache, dass viele des Terrorismus verdächtigte Männer aus aller Welt, darunter nachweislich unschuldige Menschen, in Guantánamo Bay systematisch aller Rechte beraubt und in einem Status der völligen Unklarheit und Unsicherheit gehalten wurden, trieb viele an den Rand des Wahnsinns. Sie hatten keinen Zugang zu Anwälten, konnten mit niemandem korrespondieren, wurden oft für viele Monate in völliger Einzelhaft gehalten und bewusst »desorientiert«. Wenn sie fragten, warum sie angehalten wurden und wie lange sie hier bleiben mussten, erhielten sie die Antwort, das wisse man nicht, aber voraussichtlich bis zum Ende des »Krieges gegen den Terror«.

Viele wurden für Wochen dem »frequent flyer«-Programm unterzogen, also jede Stunde oder noch häufiger in eine andere Zelle verlegt. Wann immer sie einschlafen wollten, wurden sie aufgeweckt. Ständig war grelles Licht in den Zellen und häufig laute amerikanische Rock- oder Heavy-Metal-Musik.

»Exposure to extreme temperatures« war eine von Verteidigungsminister Donald Rumsfeld ausdrücklich angeordnete Foltermethode. Sie reichte von offenen Zellen im »Camp X-Ray«, in das die heiße kubanische Sonne voll hineinschien, bis zu mehreren Tagen nackt und ohne jede Decke in einem Container mit voll eingeschalteter Klimaanlage. Manche ehemalige Häftlinge versicherten mir, dass diese Methode in Guantánamo für sie am schlimmsten war: Sie froren erbärmlich, ohne sich irgendwie helfen zu können.

Auch die gezielte Ausnutzung von Phobien, wie Klaustrophobie oder Angst vor Hunden, die vorher durch eine psychologische Untersuchung erkundet wurden, war eine ausdrücklich angeordnete Verhörmethode.

Besonders schlimm war das von der CIA betriebene »prison of darkness« in Kabul. Ein ehemaliger Häftling erzählte mir, dass er dort knapp elf Monate in Einzelhaft verbracht habe, meist angekettet, in völliger Dunkelheit und ständig massivem Lärm ausgesetzt. Wer dieses Gefängnis überlebt habe, ohne den Verstand zu verlieren, den könne nichts mehr erschüttern, erklärte er mir lächelnd. Wie er das geschafft habe, wollte ich wissen. Mit Humor, Autogenem Training und einem starken Vertrauen in seine Religion.

Warum wird gefoltert?

Es gehört zur Definition der Folter, dass einem wehrlosen Menschen schwere Schmerzen oder Qualen zu einem bestimmten Zweck zugefügt werden. Artikel 1 der UNO-Konvention gegen die Folter nennt die wichtigsten Gründe der Folter, nämlich die Erzwingung eines Geständnisses oder sonstiger Informationen, sowie die Einschüchterung, Bestrafung oder Diskriminierung des Opfers. Historisch gesehen war die Erzwingung eines Geständnisses oder einer sonst im Strafprozess relevanten Information, wie eine Zeugenaussage, der einzige Grund für die rechtliche Zulässigkeit von Folter. Da erzwungene Geständnisse wenig zur Wahrheitsfindung beitrugen, wurde die Folter unter dem Einfluss des Rationalismus allmählich aus allen Strafprozessordnungen eliminiert und damit im Laufe des 18. und 19. Jahrhunderts rechtlich abgeschafft.

Ein Geständnis erpressen

Trotz der Irrationalität der Folter als Quelle eines Beweismittels wird sie jedoch weiterhin genau zu diesem Zweck in vielen Ländern der Welt praktiziert. Mehr als 90 Prozent der Opfer von Folter, die ich in den sechs Jahren meiner Tätigkeit als UNO-Sonderberichterstatter interviewt habe, wurden nur deswegen gefoltert, weil sie eine Straftat, derer sie verdächtigt wurden, nicht zugeben wollten. Sobald sie gestanden hatten, ob schuldig oder unschuldig, hörte die Folter auf. Dann mussten sie ihr Geständnis auf einem schriftlichen Formular bestätigen und oft noch hinzufügen, dass dieses Geständnis frei von jedem Zwang zustande gekommen war. Falls sie es wagten, ihr Geständnis vor dem Gericht zu widerrufen oder gar die Polizisten der Folter zu bezichtigen, wurden die Opfer in der Regel wieder der Polizei zur »Wahrheitsfindung« übergeben, statt dass die inkriminierten Polizisten des Verbrechens der Folter angeklagt wurden.

Ich habe mich oft gefragt, wie es im 21. Jahrhundert möglich ist, dass diese archaische und völlig irrationale Methode der Wahrheitsfindung im Strafprozess so weit verbreitet ist und in vielen Ländern der Welt den wichtigsten Weg zu einem Beweismittel darstellt, das zur Verurteilung von Straftätern führt. Die Antwort auf diese Frage ist leider viel banaler als gemeinhin angenommen. In der Mehrheit der Staaten dieser Welt funktioniert das System der Strafjustiz nicht oder nur sehr mangelhaft. Die Gerichte sind nicht wirklich unabhängig von den Mächtigen in den jeweiligen Ländern, und die Justiz gehört leider zu den korruptesten Sektoren staatlicher Machtausübung.

In vielen Staaten steigt die Kriminalität und damit wird auch der Ruf nach einer möglichst tatkräftigen Strafjustiz lauter. Politiker, Medien, Staatsanwälte und Richter üben massiven Druck auf die Polizei aus, Verbrechen möglichst schnell aufzuklären und die Schuldigen ihrer gerechten Strafe zuzuführen. Aber die Polizei ist meist schlecht bezahlt, schlecht ausgebildet und schlecht ausgestattet. Sie verfügt nicht über ausgeklügelte Methoden der Wahrheitsfindung wie DNA-Analysen, sondern ist wie im Mittelalter auf das Geständnis als wichtigstes Beweismittel angewiesen. Oft werden Polizisten sogar nach der Anzahl der »gelösten« Straftaten bezahlt.

Der Polizei wird in vielen Staaten der Welt die Hauptverantwortung für die Bekämpfung der Kriminalität aufgebürdet. Sobald die Polizei jemanden »verurteilt« hat, ist das Verbrechen »gelöst«: Staatsanwälte und Gerichte bestätigen nur mehr das in der Polizeihaft erzwungene Geständnis.

Ein »Opfer« finden

Wer Geld hat, kann es sich in derart korrupten Systemen der Strafjustiz leicht richten. Meist werden die Reichen schon gar nicht erst festgenommen oder können sich schnell aus der Polizeihaft freikaufen. Falls dies nicht gelingen sollte, werden eben Staatsanwälte, Gerichte oder Gefängnisdirektoren bestochen. Umgekehrt bedeutet dies, dass Haft und Folter in vielen Staaten ein »Privileg der Armen« ist. Wenn ein Verbrechen begangen wurde, so sucht sich die Polizei vornehmlich unter den Armen, also den Obdachlosen, Arbeitslosen, Vorbestraften, Minderheiten oder sonst Marginalisierten ein geeignetes Opfer, das solange verprügelt wird, bis es das Verbrechen zugibt. Diese Darstellung mag allzu vereinfacht und klischeehaft klingen. Ich habe mich lange dagegen gesträubt, dieses simple Erklärungsmuster für die weit verbreitete Praxis von Folter zu akzeptieren. Aber leider bin ich immer wieder eines Besseren belehrt worden. Die Korruption und mangelnde Unabhängigkeit der Strafjustiz in der Mehrheit der Staaten dieser Welt ist die wichtigste Ursache für das Weiterbestehen von Folter im 21. Jahrhundert.

Informationen erpressen

Andere Gründe spielen quantitativ eine viel geringere Rolle. Die CIA und andere Geheimdienste foltern nicht, weil sie ein Geständnis wollen, sondern weil sie sich durch die Folter wichtige Informationen in der Bekämpfung oder Verhütung des globalen Terrors oder der organisierten Kriminalität erhoffen. Natürlich wissen erfahrene Geheimdienstagenten, dass die Folter kein besonders verlässliches Instrument zur Wahrheitsfindung darstellt. Aber manchmal führt die Angst vor Folter zu einer wichtigen Spur, die dann weiter verfolgt wird. Dass gleichzeitig viele durch Folter erzwungene Informationen die Beamten auf falsche Spuren wie zum Beispiel das vermeintliche Vorhandensein von Massenvernichtungswaffen im Irak Saddam Husseins führten, wird dabei bewusst in Kauf genommen.

Zeigen, wer der »Herr im Haus« ist

Neben ihrer Primärfunktion, nämlich die Erzwingung von Geständnissen und Informationen, dient die Folter natürlich auch anderen Zwecken. Schon die ersten Schläge bei der Festnahme oder die Androhung von besonders schmerzhaften Foltermethoden dienen dem Zweck der Einschüchterung, aber oft auch anderen Zwecken wie der Bestrafung vermeintlicher Übeltäter, der Diskriminierung besonders verhasster Bevölkerungsgruppen wie Ausländern oder Angehörigen von Minderheiten oder der Verbreitung von Angst und Terror unter der Bevölkerung schlechthin. Natürlich geht es auch darum, den Häftlingen von Anfang an zu zeigen, wer der »Herr im Haus« ist. In vielen Gefängnissen gibt es eigene Initiationsrituale, oft »welcome party« genannt: Neuankömmlinge werden eine Woche lang in Einzelhaft oder Dunkelhaft gehalten und regelmäßig geschlagen, damit sie sich möglichst schnell an die Regeln der Haft und ihre eigene Ohnmacht gewöhnen und nicht gar auf die Idee kommen, das Gefängnis mit einem Hotel zu verwechseln. Auch bei der Vergewaltigung von Frauen durch die Polizei, Gefängnispersonal, Frauenhändler oder ihre Ehemänner, bei häuslicher Gewalt gegen Frauen und Kinder, bei traditionellen Praktiken wie Genitalverstümmelung, Witwenverbrennungen oder Körperstrafen gegenüber aufmüpfigen Kindern geht es neben der Diskriminierung oft nur darum, den Betroffenen zu zeigen, wer der »Herr im Haus« ist.

Kann Folter jemals gerechtfertigt sein?

Im sogenannten »Krieg gegen den globalen Terror« haben vor allem die USA eine Diskussion losgetreten, von der man annahm, dass sie schon lange der Vergangenheit angehören würde. Wenn die CIA eine Person unter ihrer Kontrolle hat, die den Code zur berühmten »schmutzigen Bombe« hat, mit der Tausende unschuldige Menschen in Kürze in den Tod gerissen werden, sie diesen Code aber partout nicht preisgeben will, dann müsste es doch gerechtfertigt sein, diese Person zum Schutz des Lebens vieler unschuldiger Menschen ein bisschen zu foltern! Das Menschenrecht von Terroristen, nicht gefoltert zu werden, kann doch nicht wichtiger sein als das Recht unschuldiger Menschen auf Leben. Allgemeiner ausgedrückt müsste doch das Recht der USA auf nationale Sicherheit schwerer wiegen als die Freiheit und Menschenwürde von ein paar Terroristen.

Die Diskussion um die »Rettungsfolter«

In Deutschland wurde diese Diskussion unter dem Titel »Rettungsfolter« geführt, und zwar nicht nur in der Politik, sondern auch in Teilen der Rechtswissenschaft. In den USA kam der Harvard-Professor Alan Dershowitz mit seiner Verteidigung der Folter zu zweifelhaftem Ruhm. Seine Argumentation beruht auf der einfachen Annahme, dass jeder gute amerikanische Polizist oder Geheimdienstagent in dieser Gewissensfrage ohnehin zum Mittel der Folter greifen würde, um das Leben unschuldiger Menschen zu schützen. Dann wäre es aber besser, dass ihm diese schwere Entscheidung nicht ohne rechtsstaatliche Garantien und richterliche Absicherung aufgebürdet würde. Mit anderen Worten: Die schwierige Entscheidung, wann ausnahmsweise für ein höheres Gut wie die nationale Sicherheit gefoltert werden dürfte, sollte nicht einem Polizisten, Soldaten oder CIA-Agenten überlassen, sondern gesetzlich geregelt und einem Gericht übertragen werden, damit alles seine Richtigkeit habe und der Rechtsstaat nicht ausgehebelt werde. Außerdem sollten natürlich nur bestimmte, nicht so gravierende Foltermethoden rechtlich zugelassen werden, damit die Menschenwürde der Terroristen nicht allzu sehr verletzt werde.

Auf den ersten Blick entbehrt diese Argumentation nicht einer gewissen Plausibilität, und es verging auch kaum ein Vortrag oder eine Vorlesung über Folter, bei der ich nicht mit der berühmten »ticking bomb«-Frage konfrontiert worden wäre. Aber schon beim zweiten Blick wird klar, wohin diese Frage führt: direkt zurück ins finsterste Mittelalter, wo zum Beispiel ein beträchtlicher Teil der Strafprozessordnung Kaiser Karls V. der Frage gewidmet war, für welches Verbrechen welche Foltermethode für welche Zeit und mit welcher Intensität praktiziert werden durfte.

Was ist, wenn der Terrorist nach fünf Minuten der Folter mit Elektroschocks von maximal 20 Volt den Code der schmutzigen Bombe noch immer nicht preisgibt? Wie viele Stromstöße mit wie viel Volt darf ich ihm für wie viele Minuten zufügen? Hängt die Dauer und Intensität der Folter davon ab, wie viele Menschen ich damit retten will? Welche Informationen muss ich dem Gericht übermitteln, damit es eine begründete Entscheidung zur Autorisierung der Folter fällen kann? Sollen Richter bei der Anwendung der Folter anwesend sein? Wie genau soll die Praxis der Folter in der Strafprozessordnung geregelt werden, um Willkür zu verhindern? Wie breit darf der Ermessensspielraum des Gerichts bzw. der Exekutive sein? Genügt ein bloßer Anruf beim Gericht, um die Dosis und Dauer der Elektroschocks zu erhöhen, wenn der Terrorist noch immer nicht reden will? Darf ich die Folter nur zur Verhütung eines Terroranschlags anwenden oder auch zur Bekämpfung der organisierten Kriminalität, zur Verhütung eines bewaffneten Banküberfalls oder eines kaltblütigen Mordes? Darf ich einen Kindesentführer foltern, um das Leben eines unschuldigen Kindes zu retten?

Der Fall Jakob von Metzler

Die zuletzt gestellte Frage bewegte eine geraume Zeit die deutsche Öffentlichkeit und Justiz. Der elfjährige Jakob von Metzler, Sohn eines bekannten Bankiers, war im Jahr 2002 von Magnus Gäfgen entführt worden, um Lösegeld zu erpressen. Vor der Frankfurter Polizei gestand Gäfgen bald die Tat, wollte aber den Aufenthaltsort des Kindes nicht preisgeben. Immer wieder schickte er die Polizei zu einem falschen Ort. Aus Angst, das Kind könnte sterben, bevor es gefunden werde, entschied der stellvertretende Polizeipräsident von Frankfurt, Wolfgang Daschner, Gäfgen Folter anzudrohen. Die Maßnahme war insofern erfolgreich, als Gäfgen sofort den wahren Aufenthaltsort bekanntgab. Jakob von Metzler wurde gefunden, war aber schon tot, da ihn sein Entführer gleich ermordet hatte. Nun stellte sich die Frage nach der strafrechtlichen Verantwortung von Wolfgang Daschner, der die Androhung der Folter nur aus dem Grund, das Leben des Kindes retten zu wollen, angeordnet hatte. Das Amtsgericht Frankfurt traf die meiner Meinung nach einzig richtige Entscheidung: Wolfgang Daschner wurde des Verbrechens der angedrohten Folter schuldig gesprochen, doch wurde die Strafe wegen mildernder Umstände auf ein Minimum reduziert.

Die Gefahren einer Relativierung des Folterverbots

Die Geschichte lehrt uns, dass Folter, sobald man sie im Ausnahmefall für zulässig erklärt, schnell zum Normalfall wird. Es wäre auch für die Bush-Regierung besser gewesen, diese Büchse der Pandora geschlossen zu halten und in dem extrem seltenen Ausnahmefall des »ticking bomb«-Szenarios zu akzeptieren, dass möglicherweise einzelne Menschen nicht durch die »Rettungsfolter« gerettet werden können. Denn durch die Relativierung des Folterverbots hat die Bush-Regierung samt ihren Anhängern aus Politik, Medien und Wissenschaft nicht nur den mühsam erkämpften Errungenschaften des Völkerrechts und der Menschenrechte einen schweren und kaum mehr gutzumachenden Schaden zugefügt, sondern auch die moralische Autorität des Westens in Fragen der Menschenrechte nachhaltig untergraben.

Für die äußerst seltenen Ausnahmefälle, in denen Ordnungshüter wie der Frankfurter Vizepolizeipräsident Daschner das Folterverbot aus ehrlichen Motiven verletzen, braucht nicht gleich das gesamte Folterverbot relativiert und die Folter gerechtfertigt werden. Es genügt die Zuerkennung mildernder Umstände.

George Bush's »war on terror«

Dass die USA in ihrem »Krieg gegen den Terror«, den George W. Bush in Reaktion auf die schrecklichen Terroranschläge vom 11. September 2001 ausgerufen hatte, folterten, ist nicht weiter verwunderlich. Schließlich hatten die USA im Rahmen ihrer nationalen Sicherheitsdoktrin, mit der sie in den 1970er und 1980er Jahren die brutalsten Militärdiktaturen gegen linke Guerilla-Bewegungen in ganz Lateinamerika etabliert und unterstützt hatten, eine eigene Folterschule in Panama eingerichtet.

Wie andere Staaten haben auch die USA heimlich gefoltert und diese Praxis in der öffentlichen Diskussion immer abgestritten. George W. Bush junior ist der erste US-Präsident, der die Anwendung von Folter mehr oder minder unumwunden zugegeben hat und durch seine dreisten Versuche, diese Verbrechen zu rechtfertigen, dem internationalen Kampf gegen die Folter einen immensen Schaden zugefügt hat. Denn viele Diktatoren, Militärs und Geheimdienstagenten dieser Welt, die immer schon im Geheimen gefoltert hatten, fühlten sich plötzlich durch Bush, Cheney, Rumsfeld, Gonzales und andere höchste Repräsentanten der USA in ihrer Praxis bestätigt. »Wenn sogar die größte Supermacht dieser Erde, die sich seit der amerikanischen Revolution vor mehr als 200 Jahren die Menschenrechte auf ihre Fahnen geschrieben und andere Staaten immer zur Einhaltung der Menschenrechte gemahnt hatte, öffentlich foltert, dann kann es doch nicht so schlimm sein, wenn wir auch foltern«, hörte ich bei meinen Missionen leider nur allzu oft von hohen Regierungsvertretern aus aller Welt.

Noch dazu hat die Bush-Regierung in ihrem »Krieg gegen den Terror« eng mit Staaten in der arabischen und islamischen Welt zusammengearbeitet, die für ihre brutalen Foltermethoden berüchtigt sind. Während das amerikanische Außenministerium in seinen Jahresberichten die Foltermethoden in Marokko, Ägypten, Jordanien, Syrien, Afghanistan oder Pakistan geißelte, schickte die

CIA in geheimen Flügen Terrorismusverdächtige in eben diese Länder, um sie dort foltern zu lassen. Es ist also nicht weiter verwunderlich, wenn mich zum Beispiel der Parlamentspräsident von Jordanien fragte, warum ich gerade in seinem Land Folter untersuchte und nicht in den USA. Dass mir knapp zuvor die US-Regierung verwehrt hatte, mit Häftlingen in Guantánamo Bay unter vier Augen zu sprechen, konnte er sich nicht vorstellen.

Die Tricks der Bush-Regierung

Die Art und Weise, wie die Bush-Regierung mit dem Völkerrecht im Allgemeinen und mit dem Folterverbot im Besonderen umging, würde Machiavelli vor Neid erblassen lassen. Es würde zu weit führen, im Rahmen dieses Buches einen umfassenden Einblick in die Tricks der Bush-Strategen geben zu wollen, einen rechtsfreien Raum für ihren »Krieg« zu schaffen. Deshalb sollen im Folgenden nur die Eckpfeiler kurz skizziert werden.

In der Tat war der Begriff »Krieg gegen den Terror« nicht nur als Euphemismus gedacht. Die Bush-Regierung wollte der Welt allen Ernstes weismachen, dass sie seit dem September 2001 in einen globalen Krieg verwickelt wäre, und zwar nicht nur gegen das Taliban-Regime in Afghanistan (dieser Krieg war als Ausübung des Selbstverteidigungsrechts noch vom UNO-Sicherheitsrat gebilligt worden), sondern auch gegen das globale Terrornetzwerk Al Kaida und sonstige Terroristen in aller Welt.

Folglich könnten des Terrorismus verdächtigte Menschen als »illegal enemy combatants« auf unbestimmte Zeit und ohne Anklage in US-Gefangenenlagern wie Guantánamo Bay festgehalten werden. Dieser Krieg würde so lange dauern und »illegal enemy combatants« könnten folglich so lange festgehalten werden, bis der globale Terrorismus endgültig besiegt sei.

Obwohl das Völkerrecht ausdrücklich vorsieht, dass die Menschenrechte nicht nur in Friedenszeiten, sondern auch in Zeiten bewaffneter Konflikte gelten, vertrat die Bush-Regierung die absurde »Rechtsauffassung«, dass im »Krieg gegen den Terror« das gesamte System des völkerrechtlichen Menschenrechtsschutzes einfach nicht anwendbar sei. Stattdessen gelte nur das Kriegsrecht, also das humanitäre Völkerrecht der Genfer Konventionen.

Dieses teilt die Menschen in Kombattanten und Zivilisten ein: Entweder man ist Soldat, der mit der Waffe in der Hand gegen andere Soldaten kämpft und folglich auch getötet werden darf, oder man ist Zivilist mit allen damit verbundenen Rechten, insbesondere dem Recht, nicht getötet zu werden. Aber auch Kombattanten haben auf Grund des humanitären Völkerrechts genau definierte Rechte. Zum Beispiel dürfen sie nicht gefoltert werden. Wenn sie festgenommen werden, muss ihnen als Kriegsgefangene das Recht beispielsweise auf Nahrung, medizinische Versorgung, menschenwürdige Haftbedingungen und Haftkontrolle gewährt werden.

Um selbst diesen minimalen Verpflichtungen zu entgehen, hat die Bush-Regierung für Menschen, die des Terrorismus verdächtigt werden, den dem Völkerrecht unbekannten Begriff des »illegal enemy combatant« und damit eine dritte Personengruppe erfunden.

Nun musste nur noch das Problem gelöst werden, dass auf US-Territorium die ehrwürdige amerikanische Bundesverfassung gilt, deren Grundrechte wie das Folterverbot und das Recht auf ein faires Verfahren und rechtsstaatliche Mindeststandards (»due process«) im Prinzip für alle Menschen gelten. Also schuf man für »illegal enemy combatants« Gefangenenlager außerhalb der USA, wie Guantánamo Bay auf Kuba oder Geheimgefängnisse in aller Welt, und behauptete einfach, dass dort die US-Verfassung (zumindest für Ausländer) nicht gelte.

Über internationale Kritik setzte man sich schlicht hinweg, und bis die amerikanische Justiz begann, diesen Schwindel zu durchschauen, dauerte es einige Zeit, nämlich bis zum Urteil des Obersten Gerichtshofs im Fall Rasul gegen Bush im Jahr 2004, in dem die Anwendbarkeit der US-Verfassung auf Guantánamo Bay bestätigt wurde. Seit diesem Urteil dürfen die dort inhaftierten Menschen zumindest von US-Anwälten vertreten werden.

Abenteuerliche Rechtsgutachten

Hinsichtlich der Folter stellte sich das Problem, dass das absolute Folterverbot als ein Grundsatz des zwingenden Völkerrechts anerkannt war und dass die USA unter der Regierung Bush senior die UNO-Konvention gegen die Folter ratifiziert hatten, die ausdrücklich vorsieht, dass es keinerlei Ausnahmen vom Folterverbot geben darf. Außerdem war die UNO-Definition der Folter wortgetreu in amerikanisches Strafrecht übertragen worden. Also versuchten findige Juristen im Justizministerium der USA, wie John Yoo oder Jay Bybee, durch abenteuerliche »Rechtsgutachten« einfach, den Begriff der Folter auf extrem grausame Foltermethoden einzuschränken, die zu Organversagen, Tod oder lebenslangen psychischen Krankheiten führen. »Normale« Foltermethoden wie »waterboarding« oder sogenannte »enhanced interrogation methods« der CIA würden von dieser neuen US-Definition der Folter begrifflich nicht umfasst sein.

Gestützt auf diese »Rechtsgutachten«, die nach Bekanntwerden der systematischen Folter im irakischen US-Gefängnis Abu Ghraib im Jahr 2004 diskret aufgehoben wurden, legte Verteidigungsminister Donald Rumsfeld genau fest, welche Verhörmethoden zum Beispiel in Guantánamo Bay angewendet werden durften: langes Stehen in Stresspositionen, mehrwöchiger Schlafentzug, das gezielte Ausnützen individueller Phobien wie Klaustrophobie oder Angst vor Hunden, extreme Temperaturen, bewusste Desorientierung usw.

In einem UNO-Bericht, den ich Anfang 2006 gemeinsam mit vier weiteren Experten und Expertinnen publizierte, haben wir auf der Basis der damals verfügbaren Dokumente und von vielen Interviews mit ex-Guantánamo-Häftlingen im Detail die dort angewandten Foltermethoden und die Rechtswidrigkeit des gesamten Lagers nachgewiesen und als erste internationale Instanz dessen sofortige Schließung gefordert. Leider hat es auch die Obama-Regierung trotz gegenteiliger Versprechen verabsäumt, dieses Lager, das zum Symbol für die Rechtlosigkeit im »Krieg gegen den Terror« wurde, zu schließen, die für die Folter und ihre

Rechtfertigung Verantwortlichen zur Rechenschaft zu ziehen und den Opfern von Folter und willkürlicher Haft Wiedergutmachung zu leisten.

Geheime Haft in ausländischen Gefängnissen

Wenn die in den USA zulässigen Verhörmethoden nicht zum gewünschten Erfolg führten, wurden die Häftlinge mit sogenannten »extraordinary rendition«-Flügen der CIA zum Verhör in befreundete Staaten wie Ägypten, Marokko oder Syrien verfrachtet, die für ihre Foltermethoden berüchtigt sind. Um das internationale Luftfahrtrecht zu umgehen, das für staatliche Flüge besondere Regeln aufstellt, bediente sich die CIA privater Flugunternehmen, deren Flugzeuge für diesen Zweck gechartert wurden. Oft wurden auch bewusst falsche Destinationen angegeben (»dummy flights«). Der Begriff »rendition« ist dem Völkerrecht fremd, das für die zwangsweise Überstellung von Menschen von einem Staat in einen anderen nur die Möglichkeiten der Ausweisung oder Auslieferung mit entsprechenden Verfahren und Rechtsmitteln kennt.

Aus vielen Interviews mit Opfern von »extraordinary rendition«-Flügen der CIA wissen wir, wie diese Praxis funktionierte: Menschen wurden von CIA-Agenten oder US-Militärs (zum Beispiel in Sarajevo) gekidnappt oder mit Hilfe nationaler Sicherheitskräfte (zum Beispiel in Schweden, Italien oder Mazedonien) festgenommen und der CIA übergeben. Besonders geschulte, schwarz gekleidete und maskierte CIA-Einheiten schnitten den Opfern die Kleider vom Leib, zogen ihnen Windeln und eine Art Trainingsanzug mit Kapuze, undurchsichtigen Brillen und Gehörschutz an, schnallten sie am Boden des Flugzeugs oft in schmerzhaften Stresspositionen fest und transportierten sie ohne Essen und Trinken, oft viele Stunden oder gar Tage, bis zu ihrem nächsten Bestimmungsort. Sie wurden entweder in ein geheimes CIA-Lager (sogenannte »black sites« wie in Thailand, Afghanistan, Polen, Rumänien oder Litauen) oder in US-Militärgefängnisse (wie Guantánamo Bay auf Kuba oder Bagram in Afghanistan) gebracht oder nationalen Geheimdiensten zum Verhör übergeben (»detention by proxy« in Ägypten, Jordanien, Syrien, Marokko, Pakistan und anderen Staaten).

Die Foltermethoden in diesen Staaten und in diversen Geheimgefängnissen wie dem »prison of darkness« der CIA in Afghanistan waren zum Teil unbeschreiblich. In unserem UNO-Bericht über geheime Haft im Kampf gegen den Terror, den ich 2010 gemeinsam mit drei anderen Experten und Expertinnen veröffentlicht habe, identifizierten wir insgesamt 66 Staaten, in denen wir die Praxis der geheimen Haft nachweisen konnten, viele davon in enger Kooperation mit den USA.

Folter und Verschwindenlassen

In den lateinamerikanischen Militärdiktaturen der 1970er und 1980er Jahre hat sich eine besonders perfide Form der Folter und Unterdrückung von Andersdenkenden etabliert. Personen wurden mitten in der Nacht von maskierten und schwer bewaffneten Agenten aus dem Bett geholt, vor ihren Kindern geschlagen und gedemütigt und dann in Privatfahrzeugen ohne Nummerntafeln an einen geheimen Ort gebracht, schwer gefoltert, damit sie Informationen über andere Oppositionelle preisgeben, und nicht selten schließlich ermordet. Wenn sich die verängstigte Familie am folgenden Morgen in der nächsten Polizeistation oder Militärkaserne nach ihren Angehörigen erkundigte, hörte sie zumeist lediglich, man habe keine Ahnung, wo diese seien, aber sie seien sicher nicht von staatlichen Sicherheitskräften festgenommen worden. Oft wurde die Schmutzarbeit des Verschwindenlassens auch wirklich privaten paramilitärischen Organisationen übertragen, die freilich eng mit Militär, Polizei und Geheimdiensten zusammenarbeiteten. Wenn man Glück hatte, wurden die Verschwundenen auf eine öffentliche Liste gesetzt, und die staatlichen Behörden versprachen sogar, alles in ihrer Macht Stehende zu unternehmen, um sie zu finden.

Die »Vorteile« des Verschwindenlassens

Für die staatlichen Sicherheitskräfte ist die Praxis des Verschwindenlassens eine einfache Methode, um sich der Verantwortung für die Festnahme, Anhaltung, Folter und häufig auch die Ermordung der betroffenen Menschen zu entledigen. Man stellt sich dumm und kann sogar noch Mitgefühl für die Familienangehörigen simulieren. Man muss sich nicht vor Gerichten oder internationalen Kontrollorganen für die willkürliche Haft, für Foltervorwürfe, die womöglich noch durch medizinische Gutachten untermauert sind, oder für die Ermordung Andersdenkender rechtfertigen. Man hat ja mit dem Verschwindenlassen nichts zu tun, vielleicht war der Ehemann ja nur zu seiner Freundin gezogen und wollte deshalb »untertauchen«! Außerdem kann man in geheimer Haft ohne Rücksicht auf etwaige Spuren auf besonders brutale Weise foltern und die Opfer so lange festhalten, bis alle Wunden verheilt sind. Falls die Folter zu unheilbaren Langzeitfolgen führt, kann man sich der Verantwortung dadurch entziehen, dass man die Opfer einfach ermordet und in Massengräber verscharrt oder, wie im Fall des »schmutzigen Krieges« der argentinischen Militärjunta, von Flugzeugen, oft noch lebend, ins Meer wirft. Schließlich dient die Praxis des Verschwindenlassens auch dazu, in der Bevölkerung ein generelles Klima der Angst und Einschüchterung zu erzeugen. Das haben bereits die Nazis mit dem »Nacht-und-Nebel-Erlass« Heinrich Himmlers, der allgemein als Erfinder des erzwungenen Verschwindenlassens gilt, erfolgreich praktiziert.

Das Leid der Opfer

Für die Verschwundenen ist die geheime (»incommunicado«) Haft mit besonderen Qualen verbunden. Sie wissen, dass sie vollkommen von der Außenwelt abgeschnitten sind, mit niemandem kommunizieren und von niemandem Hilfe erwarten können. Die Folterknechte kosten diese Situation der völligen Ohnmacht und Hilflosigkeit meist genüsslich aus, indem sie ihren Opfern nachdrücklich zu verstehen geben, dass sie sich völlig in ihrer Macht befinden und deshalb besser »kooperieren«, also die gewünschten Informationen preisgeben sollen. Verschwundene befinden sich völlig außerhalb des Rechtes und jeder rechtsstaatlichen Kontrolle. Sie leben in der ständigen Angst, noch grausameren Foltermethoden unterzogen und schließlich ermordet zu werden, ohne dass ihr Schicksal jemals aufgeklärt werde und die Verantwortlichen zur Rechenschaft gezogen würden.

Das Leid der Familien

Für die Familien der Opfer ist diese Situation der Ungewissheit noch viel schlimmer, als wenn ihre Ehemänner, Väter, Mütter oder Kinder von identifizierbaren Sicherheitskräften festgenommen und in einer real existierenden Polizeistation zu Tode gefoltert worden wären. Auch wenn die Nachricht vom Foltertod eines geliebten Menschen fürchterlich ist, so können die Angehörigen dennoch mit der Trauerarbeit beginnen, eine rechtsstaatliche Untersuchung der Folter und der Ermordung initiieren und die strafrechtliche Verurteilung der Verantwortlichen fordern. Das Schlimmste am erzwungenen Verschwindenlassen ist die Ungewissheit und Machtlosigkeit. Lebt mein Mann noch? Wo befindet sich meine Tochter? Werden meine Eltern gerade in diesem Augenblick gefoltert? Selbst wenn alle rationalen Argumente dafür sprechen, dass es nach vielen Jahren des Wartens eigentlich keine wirkliche Hoffnung mehr gibt, so klammern sich die Angehörigen an jeden noch so dünnen Halm: eine Nachricht von einem anderen Häftling, der die Verschwundenen vor vielen Monaten noch lebend gesehen hat oder von jemandem gehört hat, der oder die etwas gesehen oder gehört haben soll.

Auch als internationale Untersuchungen bereits ergeben hatten, dass fast alle der in Srebrenica im Juli 1995 verschwundenen bosniakischen Männer von der bosnisch-serbischen Armee ermordet und in Massengräbern verscharrt worden waren, habe ich noch viele Frauen von Srebrenica getroffen, die felsenfest davon überzeugt waren, dass gerade ihr Mann oder Sohn den Völkermord überlebt hätte und sich noch irgendwo versteckt hielte. Angehörige von Verschwundenen können kein normales Leben führen, keine Trauerarbeit leisten, keine Vergangenheitsbewältigung beginnen, denn die Vergangenheit ist nicht geklärt. Sie leben für viele Jahre, oft Jahrzehnte ein Leben zwischen Hoffnung und Verzweiflung, die Frauen haben keinen Anspruch auf Witwenpension und dürfen nicht mehr heiraten, die Kinder haben keinen Anspruch auf Waisenpension und geben die trügerische Hoffnung niemals auf, dass ihr Vater vielleicht eines Tages doch wieder nach Hause zurückkehrt.

Für den Vater waren die Qualen mit der Ermordung zwei Tage nach seiner Verschleppung möglicherweise zu Ende, aber für die Familie gehören die Qualen und Ängste, die Verzweiflung und Ungewissheit noch viele Jahre und Jahrzehnte zu ihrem tristen Alltag, der häufig durch den Wegfall des Ernährers auch von ökonomischen Überlebenssorgen geprägt ist. Das erklärt, warum die Mütter und Großmütter der 30 000 in Argentinien Verschwundenen noch Jahrzehnte später wöchentlich auf der Plaza de Mayo in Buenos Aires für Wahrheit und Gerechtigkeit demonstrierten. Es gibt kein normales Leben für Angehörige von Verschwundenen. Sie sind ebenso sehr Opfer dieser besonders grausamen Menschenrechtsverletzung wie die direkt davon Betroffenen.

Die Praxis des Verschwindenlassens weltweit

Als Reaktion auf diese systematische Praxis der Militärs in Chile, Uruguay, Argentinien, El Salvador, Guatemala, Kolumbien und vielen anderen Staaten Lateinamerikas wurde 1980 die UNO-Arbeitsgruppe über das erzwungene Verschwindenlassen gegründet, der ich als Experte der westlichen Gruppe von 1993 bis 2001 angehörte. Zu diesem Zeitpunkt hatte sich die Praxis des Verschwindenlassens von einem ursprünglich lateinamerikanischen zu einem globalen Phänomen entwickelt. Die meisten Verschwundenen auf unserer Liste waren aus dem Irak Saddam Husseins und aus Sri Lanka. Bei einer Vermittlungsmission nach Sri Lanka konnten wir im Jahr 1999 zur Klärung des Schicksals von mehr als 4000 Menschen beitragen, indem wir nach langen Verhandlungen die Regierung davon überzeugten, den Angehörigen Entschädigung zu zahlen und soziale Sicherheit (Pensionen, kostenlosen Schulzugang für die Kinder etc.) zu bieten, und im Gegenzug die Angehörigen vieler Personen, die in den Jahren 1989 und 1990 verschwunden waren, dazu brachten, einer gerichtlichen Todeserklärung zuzustimmen.

Besonders betroffen war ich von Interviews mit verschwundenen Sahauris, die mehr als zehn Jahre in winzigen Käfigen mitten in der Sahara geheim festgehalten worden waren und auf Grund internationalen Drucks von König Hassan II. von Marokko plötzlich freigelassen wurden. Sie selbst hatten nicht mehr daran geglaubt, jemals wieder Freiheit zu atmen, und ihre Familien hatten längst jede Hoffnung aufgegeben. Ein Mann war durch die gebückte Haltung in einer Zelle, in der er sich nie ausstrecken konnte, um mehr als zehn Zentimeter geschrumpft. Als sich die Zellentüre plötzlich öffnete, war er sicher, nun ermordet zu werden und konnte noch Monate danach nicht wirklich glauben, frei zu sein. Er hatte mehr als zehn Jahre seines Lebens verloren, hatte keine Ahnung, was sich in dieser Zeit außerhalb seines Käfigs ereignet hatte, und hatte enorme Schwierigkeiten, wieder ein »normales« Leben in Freiheit und ohne Angst zu beginnen.

Die Verschwundenen im ehemaligen Jugoslawien

Anfang 1994 wurde ich zum UNO-Experten für mehr als 20 000 Verschwundene im ehemaligen Jugoslawien ernannt. Das war aus emotionaler wie politischer Sicht die schwierigste und frustrierendste Aufgabe, die ich je übernommen habe. Mit meiner Ernennung waren viele Hoffnungen der »Mütter von Vukovar« und anderer Menschen und Organisationen in Kroatien verbunden: Sie suchten nach kroatischen Angehörigen, die im Zuge der ethnischen Säuberungen verschwunden waren – Säuberungen, die die jugoslawische Nationalarmee gemeinsam mit serbischen Milizen wie jenen des gefürchteten »Arkan« in Ostslawonien und anderen Teilen der von serbischen Aufständischen kontrollierten Gebiete in Kroatien 1991 durchgeführt hatten. Nur ganz wenige dieser Menschen konnten wir durch Verhandlungen und Gefangenenaustausch lebend finden, andere wurden nach der Öffnung von Massengräbern wie Ovčara nahe Vukovar identifiziert.

Noch schwieriger war allerdings die Situation in Bosnien und Herzegowina. Während des Krieges suchte ich mit einem kleinen Team nach Verschwundenen in der Nähe der berüchtigten Konzentrationslager wie »Omarska« im Nordwesten Bosniens. Auch hier konnten wir nach zähen Verhandlungen mit den drei bosnischen Streitparteien nur sehr wenige Überlebende ausfindig machen und ihren Familien »zurückgeben«. Denn die meisten Verschwundenen waren im Zuge der ethnischen Säuberungen ermordet und in Massengräbern verscharrt worden, von denen wir alleine in Bosnien und Herzegowina an die 300 identifizierten.

Nach dem Völkermord von Srebrenica im Juli 1995 konzentrierte sich unsere Arbeit, bei der ich auch durch ein großes, von der EU finanziertes Team des Ludwig Boltzmann Instituts für Menschenrechte und durch ein finnisches Team forensischer Experten unterstützt wurde, auf diese Region. Da sich die Massengräber jedoch meist in einer Region befanden, die von jenen kontrolliert wurde, die für die Massaker und das Verschwindenlassen verantwortlich waren (vor allem in der Republika Srpska), wurden unsere Ausgrabungsarbeiten massiv behindert. Nach dem Ende des Krieges im Dezember 1995 wäre es leichter gewesen, Exhumierungen und die Identifizierung der Leichen vorzunehmen, doch hätten wir dazu den aktiven Schutz durch die NATO-geführte »International Implementation Force« (IFOR) benötigt, der uns aber letztlich aus politischen Gründen von den USA verwehrt wurde. Exhumierungen, die »nur« dem Zweck der Aufklärung des Schicksals von Verschwundenen dienten, wären viel zu kostspielig und wenig sinnvoll, wurde mir nicht nur vom amerikanischen Kommandanten der IFOR in Sarajevo, sondern auch von der US-Regierung in der UNO-Menschenrechtskommission in Genf beschieden.

Während schon die Verhandlungen mit den drei bosnischen Streitparteien über den Austausch von verschwundenen »Kriegsgefangenen« (oft wurden muslimische Männer von den Kroaten oder Serben nur deswegen festgenommen, um sie danach gegen wirkliche kroatische oder serbische Soldaten austauschen zu können) äußerst schwierig waren, hatten die an einen Basar erinnernden Verhandlungen über den Austausch von Leichen etwas Makabres. Als der kroatische Chefverhandler allen Ernstes vorschlug, dass er im Austausch gegen die Leiche eines verschwundenen Bosniaken zwei oder drei kroatische Leichen erhalten müsste, verließ ich den Verhandlungstisch.

Die Internationale Kommission über Verschwundene

Ich war zu diesem Zeitpunkt bereits davon überzeugt, dass Verhandlungen zwischen den drei bosnischen Streitparteien ohne Mitwirkung hoher Stellen in Belgrad und Zagreb wenig Aussicht auf Erfolg hätten und schlug deshalb in meinem Bericht an die UNO-Menschenrechtskommission im Frühjahr 1997 vor, eine Internationale Kommission über Verschwundene zu bilden, der neben den verantwortlichen Ministern von Serbien, Kroatien und Bosnien-Herzegowina auch hochrangige Delegierte der internationalen Gemeinschaft angehören sollten. Als die USA auch diesen Vorschlag in der UNO-Menschenrechtskommission ablehnten, legte ich mein Mandat zurück. Drei Monate später nahm Präsident Bill Clinton meinen Vorschlag auf und setzte eine Internationale Kommission über Verschwundene in ex-Jugoslawien unter dem Vorsitz von Cyrus Vance ein, die mit entsprechenden finanziellen Mitteln ausgestattet wurde, bis heute existiert und, insbesondere durch die Öffnung von Massengräbern und die Exhumierung von Leichen, einen wichtigen Beitrag zur Klärung des Schicksals von Verschwundenen geleistet hat.

Ich habe viel darüber nachgedacht, was die Clinton-Regierung damals veranlasst hat, meine diesbezüglichen Vorschläge in der UNO abzulehnen und danach eben diese Vorschläge unter US-amerikanischer Führung in wirksamer Weise umzusetzen. Vielleicht hatte jener CIA-Agent, der nur zu dem Zweck nach Sarajevo geschickt worden war, um meine Arbeit zu torpedieren, wie er mir einmal in einem vertraulichen Gespräch erklärte, doch recht, wenn er meinte, dass die UNO nach dem durch die USA erkämpften Friedensabkommen von Dayton in Sarajevo nichts mehr verloren hätte. Wie dem auch sei: Viele während der ethnischen Säuberungen verschwundene Bosnier, vor allem Muslime, sind in der Zwischenzeit durch Aktivitäten der Internationalen Kommission über Verschwundene gefunden und identifiziert worden, aber viele der Angehörigen von Verschwundenen warten noch immer auf eine befriedigende Antwort.

Die Konvention über die Rechte von Verschwundenen …

Im Jahr 2001 wurde ich von der UNO-Menschenrechtskommission ersucht, einen Bericht über die völkerrechtlichen Normen zum Schutz von Verschwundenen im Bereich des internationalen Strafrechts, des humanitären Völkerrechts und der Menschenrechte zu erstellen, mögliche Lücken in diesem Normengefüge zu identifizieren und die Frage zu beantworten, ob es sinnvoll sei, eine eigene Konvention über die Rechte von Verschwundenen auszuarbeiten. Ich habe diese Frage in meinem Bericht mit einem klaren »Ja« beantwortet und in den folgenden Jahren jene Arbeitsgruppe der Kommission als Experte beraten, die zur Erarbeitung einer solchen Konvention unter französischem Vorsitz eingesetzt worden war. Im Dezember 2006 wurde die Internationale Konvention über den Schutz aller Personen gegen das Erzwungene Verschwindenlassen von der Generalversammlung der Vereinten Nationen verabschiedet und ist 2010 in Kraft getreten. Ich bin sehr erfreut darüber, dass sie trotz aller Kompromisse noch immer viele Bestimmungen enthält, die ich damals vorgeschlagen habe. Dazu gehören die Anerkennung der Angehörigen als Opfer des Verschwindenlassens, ihr »Recht auf die Wahrheit« sowie auf eine angemessene Wiedergutmachung für das erlittene Leid.

… und ihre Missachtung

Die Konvention enthält auch das ausdrückliche Verbot jeglicher geheimen Haft. Noch während wir in der UNO über diese Konvention berieten, die schließlich gegen die Stimmen der USA und einiger anderer Staaten in der Generalversammlung beschlossen wurde, verdichteten sich die Hinweise auf Geheimgefängnisse der USA in ihrem »Krieg gegen den Terror«. Als wir im Frühjahr 2010 dem Menschenrechtsrat eine gemeinsame globale Studie über geheime Haft im Kampf gegen den Terror vorlegten, hatten wir insgesamt 66 Staaten identifiziert, die diese Methode in der Bekämpfung des Terrorismus praktizierten. Diese Praxis der USA und vieler anderer Staaten erfüllt alle Definitionskriterien des erzwungenen

Verschwindenlassens und erinnert fatal an die Zeit der lateinamerikanischen Militärdiktaturen. Aber in der Zwischenzeit haben sich die Staaten dieser Welt dazu verpflichtet, Verschwindenlassen und Folter strafrechtlich zu verfolgen. Die systematische Praxis ist sogar als Verbrechen gegen die Menschlichkeit international geächtet. Dennoch hat Präsident Bush im September 2006, also drei Monate vor der Verabschiedung der Verschwundenen-Konvention, öffentlich zugegeben, dass die »High Level Detainees« nunmehr aus der geheimen CIA-Haft nach Guantánamo Bay überstellt wurden. Es gab kein Wort der Entschuldigung oder der Einsicht, dass es sich hierbei um eine besonders schwere Menschenrechtsverletzung handelt. Es wird leider noch lange dauern, bis die Verantwortlichen für Folter und Verschwindenlassen strafrechtlich zur Verantwortung gezogen werden.

Folter in einzelnen Ländern

Vorbemerkung

Mit der Ausnahme Österreichs, wo sich die Darstellung eines Folterfalles auf bereits veröffentlichte Quellen und meine persönliche Einschätzung der Ereignisse stützt, sind die im Folgenden beschriebenen Staaten mit jenen identisch, die ich in meiner Funktion als UNO-Sonderberichterstatter über Folter zwischen 2005 und 2010 in offizieller Mission besuchte und untersuchte. Die Auswahl dieser 18 Länder in allen Regionen dieser Welt sagt nichts über das Ausmaß der Folter aus. Im Gegenteil, ich versuchte mit dieser Auswahl einen möglichst repräsentativen Querschnitt aller Länder und Kulturen zu erreichen, um daraus wissenschaftlich fundierte Schlüsse auf das tatsächliche Ausmaß und die Ursachen der Folter weltweit ziehen zu können. Freilich konnte ich nur Staaten besuchen, deren Regierungen mich ausdrücklich zu einer Untersuchungsmission einluden und sich auch mit meinen Arbeitsmethoden einverstanden erklärten. Ich möchte diesen 18 Regierungen auch an dieser Stelle herzlich für ihre Kooperationsbereitschaft danken.

Die Länder werden in chronologischer Reihenfolge der Missionen erörtert. Die Beschreibung der Haftbedingungen und einzelner mir besonders bemerkenswert erscheinender Aspekte der Folter in diesen Ländern beruht auf meinen bereits veröffentlichten Berichten, die auf der Website der UNO-Hochkommissarin für Menschenrechte (www.unhchr.org) abrufbar sind. Für die Bewertung der Situation in diesen Staaten sind nicht die Vereinten Nationen verantwortlich, sondern nur ich als unabhängiger Experte.

Georgien: »Plea bargaining« als Ersatz für Folter?

Georgien 2005, ein Musterland?

Im Februar 2005 unternahm ich meine erste Untersuchungsmission, die mich nach Georgien einschließlich der abtrünnigen Gebiete von Abchasien und Süd-Ossetien führte. Kurz zuvor hatte die »Rosen-Revolution« zur Machtübernahme durch Präsident Micheil Saakaschwili geführt, der am Anfang eine deklarierte Menschenrechtspolitik verfolgte und viele engagierte junge Menschen aus der Zivilgesellschaft in hohe Machtpositionen brachte. Er und seine Regierung waren ehrlich daran interessiert, eine möglichst objektive externe Evaluierung der Situation der Folter und der Haftbedingungen in Georgien, aber auch in den beiden abtrünnigen Gebieten, zu erhalten, wobei uns die OSZE beim Zugang und beim fact finding sehr behilflich war. Das eigentliche Team war damals noch sehr klein und bestand nur aus einer Dolmetscherin und Safir Syed, meinem ersten Mitarbeiter im Büro der UNO-Hochkommissarin für Menschenrechte (OHCHR) in Genf, der mich noch auf vielen späteren Missionen begleiten sollte. Obwohl es seine erste Mission war, hatte er sie auf souveräne Weise vorbereitet und damit den Grundstein für eine exzellente Kooperation in den kommenden Jahren gelegt. Wir fanden nicht nur in Abchasien und Süd-Ossetien, sondern auch in Georgien unmenschliche Haftbedingungen und deutliche Beweise für Folter vor, was von den meisten Politikern gar nicht abgestritten wurde, sondern zu einem Relikt aus der Ära Schewardnadse erklärt wurde. Gemeinsam mit Präsident Saakaschwili entwickelten wir eine lange Liste von Empfehlungen, von denen viele in vergleichsweise kurzer Zeit auch wirklich umgesetzt wurden. Dazu gehörten eine verbesserte Strafbestimmung für Folter, die Einsetzung einer unabhängigen Besuchskommission zur Inspektion von

Gefängnissen, eine tiefgreifende Reform der Polizei, die Bekämpfung der grassierenden Korruption und die dringend notwendige Renovierung oder Schließung vieler veralteter Gefängnisse. Ich habe Georgien auch in späteren Jahren häufig als ein positives Beispiel für die aktive Zusammenarbeit und die effektive Umsetzung meiner Empfehlungen hervorgehoben.

Sechs Jahre später

Die gute Zusammenarbeit mit der Regierung Georgiens war auch einer der Gründe dafür, dass das Ludwig Boltzmann Institut für Menschenrechte (BIM) dieses Land für ein von der Europäischen Kommission finanziertes follow-up-Projekt auswählte, das darauf gerichtet ist, bestimmte Länder, die ich als Sonderberichterstatter über Folter besucht habe, bei der Umsetzung meiner Empfehlungen durch konkrete Maßnahmen zu unterstützen. Zu diesem Zweck besuchte ich Georgien erneut im April 2011, diesmal gemeinsam mit Julia Kozma und Johanna Lober. Mit Julia Kozma verbindet mich eine langjährige hervorragende Kooperation. Wir haben viele schwierige Missionen gemeinsam gemeistert, und sie setzt diese Tätigkeit nunmehr als österreichisches Mitglied im Europäischen Komitee zur Verhütung der Folter (CPT) fort. Johanna Lober ist erst später zum Team gestoßen und hat sich sofort hervorragend integriert. Sie ist heute auch Mitglied in einer Besuchskommission des Menschenrechtsbeirats im österreichischen Innenministerium.

Vieles war in der Zwischenzeit geschehen: Das Büro der vergleichsweise unabhängigen Ombuds-Einrichtung war mit der Funktion präventiver Haftbesuche betraut worden, die Polizei war umstrukturiert und die Korruption effektiv bekämpft worden, was auch zu einer allgemein anerkannten Verringerung des Folterrisikos führte. Auch die Kriminalität war drastisch zurückgegangen, viele der veralteten Gefängnisse waren durch neu errichtete ersetzt und die Haftbedingungen dadurch deutlich verbessert worden. Nur die strafrechtliche Untersuchung von Foltervorwürfen und die Bestrafung der Täter ließen weiterhin zu wünschen übrig. Aus dem Justizministerium wurde uns bescheinigt, dass meine Empfehlungen zur Bekämpfung der Straflosigkeit zwar diskutiert, letztlich aber bewusst nicht umgesetzt worden seien. Also konzentrierten wir unser Nachfolgeprojekt primär auf dieses Thema. Zu unserem Erstaunen teilte uns die Regierung jedoch kurz nach unserem Besuch mit, dass sie an einer wirksamen Bekämpfung der Straflosigkeit von Folterern nicht wirklich interessiert sei und wir die Projektmittel der EU vielleicht besser in einem afrikanischen Land verwenden sollten. Offensichtlich ist die Regierung Saakaschwili so sehr durch Projekte der USA, EU und des Europarates im Bereich der Folterbekämpfung verwöhnt, dass sie in einer sehr selbstbewussten Art und Weise unseren Vorschlag der Beratung und Zusammenarbeit ausschlug.

Ablasszahlung statt Rechtsverfahren

Stutzig wurden wir jedoch erst bei einer genaueren Analyse der Entwicklungen im Strafjustizwesen. Waren die Gefängnisse bei meinem Erstbesuch mit etwas mehr als 7000 Häftlingen bereits hoffnungslos überfüllt, so hat sich die Anzahl der Justizhäftlinge in den letzten sechs Jahren mehr als verdreifacht. Dank umfangreicher Unterstützung durch die USA hat Georgien heute eine der höchsten Haftraten der Welt, gleich nach den USA und Russland. Ist das der Preis, den das Land für die kompromisslose Bekämpfung der Kriminalität und Korruption zu zahlen bereit ist? Noch betroffener wurde ich jedoch beim Studium der Statistiken zum »plea bargaining«, einer von den USA übernommenen Praxis, durch das Eingeständnis der Schuld das konkrete Strafausmaß mit den Gerichten auszuhandeln. Laut Statistik liegt die Zahl der gerichtlichen Freisprüche bei Verbrechen bei 0,01 Prozent, vier Fünftel aller gerichtlichen Strafverfahren werden heute durch »plea bargaining« erledigt, worauf die Regierung sogar mit Stolz hinweist. Wer beide Statistiken in ihrer Zusammenschau verstehen will, kommt zu folgendem Ergebnis: Unabhängig davon, ob jemand ein ihm oder ihr zur Last gelegtes Verbrechen wirklich begangen hat, ist »plea bargaining« die beste Methode, eine lange Haftstrafe zu vermeiden. Wenn ich mich nicht schuldig bekenne, habe ich auch als wirklich unschuldiger Mensch nur eine minimale Chance, freigesprochen zu werden. Falls ich jedoch von einem Gericht verurteilt werde, muss ich mit einer vergleichsweise langen Haftstrafe rechnen. Also ist es allemal besser, mich schuldig zu bekennen (auch wenn ich unschuldig bin), da ich dadurch eine gute Chance habe, meine Haftstrafe, je nachdem wie viel ich zu zahlen bereit bin, drastisch zu verkürzen oder sogar in eine bloße Geldstrafe umzuwandeln.

Wenn ich dieses Modell einer »modernen« Strafjustiz weiterdenke, so könnte es auch eine Antwort auf die Frage bieten, warum die Folter in Georgien in den letzten Jahren deutlich zurückgegangen ist. Wenn Geständnisse en masse durch bloßes »plea bargaining« erreicht werden können, weil die Haftstrafen streng sind und die Chance eines gerichtlichen Freispruchs so gut wie nicht existiert, dann wird die Folter als Mittel zur Erzwingung von Geständnissen überflüssig. Zusätzlich bringt »plea bargaining« dem Fiskus eine Menge Geld und trägt zu einer gewissen Entlastung der Gefängnisse bei. Reiche Leute lassen sich für die Umwandlung einer Haftstrafe in eine bloße Geldstrafe schließlich nicht lumpen. Vordergründig nützt »plea bargaining« daher allen, außer vielleicht den Armen. Ob dieses amerikanische Instrument einer Klassenjustiz aber mit den europäischen Grundsätzen von Rechtsstaat, Demokratie und Menschenrechten vereinbar ist, steht auf einem anderen Blatt.

Mongolei: Todesstrafe als Staatsgeheimnis

Entsetzliche Haftbedingungen

Im Juni 2005 besuchte ich die Mongolei, wo ich in den Haftanstalten einen hohen Grad an Gewalt und ziemlich brutale Foltermethoden feststellte. Diesmal begleitete mich neben Safir Syed eine britische BIM-Mitarbeiterin, Elizabeth McArthur, mit der ich damals auch gemeinsam an einem umfangreichen wissenschaftlichen Kommentar zur UNO-Konvention gegen die Folter schrieb. Zwei Häftlinge waren erst kurz vor unserer Mission zu Tode gefoltert worden. Wie in anderen sozialistischen und ex-sowjetischen Staaten waren wir besonders schockiert über das grausame und auf dem Gedanken der Vergeltung statt Rehabilitierung beruhenden Strafvollzugssystem.

Zusätzlich zum Entzug der persönlichen Freiheit wurden Menschen, die zu langen Freiheitsstrafen verurteilt worden waren, durch Sonderregime noch gezielt schikaniert, und zwar nicht, weil sie besonders gefährlich oder während der Haft straffällig geworden wären, sondern als strafverschärfende Maßnahme, die gleichzeitig mit dem Urteil verhängt worden war. Auch das beste Verhalten während der Haft konnte diese Strafverschärfung nicht kompensieren. Personen, die für schwere Verbrechen zu 30 Jahren Freiheitsstrafe verurteilt worden waren, mussten diese 30 Jahre aufgrund der Strafverschärfung in ständiger Isolationshaft verbringen und durften nur zwei Mal pro Jahr Besuch von einem Familienmitglied empfangen, wobei sie während des Besuchs an Händen und Beinen gefesselt waren. Als wir neun dieser Langzeithäftlinge in ihren tristen und nebeneinander liegenden Isolationszellen im Hochsicherheitsgefängnis Nr. 405 (»Takhir Soyot«) interviewten, wurde uns schnell bewusst, dass all diese Menschen psychisch, und zum Teil auch physisch, krank waren. Die lange Isolationshaft hatte sie kaputt gemacht. Einige meinten, die Todesstrafe wäre humaner als diese Isolierung. Zwei Mal pro Woche durften sie ihre

Zellen, wenn es nicht allzu kalt war, für je eine Stunde verlassen, aber sie blieben in Handschellen und von ihren Mithäftlingen getrennt. Es gab keinerlei Sport-, Weiterbildungs- oder Beschäftigungsmöglichkeiten, womit sich diese unfassbar leidenden Menschen ihre Zeit vertreiben und auf ein mögliches Leben nach der Haft vorbereiten hätten können. Das jedem modernen Strafvollzug immanente Ziel der Rehabilitierung und Resozialisierung von Straftätern, zu dem sich die Staaten im Internationalen Pakt über Bürgerliche und Politische Rechte ausdrücklich völkerrechtlich verpflichtet haben, wurde diesen Menschen nicht ermöglicht. Ein Häftling erzählte mir unter Tränen, dass er seine Kinder gebeten habe, ihn nicht mehr zu besuchen, da diese seltenen und kurzen Besuche in der Vergangenheit für ihn einfach zu schmerzhaft und wegen der Fesselung zu erniedrigend waren.

Die unmenschliche Behandlung der zum Tode Verurteilten

Noch fürchterlicher war die Situation der zum Tode verurteilten Menschen. Sie verbrachten die Zeit bis zu ihrer Hinrichtung, das heißt in der Regel mehrere Monate, nicht nur in völliger Isolationshaft, sondern an Händen und Füßen gefesselt in Dunkelhaft. Während dieser Zeit war es ihnen nur gestattet, ein einziges Familienmitglied zu sehen. Wenn jemand verheiratet war und Kinder hatte, so musste er sich entscheiden, ob er sich vor seinem Tod lieber von seiner Frau oder von einem seiner Kinder verabschieden wollte.

Die Umstände im Zusammenhang mit der Todesstrafe wurden in der Mongolei, wie auch in manchen anderen sozialistischen oder ex-sowjetischen Staaten, als Staatsgeheimnis behandelt. Obwohl sich die Regierung, als sie mich einlud, verpflichtet hatte, voll mit mir zu kooperieren, mir alle gewünschten Auskünfte zu erteilen und mir Zugang zu allen Häftlingen meiner Wahl zu gewähren, wollten mir weder der Justizminister noch der Generalstaatsanwalt oder ein Höchstrichter sagen, wie viele Menschen im vergangenen Jahr zum Tode verurteilt oder hingerichtet worden waren.

Dies sei ein Staatsgeheimnis und könne nur vom Präsidenten der Republik gelüftet werden. Als ich schließlich gegen Ende meiner Mission Präsident Natsagiin Bagabandi persönlich diese Frage stellte, erwiderte er mit freundlicher, aber bestimmter Miene, dass er ein Verbrechen begehen würde, wenn er dieses Staatsgeheimnis preisgäbe. Nicht nur die Zahl der Verurteilungen und Hinrichtungen war geheim, sondern auch alle sonstigen Umstände wie Zeit oder Ort von Exekutionen. Nicht einmal die Familienangehörigen wurden von Zeit und Ort einer Hinrichtung verständigt und bekamen auch nicht die Leichen ihrer Angehörigen zum Zweck der Bestattung.

Im Fall einer Individualbeschwerde gegen Weißrussland, wo die Situation vergleichbar ist, hat der UNO-Ausschuss für Menschenrechte entschieden, dass die völlige Geheimhaltung der Umstände einer Hinrichtung den Zweck verfolgt, die Familienangehörigen einzuschüchtern, zu bestrafen und vorsätzlich in Unsicherheit und Verzweiflung zu versetzen, was als unmenschliche Behandlung der Familienangehörigen zu qualifizieren sei.

In meinem Bericht zur Mongolei habe ich diese Rechtsmeinung bestätigt und zusätzlich die Bedingungen in den Todeszellen als Folter qualifiziert. Ich habe die Regierung aufgefordert, Strafverschärfungen für Langzeithäftlinge und zum Tode verurteilte Menschen aufzuheben, mit der Geheimniskrämerei rund um die Todesstrafe Schluss zu machen und letztlich die Todesstrafe abzuschaffen. Auch wenn die Regierung auf diese Aufforderung ursprünglich nicht einmal reagiert hat, so hat es mich sehr gefreut, als am 14. Januar 2010 ein Hinrichtungsmoratorium verkündet wurde. Es wäre an der Zeit, dass auch andere sozialistische oder ex-sowjetische Staaten wie China oder Weißrussland diese archaischen Formen des Strafvollzugs der Vergangenheit angehören lassen.

Nepal: »A little bit of torture helps«

Systematische Folter

Als ich das Königreich Nepal im September 2005 gemeinsam mit Julia Kozma und Safir Syed besuchte, war der bewaffnete Konflikt zwischen dem König und den Maoisten an seinem Höhepunkt angelangt. Das Parlament war aufgelöst, die politischen Parteien waren verboten. Ein nicht unbeträchtlicher Teil des Landes war unter der Kontrolle der Maoisten, die Sicherheitslage äußerst angespannt. Nepal war einer von nur zwei Staaten (neben Äquatorialguinea), in denen wir systematische Folter festgestellt haben, und zwar durch die Polizei, die Königliche Armee, aber auch durch die Maoisten. Die durchaus brutalen Foltermethoden wurden zum einen für die Erzwingung von Geständnissen, zum anderen für die Erpressung von geheimdienstlich relevanten Informationen eingesetzt.

Systematische Folter ist der schwerste Vorwurf, den ich einer Regierung machen konnte. Er bedeutet, dass die Anwendung von Folter nicht nur eine routinemäßige und weit verbreitete Praxis darstellt, sondern auch von der Regierung ausdrücklich angeordnet oder zumindest bewusst geduldet wird. Der Nachweis systematischer Folter ist nur sehr schwer zu erbringen, da Folter in allen Ländern offiziell verboten ist und kaum eine Regierung wirklich zugibt, Folterungen anzuordnen oder auch nur zu dulden. Also mussten wir versuchen, zusätzlich zu den Aussagen der Folteropfer in der Haft und den Gutachten unserer beiden forensischen Experten aus Nepal auch entsprechende Aussagen von hochrangigen Repräsentanten der Sicherheitskräfte zu bekommen, was letztlich nur nach entsprechenden Provokationen gelang.

Die Foltermethoden

»Hanuman Dhoka« heißt das Hauptquartier der Polizei im alten Zentrum von Kathmandu. Es ist ein großes und altes Gebäude, weithin sichtbar und generell gefürchtet. In den unteren Stockwerken befinden sich die überfüllten Zellen, wo die Häftlinge für viele Wochen, auf Grund der Anti-Terror-Gesetze auch für viele Monate, festgehalten werden und nichts haben als ihre Kleider am Körper.

Sie saßen auf dem nackten Betonboden und schliefen oft abwechselnd, weil zu wenig Platz war, dass alle gleichzeitig schlafen konnten. Im obersten Stock fanden die Folterungen statt: Die Häftlinge wurden mit verbundenen Augen, an Händen und Füßen gefesselt, mit dem Kopf nach unten an Bambusstöcken aufgehängt. In dieser Position, in der sie teilweise mehrere Stunden verbleiben mussten, wurden sie mit Bambusstöcken am ganzen Körper geschlagen, insbesondere auf die Fußsohlen. Manche wurden mit Wasserfolter malträtiert, andere mit Elektroschocks. In den Stockwerken dazwischen befanden sich die Büros der Polizeibeamten.

Abgestrittene Vorwürfe

Wir begannen unsere Inspektion im obersten Stockwerk, besichtigten die Folterräume, wo aber zum Zeitpunkt unseres Besuchs niemand verhört wurde. Dann führten wir in den Zellen eine größere Anzahl von Interviews mit jenen Häftlingen durch, die sich trauten, mit uns zu sprechen, und die genau schilderten, wie sie im obersten Stock gefoltert worden waren. Wir ließen uns die Folterräume detailliert beschreiben und inspizierten sie ein zweites Mal. Manche Folterinstrumente wie die besagten Bambusstöcke lagen noch herum, wir fotografierten sie. Jene Häftlinge, die zu einer medizinischen Untersuchung bereit waren, wurden von unserem forensischen Experten untersucht, der in den meisten Fällen die Übereinstimmung der Aussagen der Häftlinge mit den sichtbaren Spuren der Folter feststellte. Auch davon machten wir, sofern uns dies die betroffenen Häftlinge erlaubten, Fotos. Die Fotos wurden eilig auf einen Laptop gespielt und sortiert.

Dann begaben wir uns in das Büro des Polizeipräsidenten zur Nachbesprechung. Auch seine beiden Stellvertreter waren anwesend. Wie immer begannen wir das Gespräch mit einem Dank für die gute Kooperation und mit der Frage, mit wie vielen Fällen von Folter sie in den letzten Monaten konfrontiert gewesen waren. Folter? Davon hätten sie noch nie gehört! Wenn es Folterungen in diesem Haus gäbe, dann würden sie sicher davon wissen. Falls sie wirklich einmal von einem Fall der Folter Kenntnis erlangen sollten, so würden sie die Schuldigen mit aller Härte des Gesetzes bestrafen.

Also begannen wir ihnen von all den Fällen zu erzählen, die uns in den vergangenen Stunden zu Ohren gekommen waren. Das seien nichts anderes als hinterhältige Lügen, um die Polizei anzuschwärzen und um sich der gerechten Bestrafung zu entziehen. Diesen Verbrechern und Maoisten sollten wir keinen Glauben schenken. Daraufhin ersuchte ich unseren forensischen Experten um seinen Bericht. Da er ein nepalesischer Arzt war und ihn zumindest einer unserer Gesprächspartner zu kennen schien, wurden diese zunehmend nervös. Er schilderte ihnen, dass er auf den Körpern der von ihm untersuchten Häftlinge deutliche Wunden festgestellt hatte, die mit den Foltervorwürfen voll übereinstimmten. Auch davon sollten wir uns nicht beeindrucken lassen, erwiderten die Polizisten schon merklich verunsichert, denn diese Wunden hätten sie sich selbst zugefügt oder von anderen Häftlingen zufügen lassen, um die Polizei anzuschwärzen.

Also packten wir unseren Laptop aus und zeigten ihnen ein paar sorgfältig ausgewählte Fotos. Diese verfehlten ihre Wirkung nicht. Als erster räumte der zweithöchste Polizist im Land ein, dass es zwar nicht stimme, dass alle Häftlinge gefoltert würden, aber wenn sie allzu hartnäckig lügen und die ihnen zur Last gelegte Tat abstreiten würden, dann müsse man schon ein bisschen nachhelfen. Denn »a little bit of torture helps«. Wir notierten diese Aussage sorgfältig. Ich sah zum Polizeipräsidenten und seinem zweiten Stellvertreter. Sie schwiegen betreten. Ob sie diese Aussage bestätigen könnten? Der Stellvertreter nickte, dann auch der Präsident. Aber wir sollten ja nicht glauben, dass alle Häftlinge gefoltert würden. Nur jene, die lügen.

Eine gefährliche Begegnung

Eine ähnliche, allerdings etwas gefährlichere Begegnung hatten wir wenige Tage später in der Kohalpur-Kaserne der Königlichen Nepalesischen Armee in der Nähe von Nepalganj im westlichen Tiefland. Zuerst inspizierten wir jene Räume, in denen Häftlinge unseren Informationen zufolge bis vor kurzem angehalten worden waren. Wir fanden Blutspuren an den Wänden. Dann setzten wir uns mit dem Kommandanten im kühlenden Schatten eines Baumes zu einem Informationsaustausch zusammen. Er erzählte uns stolz von seinen Einsätzen in Friedensoperationen der Vereinten Nationen. Er kenne die Vereinten Nationen gut und schätze sie sehr. Wie viele Häftlinge in dieser Kaserne in den letzten Monaten angehalten worden seien, wollten wir wissen. Niemand, sie hätten gar keine Zellen. Aber wir hätten erst gestern mit Leuten gesprochen, die behaupteten, in diesem Raum – ich zeigte auf den Raum mit den Blutspuren – festgehalten und geschlagen worden zu sein. Das sei eine Lüge, denn niemand werde hier festgehalten. Wir gaben ihm den Namen und zeigten ihm das Foto einer Person. Langsam schien er sich zu erinnern. Ja, dieser Maoist sei von einer Spezialeinheit der Polizei vorbeigebracht worden, die ihn ersucht habe, ihn hier ausnahmsweise für ein paar Stunden anhalten zu dürfen, bevor er der normalen Polizei überstellt werde. Ich erwiderte, dass er aber behauptet habe, zwei Tage und Nächte in diesem Raum angehalten und geschlagen worden zu sein. Das sei nicht wahr. Dieser Mann habe sofort zugegeben, Maoist zu sein und sei daher gar nicht geschlagen worden. Denn geschlagen würden nur jene Menschen, die lügen. Mehr und mehr redete er sich in einen Wirbel hinein und schien die Widersprüche in seinen Aussagen gar nicht zu bemerken. Die Soldaten, die unserem anfangs ruhigen Gespräch gelauscht hatten, zogen sich langsam zurück. Wie er denn wisse, dass ihn jemand anlüge, versuchte ich zu erfahren. Das könne er auf Grund seiner langjährigen Erfahrung als UNO-Soldat und Offizier genau beurteilen. Man sehe einem Menschen doch an, ob er lüge oder nicht. Obwohl Julia Kozma dezent darauf drängte, wir sollten das Gespräch nun tunlichst beenden, um die Kaserne noch heil verlassen zu können, konnte ich es mir nicht verkneifen, ihn darauf hinzuweisen, dass er mich eben angelogen, ich ihm das aber nicht sofort angesehen hätte. Er sprang auf und brüllte mich an, dass er sich als ehemaliger UNO-Offizier so eine Behandlung nicht gefallen lassen müsse und dass dieses Verhalten Konsequenzen für mich haben werde. Julia Kozma und Safir Syed packten schnell unsere Sachen zusammen und wir verließen die Kaserne, bevor ihm einfiel, welche Konsequenzen er sich für mich ausgedacht hat. Zum ersten Mal hatte ein ranghoher Armeeoffizier zugegeben, dass er Maoisten in seiner Kaserne inhaftiert und verhört hatte, was von der Armee immer abgestritten worden war. Dass diese Verhöre nicht immer ganz gewaltlos vor sich gehen, bezeugten die Blutspuren an den Wänden.

China: Rehabilitierung, Umerziehung oder Gehirnwäsche?

Eine schwierige Mission

Die Volksrepublik China war von der Vorbereitung her die schwierigste Mission. Meine beiden Vorgänger hatten fast zehn Jahre lang vergeblich versucht, eine Einladung mit der Zusicherung der Einhaltung unserer Arbeitsmethoden zu erhalten. Ich setzte diese Bemühungen gleich nach meiner Ernennung fort und war zu meiner eigenen Überraschung bald mit der Regierung handelseins. Ich war für das chinesische Außenministerium kein unbeschriebenes Blatt, da ich im Rahmen des EU-China-Menschenrechtsdialogs mehrmals in China gewesen war und zwei meiner Bücher von der Chinesischen Akademie der Wissenschaften ins Chinesische übersetzt worden waren.

Aber ich hatte auch gewisse Zugeständnisse gemacht, die ich keiner anderen Regierung einräumen wollte. Zwar hielt ich an meinem uneingeschränkten Recht fest, freien Zugang zu allen Haftorten meiner Wahl zu haben und vertrauliche Interviews mit allen von mir bestimmten Häftlingen zu führen. Die Besuche waren auch im Prinzip unangekündigt, aber ich musste Beamten des Außenministeriums das Recht einräumen, mich bei meinen Besuchen zu begleiten. Obwohl die Beamten schon am Vortag wissen wollten, welche Einrichtungen wir am nächsten Tag inspizieren würden, teilten wir ihnen unsere Entscheidung erst in dem Moment mit, in dem wir in die Richtung eines Gefängnisses, einer Polizeistation oder eines »Umerziehung-Arbeitslagers« aufbrachen. Falls die Fahrt eine Stunde dauerte, hatten die Behörden eben eine Stunde Zeit, sich auf unseren Besuch vorzubereiten und eventuell Häftlinge verschwinden zu lassen.

In diesem Sinn waren die Besuche nicht wirklich unangekündigt, aber die Möglichkeit, diese Mission durchführen zu können, schien mir dieses Zugeständnis wert zu sein. Dass es uns schließlich vor Ort verwehrt wurde, Fotoapparate oder Videokameras in geschlossene Anstalten mitzunehmen, war zwar nicht vorher ausgemacht und erschwerte uns natürlich die Beweisführung und Dokumentation, war aber letztlich kein Grund für mich, die bereits begonnene Mission wieder abzublasen. Erst als der Geheimdienst begann, unsere Arbeit massiv zu behindern, musste ich mit dem Abbruch der Mission drohen, um die ständige Überwachung unserer Aktivitäten auf ein erträgliches Maß zu reduzieren.

Trotz dieser Einschränkung unserer Untersuchungsmöglichkeiten war diese Mission im November und Dezember 2005 insofern erfolgreich, als die festgestellten Fakten meiner Meinung nach durchaus ausreichten, um eine wissenschaftlich fundierte Einschätzung der Situation der Folter und der Haftbedingungen in diesem riesigen Land abzugeben. Diesmal waren wir ein größeres Team, dem neben Safir Syed und den BIM-Mitarbeiterinnen Elizabeth McArthur und Naoimh Hughes auch eine China-Expertin des OHCHR, Stephanie Kleine-Ahlbrandt, angehörte. Wir kamen zur Überzeugung, dass das Ausmaß der Folter im normalen Strafprozess in den letzten Jahren, insbesondere in den Städten, zwar zurückgegangen war, aber immer noch als weit verbreitet bezeichnet werden musste. Diese Einschätzung wurde im Prinzip auch von chinesischen Wissenschaftlern und zum Teil auch von offizieller Seite einschließlich chinesischer Gerichte bestätigt.

Besonderes Augenmerk richteten wir auf die Repression gegen politisch Andersdenkende, wie Falun-Gong-Mitglieder, Aktivisten der Demokratie- und Menschenrechtsbewegung, kritische Journalisten sowie Angehörige der tibetischen und uigurischen Minderheiten in den Autonomen Regionen Tibet und Xinjiang. Dies bedeutete Besuche in einem Lager für »Umerziehung durch Arbeit«, in dem sich viele Falun-Gong-Mitglieder befanden, und in Gefängnissen, in denen politische Häftlinge lange Haftstrafen verbüßten, wie im Gefängnis Nr. 2 in Beijing, in den berüchtigten Gefängnissen Drapchi und Qushui in der Nähe von Lhasa sowie in verschiedenen Gefängnissen in Urumqi.

Die Angst, mit uns zu sprechen

Überall zeigte sich dasselbe Bild. Zum einen war es nicht leicht, Häftlinge zu finden, die bereit waren, überhaupt mit uns zu sprechen. Ich erinnere mich gut an eine bekannte Falun-Gong-Aktivistin, für die sich bereits mein Vorgänger und ich mit »urgent appeals« eingesetzt hatten, da sie angeblich schwer gefoltert worden war. Diese Behauptung wollten wir durch eigene Recherchen vor Ort überprüfen. Es war nicht leicht, sie zu finden, da die Häftlinge in den Umerziehungslagern häufig verlegt werden. Schließlich fanden wir sie in einem Lager in der Nähe von Beijing mit anderen Frauen bei der täglichen Arbeit. Ich stellte mich vor und fragte sie, ob sie mir ein vertrauliches Interview geben wolle. Sie sah mich an, brach in Tränen aus, bedankte sich für mein Kommen, lehnte meine Bitte aber dezidiert mit der Begründung ab, dass sie nur mehr ein knappes Jahr in diesem Umerziehungslager bleiben müsse. Sollte sie mit mir sprechen, sei sie sicher, dass sie weitere Jahre hier verbringen müsse, was sie kaum überleben würde.

In dem berüchtigten Untersuchungsgefängnis »Liu Dao Wan« in Urumqi, in dem die Uiguren-Führerin Rebiya Kadeer zwischen 1999 und 2001 in Isolationshaft festgehalten und gefoltert worden war, trauten sich die Häftlinge, die die meiste Zeit des Tages im Türkensitz in ihrer Zelle damit verbrachten, das chinesische Strafgesetzbuch auswendig zu lernen, nicht einmal, uns anzusehen, als ich sie um individuelle Interviews ersuchte. Die Angst der Häftlinge, mit uns zu sprechen, war sogar meinen Begleitern aus dem Außenministerium peinlich, die wiederholt versuchten, den Häftlingen zu versichern, dass ein Interview mit mir keine Repressalien nach sich ziehen würde.

Erst nach erfolglosen Versuchen in neun Zellen mit je 30 Chinesen fanden wir in der zehnten Zelle einen Afrikaner, der sofort bereit war, mit uns in englischer Sprache zu reden. Er konnte kein Wort Chinesisch und war es müde, jeden Tag von früh bis spät das chinesische Strafgesetzbuch auswendig zu lernen. Obwohl mir das Gefängnispersonal einreden wollte, dass die Häftlinge nur wegen mir so eingeschüchtert und diszipliniert wären, und dass der Gefängnisalltag ansonsten völlig anders aussehen würde, bestätigte mir der Mann aus Malawi, dass er seit seiner Überstellung in dieses Gefängnis vor über einem Monat, wie alle übrigen Zellengenossen, Tag für Tag diesen sinnlosen Umerziehungsmethoden ausgesetzt gewesen sei. Noch dazu sei dies ein Untersuchungsgefängnis mit Häftlingen, die noch gar nicht verurteilt worden seien, aber dennoch bereits umerzogen würden. Ob das nicht im Widerspruch zur Unschuldsvermutung stehe, wollte er noch wissen. Natürlich, erwiderte ich, aber die Unschuldsvermutung gelte leider nicht in China. Wer zum Beispiel Anhänger von Falun Gong ist, kann für drei oder vier Jahre wegen konterrevolutionärer oder sozialfeindlicher Aktivitäten von der Polizei in ein Umerziehungslager geschickt werden, ohne je ein Gericht gesehen zu haben.

Gehirnwäsche

Auch im berühmtesten Gefängnis der Autonomen Region Tibet, Drapchi, war es sehr schwierig, Häftlinge zu finden, die das Risiko eingehen wollten, mit uns zu sprechen. Jene, die sich schließlich dazu durchrangen, verlangten absolute Vertraulichkeit. Der Gefängnisdirektor war sehr stolz darauf zu betonen, dass alle seine Häftlinge letztlich ihre Tat gestanden und das Unrecht dieser Tat eingesehen hätten. Viele wegen konterrevolutionärer Aktivitäten oder Separatismus angeklagte Tibeter, insbesondere Mönche und Nonnen der »Dalai Lama Clique«, hätten vor dem Strafgericht noch ihre Unschuld beteuert, wären aber dennoch zu langen Haftstrafen verurteilt worden. Durch die Umerziehungsmaßnahmen im Strafvollzug hätten sie im Lauf der Jahre ihre Schuld eingesehen. Nur wer im Strafvollzug schließlich die Tat zugebe und deren Unrecht verstehe, könne in den Genuss von Anreizen wie früherer Entlassung, Sport und sonstigen Beschäftigungsmöglichkeiten kommen.

Besonders erschüttert war ich nach einem kurzen Gespräch mit einer Nonne, die zu einer 15-jährigen Freiheitsstrafe verurteilt worden war, weil sie 1999 in Lhasa gemeinsam mit ihrem Mann, einem Lama, die tibetische Flagge gehisst hatte. Beide hatten vor dem Gericht noch ihre Unschuld beteuert und gleichzeitig zugegeben, dass sie Anhänger des Dalai Lama seien und weiter für die Rechte der Tibeter und mehr Autonomie kämpfen wollten.

Als ich sie über die damaligen Ereignisse befragen wollte, sah sie mich mit traurigen und verlorenen Augen an und meinte, sie könne bzw. wolle sich nicht mehr erinnern. Sie habe dem ständigen Umerziehungsdruck einfach nicht mehr standgehalten und habe schließlich eingesehen, dass es falsch war, für die Freiheit der Tibeter zu kämpfen. Ich solle aufhören, ihr Fragen zu stellen, da sie sich nicht mehr mit der Vergangenheit konfrontieren wolle. Sie wandte sich ab und setzte sich wieder mit anderen Frauen an einen Webstuhl. Ihr Widerstand war offensichtlich gebrochen, und sie schien einen gewissen inneren Frieden gefunden zu haben.

Der Gefängnisdirektor sagte mir später, dass sie auf Grund der erfolgreichen Rehabilitierungsstrategie statt der 15 Jahre nur 13 Jahre absitzen müsse. Ich fragte ihn, ob er Rehabilitierung nicht mit Gehirnwäsche verwechseln würde. Er erwiderte, dass ich offensichtlich die chinesische Mentalität nicht verstünde.

Jene politischen Häftlinge, die in Drapchi trotz der ständigen Gehirnwäsche ihre Schuld und ihr Unrecht nicht einsehen wollten, waren im April 2005 in das neu eröffnete Qushui-Gefängnis überstellt worden, dessen Existenz uns die chinesischen Behörden verheimlichen wollten. Wir erfuhren erst durch intensive Recherchen in Drapchi von diesem Gefängnis, und es kostete uns große Mühe und bedurfte der Drohung, andernfalls die gesamte Mission für gescheitert zu betrachten und abbrechen zu müssen, dass wir auch dieses Gefängnis besuchen konnten. Alle in Qushui inhaftierten Mönche waren zu langen Gefängnisstrafen verurteilt worden und berichteten übereinstimmend, dass die Haftbedingungen in diesem modernen Gefängnis noch viel schlimmer seien als in Drapchi. Viele könnten ihre Zelle nur für maximal 20 Minuten pro Tag verlassen, dürften nicht beten, lesen oder sonstige sinnvolle Tätigkeiten verrichten, sie litten unter dem schlechten

Essen, den extremen Temperaturen und der Aussichtslosigkeit ihrer Situation.

Ähnlich wie in dem wichtigsten Gefängnis für politische Häftlinge, dem Gefängnis Nr. 2 in Beijing, machten auch hier die meisten Häftlinge auf mich den Eindruck, dass es nicht mehr lange dauern würde, bis auch ihr innerer Widerstand, ihr freier Wille gebrochen werden würde. Rehabilitierung auf Chinesisch?

Jordanien: Der Geheimdienst als Hort der Folter

Jordanien ist der einzige Staat in der arabischen Welt, der mich eingeladen und meine Untersuchungsmethoden akzeptiert hat. Dies war insofern erstaunlich, als der Geheimdienst (General Intelligence Directorate = GID) und die Kriminalpolizei (Criminal Investigation Department = CID) routinemäßig und auf brutale Weise gefoltert haben. Das ist der jordanischen Regierung im Unterschied zu anderen Folterstaaten dieser Region, die meine wiederholten Anfragen negiert haben (von Algerien über Ägypten und Syrien bis zu Saudi-Arabien und dem Iran als nichtarabischem Staat), hoch anzurechnen. Denn Jordanien war auch einer der engsten Verbündeten der Bush-Regierung im »Krieg gegen den Terror« und hat der CIA im Hauptquartier ihres Geheimdienstes GID ein geheimes Haftzentrum und Folterlager zur Verfügung gestellt.

Die Zentrale des jordanischen Geheimdienstes

Das Hauptquartier des GID liegt wie eine moderne Festung auf einem Hügel am Rande Ammans mit Blick auf die Stadt. Bereits am zweiten Tag meiner Mission im Juni 2006 statteten wir dem GID einen unangemeldeten Besuch ab. Unser bewährtes Team bestand aus Julia Kozma, Safir Syed und Derrick Pounder, einem bekannten und erfahrenen forensischen Experten aus Schottland. Da ich einen von höchsten Regierungsstellen ausgestellten »letter of authorization« vorweisen konnte, mussten uns die Geheimdienstler, offensichtlich widerwillig, in ihre gut bewachte Festung einlassen. Es gelang uns auch, das Haftzentrum mit seinen kreisförmig angeordneten Einzelzellen und den berüchtigten Verhörräumen zu inspizieren. Dort werden Häftlinge oft für viele Stunden mit Falanga, also Schlägen auf die Fußsohlen, malträtiert und danach gezwungen, über Salz zu gehen, was die Schmerzen fast unerträglich macht und dazu beiträgt, dass die Wunden auf den Sohlen schneller verheilen und damit der Folterbeweis früher verschwindet.

Wenige Tage nach diesem Besuch interviewten wir im Frauengefängnis von Juweidah die Irakerin Sajida Mubarak Atrous, die im Zusammenhang mit den berüchtigten Selbstmordanschlägen auf Hotels in Amman, wo im November 2005 mehr als 60 Menschen getötet worden waren, festgenommen, im September 2006 zum Tode verurteilt und später hingerichtet wurde. Sie erzählte uns im Detail, wie sie im GID-Hauptquartier von Oberst Ali B., dem Chef der Anti-Terror-Einheit, und seinen Mitarbeitern einen Monat lang jeden Tag gefoltert worden war. Ihr Körper war von den vielen Schlägen völlig schwarz gewesen, was angeblich auch von Delegierten des Roten Kreuzes bestätigt worden sei, die sie in der Haft besucht hatten.

Die Allmacht des Geheimdienstes

Der Oberst war schon wegen seiner kleinen Gestalt und seiner unverwechselbar roten Haare leicht zu identifizieren. Ich hatte bei unserem Besuch im GID ein Foto von ihm angefertigt, das ich später Sajida Mubarak Atrous zeigte. Sie identifizierte ihn sofort als ihren Hauptfolterer, so wie viele andere Häftlinge auch, mit denen wir in unterschiedlichen Gefängnissen über ihre Erfahrungen in der GID-Zentrale sprachen. Als wir beginnen wollten, einzelne Häftlinge des GID zu interviewen, bestand der Oberst darauf, dass ein Soldat zu unserem Schutz bei den Interviews anwesend war. Ich zeigte ihm erneut meinen »letter of auhorization«, in dem unmissverständlich von vertraulichen Interviews die Rede war. Trotzdem beharrte er auf seiner Bedingung, die wir natürlich nicht akzeptieren konnten. Auch ein Telefonat mit seinen Vorgesetzten brachte keine Klärung, so dass wir schließlich das GID-Hauptquartier unter Protest über diese eklatante Missachtung meiner Arbeitsmethoden und der Zusicherung der jordanischen Regierung, diese zu respektieren, verließen. Auch in den nächsten Tagen waren die entsprechenden Interventionen des Außenministeriums erfolglos. Dies zeigt, wie mächtig der Geheimdienst in Jordanien ist.

Natürlich hatte der Oberst gute Gründe, uns vertrauliche Interviews mit Häftlingen zu verwehren. Denn die dort praktizierten Foltermethoden einschließlich unterschiedlicher Methoden des Aufhängens (»palestinian hanging«, »chicken«, »ghost position« etc.) gehören nach den Aussagen vieler Häftlinge, die wir später in anderen Gefängnissen interviewten, zu den grausamsten, denen ich in meiner Tätigkeit begegnet bin. Außerdem dürfte ein Stockwerk des Gebäudes zu dieser Zeit noch als CIA-Geheimgefängnis in Betrieb gewesen sein, wie mir später im Rahmen unserer globalen Studie über geheime Haft im Kampf gegen den Terror eine verlässliche Quelle bestätigte. Vertrauliche Gespräche mit Häftlingen hätten mit großer Wahrscheinlichkeit Hinweise darauf ans Licht gebracht, wo sich dieses Geheimgefängnis befand.

Peinliche Lügen

Ein weiterer Beweis für die Allmacht des GID war die Reaktion der Regierung auf den bekannten Fall des kanadisch-syrischen Staatsangehörigen Maher Arar, der im September 2002 von den USA in New York festgenommen und mit einem »extraordinary rendition«-Flug der CIA via Amman nach Syrien verfrachtet, dort schwer gefoltert und schließlich auf Verlangen der kanadischen Regierung freigelassen worden war. Nach einer eingehenden Untersuchung durch eine unabhängige kanadische Kommission erhielt er von der kanadischen Regierung eine Entschädigung in der Höhe von 10,5 Millionen kanadischen Dollar.

Obwohl diese Untersuchung eindeutig ergab, dass Maher Arar am 9. Oktober 2002 nach der Ankunft in einem von der CIA gecharterten Privatflugzeug in Amman vom jordanischen Geheimdienst übernommen, mit verbundenen Augen in ein Haftzentrum (vermutlich in das GID-Hauptquartier) gebracht, verhört und schließlich wieder mit verbundenen Augen in einem Auto an die syrische Grenze verfrachtet worden war, behaupteten der Oberst und der stellvertretende Direktor des GID, als ich sie unerwartet auf diesen Fall ansprach, einfach, dass Maher Arar als normaler Passagier einer Royal Jordanian Airlines-Linienmaschine in Amman gelandet und von GID-Agenten an der Einreise gehindert worden sei, weil sein Name auf einer Liste gesuchter Terroristen gestanden habe. Da aber kein passender Weiterflug verfügbar gewesen sei, habe Maher Arar die Beamten ersucht, ihn doch bitte nach Syrien zu bringen. Diese Bitte eines gesuchten Terroristen konnten die freundlichen GID-Beamten natürlich nicht ausschlagen, und sie hätten ihn deshalb an die syrische Grenze gebracht. Er sei daher nie festgenommen worden.

Obwohl diese, offensichtlich im Augenblick meiner Frage frei erfundene Geschichte völlig unglaubwürdig war und zu erstaunten bzw. verärgerten Reaktionen in Kanada und Syrien führte, traute sich die Regierung weder bei meinem Abschlussgespräch noch später, als wir ihr den vorläufigen und noch vertraulichen Bericht zur Stellungnahme vorlegten, den Aussagen der beiden GID-Offiziere zu widersprechen, so dass mir nichts anderes übrig blieb, als diese allseits belächelte Version in meinem Bericht als offizielle jordanische Sichtweise wiederzugeben.

Im Hauptquartier der Kriminalpolizei in Amman

Die Grausamkeit jordanischer Foltermethoden war aber nicht auf den Geheimdienst beschränkt. Im entlegenen Wüsten-Gefängnis Al-Jafr brauchten wir die Häftlinge nur zu ersuchen, ihre Hemden auszuziehen. Von wenigen Personen abgesehen wiesen alle Häftlinge schwere Verwundungen am Rücken auf, die von systematischen Schlägen und Peitschenhieben herrührten, wie Derrick Pounder eindeutig nachwies. In meinem Bericht forderte ich die Schließung dieses Gefängnisses, was die Regierung im Dezember 2006 auch tat.

Am Abend des 28. Juni 2006 machten wir einen Überraschungsbesuch beim Hauptquartier der Kriminalpolizei in Amman. Es dauerte geraume Zeit, bis wir endlich Einlass in die im Keller gelegenen Zellen bekamen. Während wir vor dem Eingang zu den Zellen eine Viertelstunde warten mussten, hörten wir drinnen emsiges Treiben. Die Bediensteten waren offensichtlich damit beschäftigt, verwundete Häftlinge fortzuschaffen und sonstige Folterspuren zu verwischen. Da aber auch noch der inzwischen herbeigeeilte Direktor der Kriminalpolizei, dem unser langes Warten bereits peinlich war, lautstark Einlass begehrte, öffneten sie endlich die Türen.

In der Tat waren die Zellen fast leer. Nur einer der Häftlinge war offensichtlich so schwach gewesen, dass sie ihn nicht mehr wegschaffen konnten. Er war erst kurz vor unserem Besuch durch die Methode des »palestinian hanging« und der Falanga so schwer gefoltert worden, dass seine Schulter ausgerenkt war, er seine Arme nicht bewegen und nicht gehen konnte. Er musste, wie uns einer der verbliebenen Mithäftlinge bestätigte, von zwei anderen Mithäftlingen zurück in seine Zelle geschleppt werden.

Nach einer ersten forensischen Untersuchung in der Zelle sprachen wir mit drei der höchsten Polizeioffiziere nur ein paar Stockwerke über den Folterräumen. Es war schon nach Mitternacht, aber alle Verantwortlichen waren gekommen, um mit uns zu reden. Sie hatten natürlich noch nie von Folter gehört und bestritten einfach unsere Behauptungen. Also luden wir sie ein, mit uns nach unten zu kommen, doch der gefolterte Häftling war nicht mehr in seiner Zelle. Wie sich später herausstellte, hatte ihn Oberst Assad B., der Direktor der Kriminalpolizei, wegschaffen lassen, während wir oben diskutierten.

Nun hatte ich genug von den Lügen und dem Versteckspiel. Nur durch extremen Druck konnten wir erreichen, dass das Folteropfer am nächsten Morgen zurückgebracht und in Anwesenheit von Derrick Pounder einer gründlichen forensischen Untersuchung durch zwei Ärzte des Nationalen Instituts für Forensische Medizin unterzogen wurde. Alle drei Experten stellten übereinstimmend fest, dass die Verletzungen nur von den durch das Opfer beschriebenen Foltermethoden herrühren konnten.

Obwohl ich die Einleitung strafrechtlicher Untersuchungen gegen die drei ranghohen Offiziere wegen Beteiligung an dem Verbrechen der Folter forderte, wurden schließlich nur die unmittelbaren Folterknechte zur Verantwortung gezogen, und zwar nicht für Folter, sondern wegen der Nichteinhaltung von Anweisungen.

Die Kooperationsbereitschaft der Regierung

Noch während die forensischen Untersuchungen andauerten, hatte ich bereits mein Abschlussgespräch mit dem Außenminister und anderen hohen Vertretern der jordanischen Regierung. Wir unterrichteten sie über das Ausmaß und die Methoden der Folter in ihrem Land, aber auch über die verschiedenen Versuche des GID und CID, unsere Untersuchungen zu behindern, uns offen anzulügen und Folter zu vertuschen. Unsere Ausführungen wurden kommentarlos zur Kenntnis genommen.

Nach diesem offiziellen Treffen ersuchte mich Außenminister Abdelelah Al-Khatib um ein Vieraugengespräch. In einer für mich überraschenden Offenheit dankte er mir für meinen Besuch und erklärte mir, dass all meine Ergebnisse und Schlussfolgerungen seiner Meinung nach zutreffend seien und er alles in seiner Macht Stehende unternehmen werde, um meine Empfehlungen umzusetzen. Nur sollte ich versuchen, eine allzu kritische Diskussion in den Medien zu vermeiden. Das war natürlich nicht leicht möglich, da alle meine Berichte öffentliche UNO-Dokumente sind und ich, wie bei allen anderen Missionen, bereits eine Pressekonferenz in Amman anberaumt hatte. Aber ich versuchte, die volle Kooperation der Regierung gegenüber den Medien so stark wie möglich hervorzustreichen. Dennoch schadeten natürlich die peinliche Maher-Arar-Geschichte und andere in meinem Bericht notwendigerweise wiedergegebene Lügen des GID dem Ansehen Jordaniens in der Welt. Der jordanische Botschafter in Genf war bitterböse auf mich und versuchte im Jahr 2007 mit allen Mitteln die Verlängerung meines Mandats durch den Menschenrechtsrat zu verhindern.

Österreich: Der Fall Bakary Jassey

Karwoche in Österreich: Im Urlaub mit meiner Familie erreichte mich im April 2006 ein Anruf. Am anderen Ende der Leitung war Martin Kreutner, der Leiter des damaligen »Büros für innere Angelegenheiten« (BIA) im Bundesministerium für Inneres. Diese direkt der Ministerin (damals Liese Prokop) unterstellte, aber sonst weisungsfreie Dienststelle war für besonders gravierende Vorwürfe gegen Polizeibeamte in ganz Österreich zuständig, insbesondere für die Untersuchung von Korruptions- und Misshandlungsvorwürfen. Martin Kreutner ist Spezialist für die Bekämpfung von Korruption, hat sich aber auch schnell in die schwierige Materie der polizeilichen Untersuchung von Misshandlungsvorwürfen gegen Polizeibeamte eingearbeitet. Das ist kein leichtes Unterfangen, denn der Korpsgeist innerhalb der österreichischen Sicherheitsexekutive ist leider noch immer weit verbreitet. Wenn Vorwürfe gegen Kollegen auftauchen, so verhält sich der Polizeiapparat in Österreich kaum anders als in Ländern, wo täglich gefoltert wird: zusammenhalten, leugnen, verhindern externer Untersuchungen, einsetzen von Repressalien und juristischen Gegenmaßnahmen gegen diejenigen, die behaupten, gefoltert oder misshandelt worden zu sein. Die juristischen Maßnahmen reichen von Verleumdungsanzeigen bis zur Anklage wegen Widerstands gegen die Staatsgewalt.

Der Menschenrechtsbeirat im Innenministerium und seine Kommissionen

Nach dem Erstickungstod des Nigerianers Marcus Omofuma, dem bei seiner Abschiebung 1999 im Flugzeug der Mund verklebt worden war, damit er die anderen Fluggäste durch sein Schreien nicht zu sehr belästige, wurden im österreichischen Innenministerium der Menschenrechtsbeirat (MRB) mit sechs unabhängigen

Besuchskommissionen und das BIA eingerichtet. Ich wurde zum Leiter der Kommission II für den örtlichen Sprengel des nördlichen Niederösterreich (Wein- und Waldviertel) und der Wiener Gemeindebezirke 1, 2, 20, 21 und 22 einschließlich des bekannten Polizeigefängnisses an der Rossauer Lände bestellt, eine Funktion, die ich noch immer ausübe. Die Kommissionen bestehen aus je sieben Mitgliedern unterschiedlicher Professionen aus den Disziplinen der Medizin, Psychologie, der Sozialarbeit, des Rechts usw.

Wir sind befugt, alle Haftorte innerhalb der Zuständigkeit des Innenministeriums, von einzelnen Zellen in einer kleinen Polizeistation an der tschechischen Grenze bis zur Rossauer Lände, unangemeldet zu besuchen und mit allen Häftlingen vertrauliche Gespräche zu führen. Außerdem haben wir das Recht, die Polizei bei der Ausübung unmittelbarer Befehls- und Zwangsgewalt, also zum Beispiel bei ihrem Einschreiten bei Demonstrationen, Razzien oder Abschiebungen, begleitend zu beobachten. Die Aufklärung und Verhütung von Misshandlungen durch die Polizei während der Festnahme oder der kriminalpolizeilichen Einvernahme stehen natürlich im Zentrum unserer Tätigkeit.

Aber wir haben keinerlei polizeiliche Ermittlungsbefugnisse wie eben das BIA. Also nahmen wir schon früh Kontakt zu dieser neu geschaffenen Sondereinheit auf, die in der ehemaligen Meidlinger Kaserne untergebracht war. Schon bei unserem ersten Besuch waren wir von der Korrektheit und Professionalität Martin Kreutners beeindruckt. Er schien wie wir davon überzeugt, dass es in der österreichischen Sicherheitsexekutive weiterhin viel mehr Misshandlungen gäbe als zugegeben, doch bei seinen Ermittlungen stieß er ebenso wie wir auf eine Mauer des Schweigens und der Vertuschung. Also beschlossen wir, uns wechselseitig zu informieren und bei der Aufklärung von Misshandlungen zusammenzuarbeiten. Das war der Hintergrund seines Anrufs in der Karwoche 2006.

Bei dem Telefonat meinte er, dass die Vorwürfe des Gambiers Bakary Jassey, von Polizisten der Wiener Sondereinheit WEGA in einer verlassenen Lagerhalle am Rande des Praters im 2. Wiener

Gemeindebezirk mit dem Tod bedroht und schwer gefoltert worden zu sein, möglicherweise begründet sein könnten. Ob wir ihn nicht in der Schubhaft im Polizei-Anhaltezentrum (PAZ, die neue Bezeichnung für die ehemaligen Polizeigefängnisse) am Hernalser Gürtel besuchen könnten. Dorthin war Bakary Jassey nach dem abgebrochenen Versuch seiner Abschiebung nach Gambia am 7. April gebracht worden.

Am Mittwoch nach Ostern, dem 19. April 2006, besuchte ich mit Alfred Zauner, Marijana Grandits und Bettina Frisslovics von der Kommission II Bakary Jassey im PAZ Hernalser Gürtel. Er sah fürchterlich aus: tief verschwollenes Auge, Verletzungen am Mund und im Kieferbereich. Er hatte Schwierigkeiten, seinen Kopf zu bewegen und klagte über schwere Schmerzen. Er begegnete uns mit großem Misstrauen. Es bedurfte einiger Überzeugungsarbeit, ihn zu einem Interview zu bewegen. Was war geschehen?

Aus Gründen der Amtsverschwiegenheit beruht die folgende Darstellung ausschließlich auf Fakten, die durch den Menschenrechtsbeirat, die Medien, NGOs und Gerichtsverfahren bereits veröffentlicht wurden. Die Beurteilung dieser Fakten in ihrer Zusammenschau ist freilich meine persönliche Meinung.

Die versuchte Abschiebung

Bakary Jassey lebt seit vielen Jahren in Österreich und ist seit dem Jahr 2000 mit der Österreicherin Michaela Jassey verheiratet. Die beiden haben zwei Kinder, Marcel (geboren im August 1999) und Amina (geboren im Juli 2002). Im April 2004 wurde er wegen Besitzes von Suchtgift mit dem Vorsatz, es in Verkehr zu bringen, gemäß § 28 Abs. 1 SMG zu zwei Jahren Freiheitsstrafe verurteilt, die er in der Strafvollzugsanstalt Hirtenberg verbüßte. Am 31. März 2006 wurde er entlassen, seine Frau Michaela und die beiden Kinder warteten am Gefängnistor. Sie konnten ihn aber nicht begrüßen, da er sofort von Beamten der Fremdenpolizei übernommen und in Handschellen ins PAZ am Hernalser Gürtel gebracht wurde, wo seine Abschiebung nach Gambia bereits vorbereitet wurde. Am

7. April wurde er von Beamten der WEGA um 4 Uhr morgens unsanft und unvorbereitet aus dem Bett geholt und direkt zum Flughafen Schwechat gebracht. Beim Einsteigen in ein Flugzeug der Brussels Airlines erklärte er der Stewardess, dass er über diese Reise nicht informiert worden sei und eine Frau und zwei kleine Kinder in Wien habe, die ebenfalls nicht benachrichtigt worden seien. Er werde nicht freiwillig mitfliegen. Daraufhin erklärte der Kopilot, dass er Bakary Jassey nicht an Bord nehmen würde.

Folter in der Lagerhalle

Auf der Rückfahrt ins PAZ eröffneten ihm die drei ihn eskortierenden WEGA-Beamten, dass sie den Befehl hätten, ihn zu töten. Nach vielen Telefonaten mit einem vierten WEGA-Beamten, der den Schlüssel zu einer verlassenen Lagerhalle in der Wehlistraße am Rande des Praters hatte, brachten sie ihn im Polizeibus in diese Lagerhalle, die von der WEGA für Trainingszwecke benützt wurde. Sie fesselten seine Hände mit einer roten Schnur, beschimpften ihn mit rassistischen Kraftausdrücken und versicherten ihm, dass nun der Zeitpunkt seiner Hinrichtung gekommen sei. Dann wurde er von den drei Polizisten, die dicke schwarze Handschuhe trugen, eine halbe Stunde lang schwer verprügelt und getreten, bis er regungslos am Boden liegen blieb. Sie schleiften ihn in die Mitte der Halle und befahlen ihm, sich in einer muslimischen Gebetspose auf den Betonboden zu knien und die Augen zu schließen. Daraufhin wurde er mit dem Polizeibus von hinten angefahren. Er stürzte mit dem Kopf auf den Betonboden und verlor das Bewusstsein im Glauben, hingerichtet zu werden. Als er wieder aufwachte, blutete er am Kopf und aus der Nase und fühlte am ganzen Körper starke Schmerzen. Die WEGA-Beamten trugen ihn in den Bus und legten ihn auf den Boden. Sie brachten ihn ins Allgemeine Krankenhaus (AKH), wo er auf einer Tragbahre in die Intensivstation getragen wurde.

Obwohl er den Ärzten zu erklären versuchte, dass er eben eine Hinrichtung mit Knochenbrüchen und sonstigen schweren

Verletzungen überlebt habe und unter akuter Todesangst leide, schienen diese den Erzählungen der Beamten, wonach er sich die Verletzungen bei einem Fluchtversuch zugezogen hätte, mehr Glauben zu schenken. Sie versorgten ihn nur notdürftig, legten ihm eine Halskrause an und übergaben ihn trotz seiner dringlichen Bitte, ihn stationär aufzunehmen, wieder den Polizisten. Keiner der diensthabenden Ärzte fand es der Mühe wert, sich mit Bakary Jassey unter vier Augen über seine Version des »Fluchtversuchs« zu unterhalten und ihn im Hinblick auf seinen schweren Misshandlungsvorwurf gründlich medizinisch zu untersuchen. Am Weg zum PAZ Hernalser Gürtel nahmen ihm die Folterer die Halskrause wieder ab und warnten ihn nachdrücklich vor ernsten Konsequenzen, wenn er jemandem erzählen würde, was sie ihm angetan hatten.

Zurück im Polizei-Anhaltezentrum Hernals

Da die WEGA-Beamten dem PAZ erklärten, er habe auf dem Rückweg vom Flughafen einen Fluchtversuch im 8. Bezirk unternommen und beim Versuch seiner neuerlichen Festnahme heftigen Widerstand geleistet, wodurch die Anwendung von Körperkraft unvermeidlich geworden sei, wurde er sofort in einer Sicherheitszelle in Einzelhaft genommen. Außerdem wurde er wegen des Verbrechens des Widerstands gegen die Staatsgewalt angezeigt. Trotz seiner schweren Schmerzen und seiner Bitten erhielt er an diesem Tag keine medizinische Versorgung und durfte nicht telefonieren.

Erst am folgenden Tag, dem Palmsamstag 2006, hatte einer der diensthabenden Beamten Mitleid mit Bakary Jassey und erlaubte ihm, seine Frau anzurufen. Er erreichte nur seine Schwiegermutter und erzählte ihr, wo er sich befand und dass er dringend Hilfe benötige. Sie informierte ihre Tochter, die sofort mit den beiden Kindern ins PAZ kam. Der hilfsbereite Beamte ermöglichte wirklich ein Treffen im Besuchszimmer. Als die Kinder seinen Zustand begriffen, begannen sie zu schreien und wurden hinausgeführt. Aber Michaela Jassey war gefasst genug, um mit ihrem Mobiltelefon sofort Fotos des geschundenen und geschwollenen Gesichtes ihres Mannes anzufertigen. Nur diese beiden Zufälle bewirkten, dass dieser Folterfall entsprechend untersucht und aufgeklärt wurde. Denn Michaela Jassey informierte umgehend den Anwalt ihres Mannes, Amnesty International und die Medien. Am Montag, den 10. April, begannen Heinz Patzelt und Andrea Huber für Amnesty International und Nina Horaczek für den »Falter« mit ihren Untersuchungen, und schon am darauffolgenden Tag wurde Bakary Jassey von Beamten des BIA einvernommen, die mit ihm auch einen Lokalaugenschein in der Lagerhalle durchführten.

Dieser Lokalaugenschein und die Auswertung der Handy-Daten der WEGA-Beamten waren die Grundlage des eingangs erwähnten Anrufs von Martin Kreutner.

Noch vier Monate in Schubhaft und weiterhin von Abschiebung bedroht

Die Beamten des PAZ und die Fremdenpolizei ließen sich von den Ermittlungen des BIA, der Medien und von Amnesty International allerdings nicht beeindrucken. Für sie stand außer Zweifel, dass Bakary Jassey ein aggressiver Häftling sei, der seine Abschiebung vereitelt, einen Fluchtversuch unternommen und Widerstand gegen die Staatsgewalt geleistet habe. Also wurde er eine knappe Woche lang in Einzelhaft festgehalten: die ersten Tage als Disziplinarmaßnahme wegen des Widerstands, danach als Sicherungsmaßnahme mit der Begründung, er sei gefährlich.

Obwohl die Staatsanwaltschaft auf Betreiben des BIA ein Ermittlungsverfahren gegen die vier Beamten einleitete, Amnesty International, die Medien und meine Kommission in einem Dringlichkeitsbericht an den Menschenrechtsbeirat vom 28. April seine sofortige Freilassung forderten und in einer vom Strafgericht in Auftrag gegebenen Computertomografie-Untersuchung ein Augenhöhlen-, Oberkiefer- und Jochbeinbruch festgestellt wurden, blieb Bakary Jassey weiterhin in Schubhaft. Noch am 31. Mai wies der Unabhängige Verwaltungssenat (UVS) in Niederösterreich trotz einer bereits erdrückenden Beweislage die Schubhaftbeschwerde seines Anwalts mit der Begründung ab, dass seine Abschiebung weiterhin geplant sei und seine Aussage als Zeuge im strafgerichtlichen Verfahren gegen die WEGA-Beamten auch »vom Ausland her« möglich sei.

Dieser UVS-Bescheid mit seiner zum Teil abenteuerlichen Begründung wurde schließlich am 23. Oktober 2008 mit Erkenntnis des Verwaltungsgerichtshofs wegen Rechtswidrigkeit seines Inhalts aufgehoben. Denn der UVS hätte, so der Verwaltungsgerichtshof, gänzlich außer Acht gelassen, dass den Behörden schon seit 25. April 2006 »diverse (amts)ärztliche Befunde und Gutachten vorlagen, denen zu entnehmen war, aus medizinischer Sicht sei auf Grund einer posttraumatischen Belastungsreaktion eine Abschiebung des Beschwerdeführers bis auf Weiteres nicht möglich.«

Noch während des laufenden gerichtlichen Strafverfahrens gegen die vier WEGA-Beamten versuchte das Innenministerium wiederholt, den Kronzeugen des Verfahrens gegen die WEGA-Beamten abzuschieben. Der Menschenrechtsbeirat im Innenministerium und seine Kommissionen hatten in diesen Monaten große Mühe, die drohende Abschiebung des Gambiers zu verhindern.

Am 10. Juli wurde Bakary Jassey sogar trotz starker Schmerzen von der Fremdenpolizei mit tatkräftiger Unterstützung durch den »Verein Menschenrechte Österreich«, der dem Innenministerium nahe steht und die Aufgabe hat, Schubhäftlinge zur »freiwilligen Rückkehr« in ihr Heimatland zu überreden, zu einer Psychiaterin nach Innsbruck chauffiert, die entgegen den Gutachten ihrer Wiener Kollegen seine »Abschiebetauglichkeit« bestätigen sollte. Es ist letztlich dem Verwaltungsgerichtshof zu verdanken, der mit einer einstweiligen Verfügung vom 25. Juli 2006 den Abschiebeversuchen des Innenministeriums ein Ende setzte, dass Bakary Jassey am 7. August 2006, also genau vier Monate nach seiner Folterung, aus der Schubhaft entlassen wurde.

Die strafgerichtliche Verhandlung gegen die WEGA-Beamten

Am 30. und 31. August 2006 fand die mündliche Verhandlung gegen die vier WEGA-Beamten im Landesgericht für Strafsachen in Wien statt. Der Andrang war so groß, dass Heinz Patzelt und ich nur mit Mühe einen Platz im viel zu kleinen Verhandlungssaal bekamen. Viele Interessierte, die lange auf Einlass gewartet hatten, mussten draußen bleiben. Es war schon lange her, dass ich einem Strafprozess beigewohnt hatte. Ich hatte immer ein tiefes Vertrauen in die Unabhängigkeit der österreichischen Justiz. Aber das erbärmliche Schauspiel, das uns der Richter an diesen beiden Tagen bot, hat dieses Vertrauen zutiefst erschüttert. Dass es in Österreich in offensichtlicher Verletzung der UNO-Konvention gegen die Folter keinen eigenen Straftatbestand für das schwere Verbrechen der Folter mit entsprechender Strafdrohung gibt, habe ich seit knapp 20 Jahren erfolglos angeprangert. Auch heute hat Österreich diese Verpflichtung in Artikel 4 der UNO-Konvention gegen die Folter noch immer nicht erfüllt, was auch der UNO-Ausschuss gegen die Folter wiederholt bemängelt hat. Es gab daher zum Zeitpunkt der Urteilsfindung nur den Straftatbestand des Vergehens »Quälen und Vernachlässigen eines Gefangenen« in § 312 Strafgesetzbuch, der mit der lächerlichen Höchststrafe von zwei Jahren Haft sanktioniert ist. Doch wenn die Tat auch eine schwere Körperverletzung wie im Fall Jassey nach sich zieht, so hätten die Schuldigen immerhin mit einer Strafe von bis zu fünf Jahren belangt werden können. Dass die vier WEGA-Beamten schuldig waren, daran konnte nach all den Sachbeweisen wie insbesondere der Auswertung der Daten der Mobiltelefonüberwachung durch das BIA kein Zweifel mehr bestehen.

Dennoch hatten die vier Beamten bis zur mündlichen Verhandlung die Tat abgestritten, immer wieder neue Lügengeschichten erfunden und Bakary Jassey damit schwerstens belastet und verleumdet. Die Schein-Hinrichtung, die physische und psychische Folter waren sorgfältig geplant und mit besonderer Grausamkeit ausgeführt worden. Aber im Gerichtssaal gestanden sie plötzlich die Tat. In Wahrheit legte ihnen der Richter das Geständnis in den

Mund: »Habt's ihm halt eine Abreibung verpasst?« Stumm nickten die Angeklagten. Von Reue keine Spur. Ein Geständnis, das mildernde Umstände verdient, sieht anders aus. Nun vertauschten sich die Rollen. Wer ohne vorherige Kenntnis des Sachverhalts im Gerichtssaal saß, musste meinen, der Afrikaner sei der Angeklagte und die Polizisten die Opfer. Obwohl er gut deutsch spricht, wurde Bakary Jassey vom Richter immer wieder unterbrochen, eingeschüchtert und gemaßregelt. Seiner früheren Verurteilung als »Drogendealer« wurde viel mehr Zeit und Raum gewidmet als den Folterungen in der Lagerhalle. Die Polizisten wurden als brave Familienväter dargestellt, denen halt einmal die Nerven durchgegangen seien, weil sie von diesem aggressiven Afrikaner provoziert worden seien. Bei dieser Form der Verhandlungsführung konnte das milde Urteil nicht mehr überraschen: Die drei Folterpolizisten erhielten eine bedingte Freiheitsstrafe von acht Monaten, der Türsteher sechs Monate.

Noch während wir über die diskriminierende Art und Weise der Verhandlungsführung und das extrem milde Urteil erschüttert waren, nahmen die Polizisten das Urteil an, und der Staatsanwalt, der im gesamten Verfahren auffallend zurückhaltend agiert hatte, verzichtete sofort auf eine Berufung. Das Kalkül schien klar zu sein: Bei einer bedingten Verurteilung zu weniger als einem Jahr Freiheitsstrafe verlieren Beamte nicht automatisch ihren Job. Ein Amtsverlust könnte nur mehr durch ein Disziplinarverfahren erreicht werden, was nach meiner Kenntnis der österreichischen Disziplinarbehörden und der Rolle der Personalvertreter in diesen Verfahren eher unwahrscheinlich war.

An diesem 31. August 2006 habe ich mich geschämt, Österreicher zu sein. Als UNO-Sonderberichterstatter über Folter versuchte ich in vielen Ländern dieser Welt Gerechtigkeit für Folteropfer zu erreichen. Und nun sah ich, wie diese Gerechtigkeit in meinem Heimatland praktiziert wird. Wegen eines vergleichsweise geringen Drogenbesitzdeliktes wurde ein unbescholtener Afrikaner schwarzer Hautfarbe zu zwei Jahren unbedingter Haft verurteilt, während jene österreichischen Polizisten weißer Hautfarbe, die ihn brutal gefoltert und mit dem Tod bedroht hatten, zu ein paar Monaten bedingter Haft verurteilt wurden und weiterhin im Polizeidienst blieben. Ohne auch nur ein paar Minuten über diese Ungerechtigkeit nachzudenken, verzichtete der Staatsanwalt auf eine Berufung, das Urteil erwuchs sofort in Rechtskraft.

Die Disziplinarentscheidung und ihre Aufhebung durch den Verwaltungsgerichtshof

Wie nicht anders zu erwarten, versagte auch die Disziplinarbehörde. Am 11. September 2007 bestätigte die Disziplinar-Oberkommission im Bundeskanzleramt, dass die vier Folterpolizisten im Dienst bleiben durften und reduzierte sogar die ihnen auferlegten Geldstrafen, die sich auf ein bis fünf Monatsgehälter beliefen. Solche Sanktionen für das Verbrechen der Folter hatte ich bisher in Ländern wie Jordanien, Nigeria oder Nepal kritisiert. Jetzt musste ich einsehen, dass die Praxis in Österreich nicht viel besser war. Es blieb wieder dem Verwaltungsgerichtshof vorbehalten, diesem Unfug Grenzen zu setzen. Mit Erkenntnis vom 18. September 2008 wurde die Entscheidung der obersten Disziplinarbehörde mit einer Begründung, die an Deutlichkeit nichts zu wünschen offen ließ, wegen Rechtswidrigkeit aufgehoben: Die Disziplinar-Oberkommission habe den hohen Unrechtsgehalt der Tat außer Acht gelassen und die brutale Vorgehensweise der Tat nicht berücksichtigt, die zu schweren Verletzungen und zu Traumatisierung geführt habe. Weder die Schein-Hinrichtung wurde von der Oberkommission in Betracht gezogen, noch »dass die Mitbeteiligten die Dienstpflichtverletzungen offensichtlich vorsätzlich und auf vorbedachte und organisierte Weise vorgenommen haben«. Das Geständnis habe die Disziplinarbehörde zu Unrecht zu Gunsten der beschuldigten Polizisten ins Treffen geführt, denn »dass diese Mitbeteiligten ihre Behauptung vor Gericht nicht aufrecht erhalten haben, ist bloß eine Folge der Beweislage zu diesem Zeitpunkt. […] Im vorliegenden Fall haben die Mitbeteiligten nach der Aktenlage jedoch ihre Taten zunächst, nachdem sie sich untereinander abgesprochen hatten, überhaupt abgestritten und in ihren ersten Vernehmungen ausgesagt, der Häftling habe sich die Verletzungen bei einem Fluchtversuch zugezogen und im Verfahren vor der Disziplinarbehörde noch ungeachtet der diesbezüglichen rechtskräftigen Feststellungen des Gerichts weiterhin bestritten, dass der Häftling mit einem Kraftfahrzeug angefahren worden sei. Überdies haben die Mitbeteiligten sogar im Verfahren vor der belangten Behörde noch versucht, die strafgerichtlichen Feststellungen in einzelnen Punkten zu relativieren.« Erst bei der Wiederholung des Disziplinarverfahrens am 2. November 2009 entschied die Disziplinar-Oberkommission schließlich auf Entlassung der Beamten. Lediglich der Türsteher kam mit einer Geldstrafe davon und blieb im Innendienst der Polizei.

Versagen des politischen Systems

Ich hoffe, dass die Folter von Bakary Jassey einen Einzelfall in Österreich darstellt. Was mich aber noch mehr erschüttert hat als das Verbrechen der Folter an sich und mein Vertrauen in den österreichischen Rechtsstaat nachhaltig ins Wanken gebracht hat, ist die Art und Weise, wie das politische System, und insbesondere das Innenministerium, mit diesem Fall umgegangen ist. Am Anfang wurde dem Foltervorwurf des Opfers, wie üblich, kein Glauben geschenkt und den Folterpolizisten demonstrativ der Rücken gestärkt. Trotz schwerer Körperverletzung und starker Schmerzen blieb Bakary Jassey noch ganze vier Monate in Schubhaft, statt in einem Krankenhaus stationär behandelt zu werden, nur weil das Innenministerium ungeachtet der erdrückenden Beweislage weiterhin seine Abschiebung durchzusetzen versuchte und dabei vom UVS Niederösterreich sogar noch unterstützt wurde! Die Amtsärzte haben in ihrer Funktion, Misshandlungsvorwürfe unverzüglich zu untersuchen und verletzte Häftlinge medizinisch zu versorgen, völlig versagt.

Aber auch das Verhalten der diensthabenden Ärzte im AKH am 7. April 2006 ist mehr als fragwürdig. Ich glaube nicht, dass ich als Österreicher auf eine so unverantwortliche Weise behandelt worden wäre, wie das im Fall des Bakary Jassey geschehen ist. Der Strafprozess wurde von vielen Beobachtern als abgekartetes und von rassistischen Vorurteilen geprägtes Spiel zwischen dem Richter und dem Staatsanwalt empfunden. Ähnliches gilt für das Disziplinarverfahren.

Auch nach der strafgerichtlichen Verurteilung der Folterpolizisten hat das Innenministerium weiterhin versucht, Bakary Jassey nach Gambia abzuschieben. Nur medizinische Gutachten, in denen seine Traumatisierung und die Notwendigkeit medizinischer und psychologischer Rehabilitierungsmaßnahmen festgestellt wurden, sowie die vereinten Kräfte von NGOs, Medien und des Menschenrechtsbeirats haben Bakary Jassey und seine österreichische Familie bisher vor diesem Schicksal bewahrt. Während ihrer Amtszeit als Innenministerin ab Juli 2008 hat Maria Fekter mir gegenüber wiederholt betont, dass sie sich für seine möglichst schnelle Abschiebung nach erfolgter Rehabilitierung einsetzen würde.

Kein Innenminister und keine Innenministerin, von Liese Prokop über Günther Platter und Maria Fekter bis zu Johanna Mikl-Leitner, hat es je der Mühe wert gefunden, sich bei Bakary Jassey für die erwiesenen Folterungen zu entschuldigen.

Ich habe immer wieder argumentiert, dass Folteropfer gemäß Artikel 14 der von Österreich ratifizierten UNO-Konvention gegen die Folter ein Recht auf Wiedergutmachung für die durch die Folter verursachten Schmerzen und Leiden haben. Meiner Rechts- und Gerechtigkeitsauffassung nach würden nur ein dauerhaftes Aufenthaltsrecht sowie eine nicht unbeträchtliche Entschädigungssumme eine angemessene Wiedergutmachung darstellen. Diese sollte von Amts wegen gewährt werden. Nichts ist bisher geschehen. Das Aufenthaltsverbot gegen Bakary Jassey ist nach wie vor in Kraft. Er darf deshalb natürlich nicht arbeiten und muss folglich wie seine Kinder von den Einkünften seiner österreichischen Ehefrau leben. Außerdem wurde ihm noch immer keine finanzielle Entschädigung für seine physischen und psychischen Schmerzen und Leiden angeboten. Die österreichische Regierung wartet anscheinend lieber darauf, dass sie der Europäische Gerichtshof für Menschenrechte, bei dem seit März 2008 eine entsprechende Beschwerde anhängig ist, zur Leistung einer angemessenen Wiedergutmachung zwingt.

Menschenverachtende Ausländerpolitik

Die brutale Folter von Bakary Jassey als Repressalie wegen eines abgebrochenen Abschiebeversuchs ist unentschuldbar und nur durch das menschenverachtende Klima erklärbar, das durch viele Jahre von einer von rassistischen und xenophoben Ängsten geprägten Ausländerpolitik geschaffen wurde. Dass der Fall überhaupt untersucht und aufgeklärt werden konnte, verdankt Bakary Jassey Zufällen und der Zivilcourage einzelner Personen: dem beherzten PAZ-Beamten, der ihn aus Mitleid aus der Isolationshaft seine Frau anrufen ließ und deren Besuch ermöglichte; der spontanen Reaktion von Michaela Jassey, Handy-Fotos von dem verschwollenen Gesicht ihres Mannes anzufertigen und diese dem Anwalt, den Medien und Amnesty International zu senden; dem unermüdlichen Einsatz von Heinz Patzelt, Andrea Huber, Nina Horaczek und anderer Repräsentanten der Zivilgesellschaft und der Medien; dem Mut Martin Kreutners und seines BIA-Teams, gegen alle Widerstände aus dem Innenministerium und der Wiener Polizei unabhängig, objektiv und effizient zu ermitteln und die Sachbeweise mit dem Menschenrechtsbeirat und seinen Kommissionen zu teilen; dem Engagement vieler Mitglieder des Menschenrechtsbeirats und seiner Kommissionen.

Dass Bakary Jassey nach vier Monaten Schubhaft schließlich entlassen wurde, verdankt er ebenso dem Verwaltungsgerichtshof wie die Tatsache, dass das skandalöse Disziplinarverfahren neu aufgerollt werden musste.

Das BIA ist in der Zwischenzeit von Ex-Innenministerin Maria Fekter aufgelöst und durch das Bundesamt für Korruptionsbekämpfung ersetzt worden, das sich nur mehr am Rande mit Misshandlungsvorwürfen beschäftigt. Martin Kreutner musste seinen Platz als unbestechlicher Ermittler räumen und fungiert nunmehr als Generalsekretär der Internationalen Anti-Korruptionsakademie in Laxenburg. Eine von der Polizei wirklich unabhängige und effektive Instanz zur schnellen und objektiven Untersuchung von Folter- und Misshandlungsvorwürfen fehlt in Österreich ebenso weiterhin wie das Verbrechen der Folter im Strafgesetzbuch und ein Gesetz, das eine sinnvolle und angemessene Wiedergutmachung für die Schmerzen und Leiden von Folteropfern von Amts wegen ermöglicht. Aus dem Fall Bakary Jassey wurden bisher, soweit ersichtlich, keinerlei Lehren für einen professionellen Umgang mit Folter und Misshandlung gezogen.

Paraguay: Perfektes Follow-up

Paraguay war unter der Herrschaft des aus Hof bei Nürnberg stammenden Langzeitdiktators Alfredo Stroessner zum Inbegriff von Repression und Folter geworden, und zwar schon lange bevor die Militärs in den 1960er und 1970er Jahren die Herrschaft in den meisten Staaten Lateinamerikas übernommen hatten. Nach dem Sturz Stroessners 1989 begann das Land mit der mühsamen Arbeit der Vergangenheitsbewältigung und des Aufbaus rechtsstaatlicher Strukturen.

Bei meiner Mission im November 2006 hatte ich ein völlig neues, aber keineswegs weniger professionelles Team zur Verfügung, bestehend aus Anna Crawford (Genf), Roland Schmidt (Wien), Duarte Nuno Vieira, ein bekannter forensischer Experte aus Portugal, sowie den Dolmetschern Carmen Stefani Gari und Roger Kaminker. Mit Roland, Duarte und Roger hat diese Mission den Grundstein für eine exzellente Kooperation und viele weitere gemeinsame Missionen gelegt. Roland wurde zu einem meiner engsten Mitarbeiter im Anti-Folter-Team am BIM, auf dessen Rat und tatkräftige Hilfe ich mich auch in den schwierigsten Situationen immer verlassen konnte.

Korruptes Justizministerium

Wir stellten die verbreitete Anwendung der Folter durch die Polizei zum Zweck der Erpressung von Geständnissen fest. Beispielsweise war es beliebt, Häftlingen einen Plastiksack über den Kopf zu stülpen und ihre Hoden so lange zu quetschen, bis sie beinahe das Bewusstsein verloren. Diese Methode ist sehr effektiv, um die Opfer zu einem Geständnis zu bewegen, und hinterlässt keine bleibenden physischen Spuren. Das Justizsystem war durch und durch korrupt, die Haftbedingungen waren katastrophal. Für jede Vergünstigung im Gefängnis mussten die Häftlinge bezahlen, zum

Teil sogar dafür, dass sie überhaupt dort sein durften und ein Dach über dem Kopf hatten. Wer keine Familie in der Nähe hatte, die etwas zum Essen und Trinken brachte oder bei Bedarf für einen Arzt oder Medikamente sorgte, um den war es schlecht bestellt. Umgekehrt führte die Korruption dazu, dass begüterte Häftlinge, wenn sie nur genug zahlten, jede Nacht vom Gefängnispersonal mit einer anderen Prostituierten zur »Versüßung« des tristen Gefängnisalltags in eigenen »privados« versorgt wurden.

Ein im berüchtigten Tacumbú-Gefängnis in Asunción in Untersuchungshaft sitzender Deutscher erklärte mir genau die verschiedenen »Tarife« für diese »Vergünstigungen«. Der Gefängnisdirektor in Villarrica wollte uns stolz die katholische Kapelle in seiner Haftanstalt zeigen, hatte aber dabei übersehen, dass sie inzwischen wegen Auslastung der anderen »privados« in ein solches umfunktioniert worden war und wir unvorbereitet die Intimität von Häftlingen störten.

Ein Vorzeigebeispiel politischen Veränderungswillens

Trotz der kritischen Feststellungen in unserem Bericht reagierte die Regierung sehr positiv und war bereit, meine Empfehlungen umzusetzen. In der Zwischenzeit ist diese Regierung durch eine andere ersetzt worden, der die Menschenrechte ein noch größeres Anliegen zu sein scheinen. Aus diesem Grund haben wir Paraguay als erstes Land unseres von der EU finanzierten follow-up-Projekts ausgewählt. Gemeinsam mit Tiphanie Crittin und Moritz Birk, die beide erst gegen Ende meines Mandats zum BIM-Team gestoßen sind und sich sofort hervorragend integriert haben, führte ich im März 2011 eine Evaluierungs-Mission durch, um gemeinsam mit der Regierung und der Zivilgesellschaft zu beraten, welche konkreten Aktivitäten wir zur Unterstützung der Umsetzung meiner Empfehlungen setzen könnten.

Vieles war bereits geschehen. Zum Beispiel hatte der Kongress nach Jahren der Vorbereitung ein vorbildliches Gesetz zur Einrichtung unabhängiger Kommissionen zur regelmäßigen Inspektion aller Haftanstalten beschlossen. Doch nun geht es darum, dass bei der Auswahl der Mitglieder dieser Kommissionen deren Unabhängigkeit und Professionalität beachtet wird und dass sie mit entsprechenden finanziellen und personellen Ressourcen ausgestattet werden. Außerdem werden wir die neu gewählten Mitglieder dieser Kommissionen durch entsprechende Trainings am Beginn ihrer Inspektionstätigkeit unterstützen. In den relevanten Ministerien für Inneres, Justiz und öffentliche Angelegenheiten wurden eigene Abteilungen für Menschenrechte gegründet und mit professionellen Mitarbeitern besetzt. Auch das Krebsübel in den meisten Staaten, die Straflosigkeit für Folterer, soll nach dem Willen des Innen- und Justizministers bekämpft werden. Wir werden versuchen, ihnen durch entsprechende Expertise bei der Einrichtung professioneller und polizeiexterner Beschwerde-, Untersuchungs- und Anklagebehörden behilflich zu sein.

Außerdem haben wir mit Hilfe des Obersten Gerichtshofs eine entsprechende Novelle des Strafgesetzbuches vorbereitet, die vom Kongress beraten wurde. Die Korruption im Justizsystem soll eliminiert, die Untersuchungshaft verkürzt, die kostenlose Verteidigung von Angeklagten verbessert und das Gefängniswesen modernisiert werden, was natürlich große finanzielle Ressourcen erfordert. Wir hoffen diesbezüglich auf weitere Unterstützung durch die EU und das Entwicklungsprogramm der Vereinten Nationen.

Unser Projekt ist auf drei Jahre angelegt und wird in enger Zusammenarbeit mit der Zivilgesellschaft in Paraguay durchgeführt, die danach die alleinige Verantwortung übernehmen soll. Unser engster Partner ist das bekannte menschenrechtliche NGO-Netzwerk CODEHUPY, mit dem ich schon während meiner Mission im November 2006 die besten Erfahrungen gemacht habe. Falls sich die politischen Rahmenbedingungen nicht radikal ändern, könnte dieses Projekt zu einem Vorzeigebeispiel dafür werden, dass die Untersuchungsmission eines UNO-Sonderberichterstatters bei entsprechendem politischen Willen aller relevanten Kräfte zu einer nachhaltigen Verringerung des Folterrisikos sowie einer Verbesserung der Haftbedingungen führen kann.

Nigeria: Ein berüchtigter Folterraum in Lagos

Nigeria ist mit über 160 Millionen Einwohnern der bevölkerungsreichste Staat und eine regionale Großmacht in Afrika. Die ethnisch-religiösen Spannungen in diesem Vielvölkerstaat haben zum blutigen Biafra-Sezessionskrieg in den 1960er Jahren geführt und tragen bis in die Gegenwart das Potenzial für regelmäßige Gewaltausbrüche in sich, die durch das föderale System und die Einführung der Scharia in den nördlichen Bundesstaaten noch verstärkt wurden. Die durch Ölvorkommen im Niger-Delta ausgelöste rasante Entwicklung hat dem Land letztlich mehr geschadet als genützt: Die Petrodollars führten zu enormen Gewinnen der Ölmultis, zu extremen Unterschieden zwischen Arm und Reich, zu einer der höchsten Korruptions- und Kriminalitätsraten der Welt, zu irreversiblen Eingriffen in die Umwelt und die Rechte der im Niger-Delta lebenden indigenen Völker, die in den 1990er Jahren schließlich in einen bewaffneten Konflikt zwischen der damaligen Militärregierung und dem »Movement for the Emancipation of the Niger Delta« (MEND) mündeten. Auch nach der Rückkehr zu einer zivilen und demokratischen Regierung unter Präsident Olusegun Obasanjo blieben die meisten dieser Probleme, trotz großer Anstrengungen, weitgehend ungelöst.

Korrupte Strafjustiz

Das hohe Ausmaß an Gewalt, Kriminalität und Korruption hat das Justizsystem an den Rand des Zusammenbruchs gebracht. Bei meiner Mission im März 2007 begleitete mich neben Safir Syed, Roland Schmidt und Duarte Vieira auch erstmals Isabelle Tschan, eine schweizerische Menschenrechtsexpertin, die mir das schweizerische Außenministerium kostenlos zur Verfügung stellte und die so erfolgreich am BIM arbeitete, dass sie schließlich vom UNO-Entwicklungsprogramm für den Aufbau von Demokratie und Menschenrechten in Westafrika abgeworben wurde.

Wir fanden unbeschreibliche Haftbedingungen vor. Die Gefängnisse waren im Durchschnitt zwei- bis dreimal überbelegt, also hoffnungslos überfüllt, schmutzig, und das Gewaltpotenzial war hoch. Der überwiegende Teil der Häftlinge war in Untersuchungshaft, da die Strafjustiz nicht funktionierte und Gefangene nicht selten »vergessen« wurden, wenn ihnen das nötige Geld für die Bestechung von Polizei, Staatsanwälten oder Richtern fehlte. Wir haben auf der Basis der uns übermittelten Unterlagen von der Regierung gefordert, dass zwischen 20 000 und 25 000 Gefangene unverzüglich entlassen werden müssten, weil sie schon länger in Untersuchungshaft waren als die Höchststrafe für das Delikt betrug, dessen sie beschuldigt waren. Manche der zum Tode verurteilten Gefangenen, mit denen wir sprachen, befanden sich schon seit zwei Jahrzehnten in überfüllten Todeszellen.

Schüsse in die Beine

Folter wird von der Polizei routinemäßig zur Erpressung von Geständnissen angewandt. Nigeria ist berüchtigt für die Brutalität bewaffneter Raubüberfälle. Wer dieses Verbrechens beschuldigt wird, ob zu Recht oder nicht, muss sich auf eine besondere Behandlung durch Polizei und Justiz gefasst machen. Eine der weit verbreiteten Methoden besteht darin, dass den Verdächtigen nach ihrer Festnahme oder während des ersten Verhörs aus naher Distanz in die Beine geschossen wird, während im Polizeiprotokoll vermerkt wird, sie seien bei einem Fluchtversuch oder bei einem Feuergefecht angeschossen worden. Forensische Sachverständige wie Duarte Vieira können jedoch durch Untersuchung der Einschusswunde genau feststellen, aus welcher Entfernung und in welchem Winkel der Schuss abgegeben wurde. Wenn jemandem von oben nach unten aus einer Distanz von einem Meter durch das Bein geschossen wird, wie wir in mehreren vergleichbaren Fällen feststellten, so ist die Behauptung der Polizei, der Betreffende sei bei der Flucht angeschossen worden, nicht sonderlich glaubhaft. Darüber hinaus werden die Opfer nicht selten ohne jegliche medizinische Versorgung ihrem eigenen Schicksal überlassen.

Die Polizeistation in Lagos

Eine besonders berüchtigte Polizeistation ist das Hauptquartier der Kriminalpolizei im Stadtteil Panti in Lagos, das wir am 6. März 2007, für die Verantwortlichen völlig unerwartet, besuchten. Nur nach langen Diskussionen mit dem amtierenden Polizeikommandanten, dem ich auch wiederholt einen vom Generalinspektor der Polizei in Abuja unterzeichneten »letter of authorization« zeigte, in dem alle Mitglieder meines Teams und unsere Untersuchungsrechte im Detail aufgeführt waren, erhielt ich endlich Zugang zu den überfüllten Zellen, in denen sich 72 Männer befanden, die alle des bewaffneten Raubüberfalls beschuldigt waren. Die Zellen waren dunkel und stickig, und wir hatten Mühe, uns zwischen den Häftlingen durchzuzwängen und einen Ort für halbwegs vertrauliche Interviews außerhalb der Hör- und Reichweite der Polizisten zu finden. Obwohl auch in Nigeria die Dauer der Anhaltung in Polizeihaft gesetzlich beschränkt ist, befanden sich die von uns befragten Personen bereits zwischen fünf Monaten und mehr als zwei Jahren in diesen überfüllten Zellen, ohne diese jemals verlassen zu haben, einen Anwalt gesehen zu haben oder von einem Familienmitglied besucht worden zu sein. In den meisten Fällen wussten die Familien nicht einmal über den Ort ihrer Anhaltung Bescheid. Bei einem jungen Mann, der seit mehr als einem Jahr dort festgehalten wurde, stellten wir typische Wunden in beiden Beinen fest, die von Schüssen aus ca. einem Meter herrührten. In Ermangelung jeglicher medizinischer Versorgung hatte er seine Wunden mit einer Kerze selbst behandelt. Alle Häftlinge berichteten von schweren Folterungen im sogenannten »Folter-Raum« und beschrieben uns genau, wo sich dieser Raum befand.

Der Folter-Raum

Als wir das Gebäude betraten, in dem sich der »Folter-Raum« befinden sollte, fanden wir ein großes Büro, in dem zahlreiche Kriminalbeamte ihre Einvernahmen durchführten und Berichte schrieben. Nach der Beschreibung, die uns die Häftlinge gegeben hatten, musste sich der »Folter-Raum« dahinter befinden. Sobald wir auch nur in die Nähe der Tür kamen, stellten sich uns sofort Beamte in den Weg. Der Zutritt in diesen »Lagerraum« sei strengstens verboten, war die klare Botschaft. Also ersuchte ich Roland Schmidt, gemeinsam mit unserem polnischen UNO-Sicherheitsbeamten Andrzej Chlebowski, den Eingang zum »Folter-Raum« zu bewachen, während ich mich erneut ins Büro des amtierenden Polizeikommandanten in einem anderen Gebäude begab, um seine Zustimmung zur Öffnung dieses Raumes einzuholen.

Da er meiner Bitte keineswegs folgen wollte, blieb mir nur mehr die Möglichkeit, den Generalinspektor der Polizei, Sunday Ehindero, persönlich in der Hauptstadt Abuja anzurufen. Ich werde die Kombination aus Wut und Unterwürfigkeit in den Augen des Polizeikommandanten nicht vergessen, als er die Weisung seines höchsten Vorgesetzten entgegennahm, mir den »Folter-Raum« zu öffnen. Wie in einem Spießrutenlauf gingen wir gemeinsam durch das Büro der Kriminalpolizisten, die nicht glauben wollten, dass ihr Chef meinem Drängen nachgegeben hatte.

Als er die Tür öffnete, versuchten mehrere Kriminalbeamte, vor uns den Raum zu betreten. Nur mit Hilfe des bulligen polnischen UNO-Sicherheitsbeamten konnten wir sie gerade noch daran hindern. Als ich ihnen auch noch klar machte, dass wir den Raum alleine betreten würden und alle Kriminalbeamten während unserer Untersuchung in ihrem Büro bleiben müssten, hatte sich ein Aggressionspotenzial aufgestaut, das nur mit größter Mühe und Fingerspitzengefühl unter Kontrolle gehalten werden konnte. Wir mussten wiederholt Beamte, die sich hineingedrängt und unsere Untersuchungen gestört hatten, durch ein bestimmtes, aber nicht allzu eskalierendes Auftreten wieder hinausdrängen.

Was wir in diesem Raum zu sehen und riechen bekamen, überstieg unsere schlimmsten Befürchtungen. Auch Duarte Vieira, unser portugiesischer Arzt und einer der führenden forensischen Experten weltweit, beteuerte, dies sei der schlimmste Ort, den er je inspiziert habe. Wir fanden 125 Menschen, die in diesem extrem heißen, feuchten und schmutzigen Raum ohne festes Dach zusammengepfercht auf dem Lehmboden sitzen und schlafen mussten. Als Toilette diente ein Loch in einer Ecke. Unter diesen verängstigten Menschen befanden sich drei Frauen und einige Kinder, das jüngste elf Jahre alt. Viele klagten über Hunger, und Duarte konnte Zeichen der Unterernährung feststellen.

In diesen Raum werden die Häftlinge unmittelbar nach der Festnahme zum Zweck des Verhörs und der Folter gebracht. Erst wenn sie ein Geständnis abgelegt haben, werden sie in die Zellen verfrachtet und offiziell registriert. Einzelne Häftlinge befanden sich bereits länger als zwei Monate hier. Jede einzelne Person, mit der wir sprachen, war schwer gefoltert worden, und zwar vor den Augen aller anderen. Als wir ihnen versichert hatten, dass die Kriminalbeamten nicht herein durften, fand sich sogar ein Mann, der uns demonstrierte, wie er mit hinter dem Rücken zusammengebundenen Händen und Füßen auf einer Eisenstange knapp über dem Boden in schmerzhafter Position aufgehängt wurde, wobei ihm zur Verstärkung der Schmerzen ein Teil eines Automotors auf den Rücken gelegt wurde.

Manchmal waren die Häftlinge auch gezwungen worden, an der Folter anderer Häftlinge aktiv mitzuwirken. Alle von den Häftlingen im Detail beschriebenen Folterinstrumente einschließlich des Automotors befanden sich hier, und Duarte konnte an vielen Menschen frische Wunden der Folter feststellen, dokumentieren, fotografieren und deren Übereinstimmung mit den verwendeten Folterinstrumenten bestätigen: Schusswunden, Verbrennungen an der Haut durch heiße Macheten, Blutergüsse und offene Wunden, die durch Schläge mit Eisenstangen, Holzstöcken und Plastikschläuchen verursacht worden waren, die alle ordentlich an der Wand hingen. Ein junger Mann, Bayo Abdur Mohammed Adekunk, dessen Schusswunde notdürftig verbunden war, klagte über heftige Schmerzen. Als ihm Duarte den Verband abzunehmen versuchte, sahen wir, dass sein Fuß völlig verfault war. Wir konnten nicht mehr klar zwischen dem Verband und dem verwesenden Fleisch unterscheiden. Seine Schmerzen müssen unerträglich gewesen sein. Für uns war schon der bloße Anblick und der Gestank dieser Gliedmaßen eines menschlichen Wesens schwer zu ertragen.

Gleichgültig gegenüber der Unmenschlichkeit

Die Brutalität und menschenverachtende Einstellung der Beamten dieser Polizeistation gegenüber ihren Häftlingen im Nebenraum waren ebenfalls nur schwer zu ertragen. Alle wussten, dass und wie hier seit Jahren Menschen gefoltert und erniedrigt wurden, und niemand schien auf den Gedanken zu kommen, dass hier etwas falsch war. Die Folter war zur Routine geworden, zur alltäglichen Routine, wie andere Arbeiten auch. Duartes Hinweis, dass das Bein von Bayo Abdur Adekunk sowie die Gliedmaßen anderer von uns identifizierter Häftlinge dringend amputiert werden müssten, da diese Menschen sonst an ihren Infektionen in wenigen Tagen sterben würden, entlockte dem Polizeikommandanten bei unserem Abschlussgespräch nur ein Achselzucken. Dafür gebe es kein Geld. Wir könnten doch nicht verlangen, dass der Polizeikommandant die teure Krankenhausrechnung auf seine eigenen Kosten bezahlen solle! Es bedurfte eines neuerlichen Telefonats mit Generalinspektor Ehindero, um unserer Forderung entsprechenden Nachdruck zu verleihen.

Auch bei den letzten Treffen mit dem Generalinspektor, Mitgliedern der nigerianischen Regierung und mit Präsident Obasanjo in Abuja haben wir neben vielen anderen Problemen und Einzelfällen auch das Schicksal der Häftlinge im Folter-Raum in Lagos angesprochen und unseren Gesprächspartnern entsprechende Fotos gezeigt. Aus den Reaktionen konnte ich ablesen, wem diese Unmenschlichkeiten bestens bekannt waren und wer ehrlich schockiert war. Während die meisten Polizei- und Militäroffiziere nicht sonderlich überrascht schienen, dürften die Politiker und selbst Generalinspektor Ehindero nicht wirklich von diesen abscheulichen Folterpraktiken gewusst haben. Auch Präsident Obasanjo versprach, dass er sich persönlich dieser Probleme annehmen und die Umsetzung meiner Empfehlungen einfordern werde.

Als auf mein Ersuchen Andrzej Chlebowski mit weiteren UNO-Beamten, die in Nigeria stationiert waren, wenige Wochen nach unserer Abreise die Polizeistation in Panti nochmals inspizierte, war der »Folter-Raum« leer. Das Schicksal der drei durch Schussverletzungen schwer verletzten Häftlinge in Lagos blieb jedoch ungeklärt, auch wenn Präsident Obasanjo bei einem weiteren Treffen mit mir im Mai 2007 in Wien seine volle Unterstützung bekräftigte.

Soweit ich informiert bin, dürften wirklich viele der 20 000 bis 25 000 Untersuchungshäftlinge, deren sofortige Entlassung ich gefordert hatte, bald darauf freigekommen sein. Aber zumindest zwei der drei schwer verletzten Häftlinge in der Panti-Polizeistation in Lagos, Bayo Abdur Adekunk und Elijah John, dürften trotz ihrer schnellen Einweisung in ein Krankenhaus kurz darauf gestorben sein. Obwohl mir der Nachfolger von Sunday Ehindero, Generalinspektor Mike Okiro, in einem Schreiben vom 14. September 2007 versicherte, dass die für diese Folterungen und Todesfälle verantwortlichen Beamten strafrechtlich zur Verantwortung gezogen würden, sind mir keine Verurteilungen bekannt.

Solange folternde Beamte mit der Straf- und Folgenlosigkeit ihres Handelns rechnen können, wird es schwer sein, die zur Routine gewordene Praxis der Folter in diesem Land wirksam zu bekämpfen. Neben der Straflosigkeit müsste vor allem auch die alles durchdringende Korruption im Justizsektor bekämpft und eine Menschenrechtskultur in der Polizei verankert werden. Die zwei Beamten, die im sogenannten »human rights desk« am Eingang zu den Zellen in der Polizeistation in Panti ihren Dienst versahen und nichts gesehen haben wollten, sind sicher nicht geeignet, eine Menschenrechtskultur innerhalb der nigerianischen Polizei zu schaffen.

Togo: Erfolgreiche Freilassung von Häftlingen

Wegen schwerer Menschenrechtsverletzungen während der langen Jahre der Militärherrschaft hatte die EU in den 1990er Jahren ihre Entwicklungszusammenarbeit mit Togo suspendiert. Nach blutigen Ausschreitungen im Rahmen der Präsidentschaftswahlen 2005 hatte sich die Lage auf Grund internationalen Drucks allmählich gebessert, und im Jahr 2006 wurde erstmals ein politischer Pakt mit der Opposition geschlossen. In dieser Situation des langsamen Aufbaus demokratischer und menschenrechtlicher Strukturen war die internationale Gemeinschaft besonders an einer unabhängigen Analyse der Menschenrechtssituation interessiert, und die EU hatte sogar eine Aufhebung ihrer Sanktionen signalisiert, wenn mein Bericht zeigen sollte, dass sich die Lage im Bereich der Folter tatsächlich nachhaltig gebessert habe.

Diese Konstellation ist für eine Untersuchungsmission natürlich vorteilhaft, weil auch die Regierung ein großes Interesse an einer unabhängigen Evaluierung hat. Mir wurden im Unterschied zu vielen anderen Missionen keinerlei Prügel in den Weg gelegt. Im Gegenteil, Premierminister Yawovi Madji Agboyibo war so sehr um mein Wohlergehen besorgt, dass er mich mehrmals während unserer Besuche in Gefängnissen anrief, um sich zu vergewissern, dass alles in Ordnung war.

Einmal erreichte mich sein Anruf gerade, als uns Beamte des Geheimdienstes den Zugang zu ihren Häftlingen verwehren wollten. Sie waren einigermaßen erstaunt, als ich ihnen mein Telefon in die Hand drückte und erklärte, sie sollten diese Frage direkt mit dem Premierminister klären. Damit waren alle Probleme ausgeräumt.

Neben den BIM-Mitarbeiterinnen Julia Kozma und Isabelle Tschan begleiteten mich auf dieser Mission auch der dänische forensische Experte Hans-Petter Hougen sowie Birgit Kainz-Labbé, eine österreichische Menschenrechtsexpertin, die neben Safir Syed ab nun im OHCHR für mein Mandat zuständig war und viel Erfahrung aus ihrer früheren Tätigkeit für die OSZE in Zentralasien in unser bewährtes Team einbrachte.

Vergleichsweise bessere Haftbedingungen

Die Situation der Folter hatte sich tatsächlich seit 2005 entscheidend verbessert. Natürlich wurden die Häftlinge von Polizei und Gendarmerie weiterhin verprügelt, um sie einzuschüchtern und aus ihnen Geständnisse herauszulocken, aber besonders brutale Fälle der Folter wie zum Beispiel in Nigeria oder gar eine systematische Praxis wie in Äquatorialguinea konnten wir nicht feststellen. Auch waren die Beamten relativ offen und gaben oft ohne langes Nachfragen zu, dass ihnen bei besonders widerspenstigen Häftlingen schon einmal die Hand auskommen könne.

Die Haftbedingungen in Gefängnissen, Militärkasernen, Polizei- und Gendarmerie-Dienststellen waren, wie in den meisten anderen afrikanischen Staaten, erbärmlich, aber auch hier war ein Bemühen der Regierung festzustellen, die Zeit der Polizeihaft zu verkürzen und die Haftbedingungen zu verbessern. Folglich habe ich auch an die internationale Gemeinschaft und insbesondere an die EU appelliert, im Rahmen ihrer Entwicklungszusammenarbeit entsprechende Maßnahmen zur Reform des Justizwesens und zur Verbesserung der Haftbedingungen zu unterstützen.

Im Unterschied zu vielen anderen Staaten hat Togo in der Strafprozessordnung relativ strikte Bestimmungen über die maximale Länge der Verwahrungshaft durch Polizei oder Gendarmerie. Im Prinzip müssen Häftlinge, die einer Straftat verdächtig sind, binnen 48 Stunden einem Gericht vorgeführt werden. Diese Frist kann von der Staatsanwaltschaft oder vom Gericht aus wichtigen Gründen um weitere 48 Stunden verlängert werden. Obwohl wir in Togo, im Unterschied zu Staaten wie Nigeria, Äquatorialguinea oder Jamaica keine Häftlinge fanden, die sich monate- oder gar jahrelang in Polizeihaft befanden, so konnten die Vernehmungen schon zwei Wochen dauern, ohne dass ein Gericht oder die Staatsanwaltschaft kontaktiert worden wäre. Da auch die Haftregister relativ ordentlich geführt wurden, wollten wir dieser Praxis, die natürlich der Anwendung von Folter Vorschub leistet, ein wenig auf den Zahn fühlen.

Der befreite Hühnerdieb

Am 14. April 2007 besuchten wir einen kleinen Gendarmerie-Posten in Sokodé im Landesinneren. Die Zellen waren extrem heiß, dunkel, schmutzig, stickig, übelriechend und von Moskitos und Insekten verseucht. Darin fanden wir drei eingeschüchterte, völlig nackte Männer. Der Kommandant versicherte uns, dass er nur eine Weisung befolgt habe, wonach er den Häftlingen alle Kleidungsstücke abnehmen müsse, um sie vor Selbstmord zu schützen. Das ist übrigens eine Argumentation, die ich nicht nur in Togo hörte, um die erniedrigende Praxis zu rechtfertigen, den Frauen den Büstenhalter und Männern sogar die Unterhosen wegzunehmen.

Zwei Häftlinge waren bereits länger als 48 Stunden hier, und einer behauptete auch, mit einer Lederpeitsche geschlagen worden zu sein, bis er zugab, ein Huhn gestohlen zu haben. Die Eintragungen im Haftregister bestätigten, dass die 48-Stunden-Frist bereits verstrichen war. Also fragten wir den Kommandanten, warum der junge Mann noch nicht entlassen worden sei. Er erwiderte, dass der Staatsanwalt die Frist verlängert habe. Ob er uns die dafür notwendige schriftliche Ermächtigung zeigen könne, wollten wir wissen. Nein, er habe nur mit dem Staatsanwalt telefoniert. Folglich wollten auch wir mit dem Staatsanwalt telefonieren, um seine Angaben überprüfen zu können, aber natürlich funktionierte genau in diesem Moment das Telefon nicht. Wo wir den Staatsanwalt treffen könnten? Er sei um diese Zeit gewöhnlich nicht mehr im Dienst. Ob wir ihn dann zu Hause aufsuchen könnten, begann ich zu drängen.

Es stellte sich heraus, dass das Haus des Staatsanwalts nicht weit vom Gendarmerie-Posten entfernt war, so dass wir ihm am späten

Nachmittag gemeinsam mit dem Gendarmerie-Kommandanten einen Kurzbesuch abstatteten. Der Staatsanwalt war nicht wenig überrascht, als wir mit zwei UNO-Geländewagen und einem Gendarmerie-Fahrzeug bei ihm daheim aufkreuzten. Wir wollen nicht lange stören, entschuldigte ich mich, sondern nur gerne wissen, wann er die Verlängerung der Verwahrungshaft für einen 22-jährigen Hühnerdieb namens Amayi Béindoune angeordnet habe. Zuerst blickte er mich ungläubig an, dann lange den Gendarmerie-Kommandanten, der kein Wort herausbrachte. Dann begann er zu schreien.

Zuerst dachte ich, dass seine Wut auf mich gerichtet sei und er sich darüber empöre, dass ich ihn wegen so einer Lappalie in seiner verdienten Nachmittagsruhe störe; denn er war schließlich nur mit Unterwäsche bekleidet. Aber nein, er schrie den Gendarmerie-Kommandanten an. Was diesem denn einfalle, die Damen und Herren der UNO einfach frech anzulügen? Er habe noch nie von diesem Hühnerdieb gehört, wisse daher gar nicht, dass dieser in Haft sei. Auch sei er schon sehr lange nicht mehr von der Gendarmerie wegen einer Haftverlängerung kontaktiert worden. Eine solche müsse natürlich schriftlich erfolgen. Aber wegen eines Hühnerdiebes würde er keinesfalls eine Verlängerung der Haft autorisieren.

Um diesem Wutausbruch – ob gespielt oder ehrlich – ein Ende zu setzen, fragte ich zwischendurch, ob ich in offensichtlicher Ermangelung einer Haftverlängerung von seiner Seite dann recht in der Annahme ginge, dass der junge Mann unverzüglich freizulassen sei. Natürlich, schrie er, noch immer an den schon ziemlich eingeschüchterten Gendarmerie-Kommandanten gewandt. Ob wir diese Weisung auch schriftlich haben könnten. Mit Vergnügen, schmunzelte er und drückte uns ein handgeschriebenes Blatt Papier in die Hand.

Mit dieser Entlassungsanordnung eilten wir zurück und erzählten dem jungen Mann, dass er seine Sachen packen könne. Doch der Gendarmerie-Kommandant meinte, es sei schon beinahe Abend, und alle Papiere für die Entlassung vorzubereiten, würde schon eine ganze Weile dauern, so dass es ratsamer wäre, wenn er erst morgen nach Hause ginge. Das wollten wir aber nicht mehr akzeptieren. Wir würden die Entlassung selbst überwachen und erreichten schließlich, dass die bürokratischen Formalitäten nicht länger als eine halbe Stunde dauerten.

Der junge Mann war ebenso verdutzt wie der Gendarmerie-Kommandant, als wir ihn auch noch einluden, ein Stück mit uns zu fahren, bis wir außer Sichtweite der Gendarmen waren. Wir waren alle nicht sicher, ob ihn die Gendarmen nicht schnell wieder einfangen und ob dieser Schmach ordentlich verprügeln würden. Also gaben wir ihm ein bisschen Geld für ein Taxi und unsere Telefonnummern, falls etwas passieren sollte. Er rief uns noch am selben Abend und auch jeden folgenden Tag an, um uns freudig mitzuteilen, dass er nicht mehr von der Gendarmerie belästigt worden sei. In seinem Dorf wüssten nun alle, welch hervorragende Institution die Vereinten Nationen seien.

Wir freuten uns ebenfalls über diesen unerwarteten Erfolg und wandten dieselbe Methode auch in anderen Polizei- und Gendarmerie-Stationen an. Insgesamt dürften wir knapp 20 Menschen dadurch die Haft verkürzt haben. Aber in der Zwischenzeit hatte sich unser Kommen herumgesprochen, und wir durften die länger als 48 Stunden Angehaltenen auch mitnehmen, ohne vorher eigens den Staatsanwalt aufzusuchen.

Sri Lanka: Die perfekte PR-Strategie

Ich hatte Sri Lanka bereits im Oktober 1999 in offizieller UNO-Mission als Mitglied der Arbeitsgruppe über Verschwundene besucht. Diese Mission war insofern erfolgreich, als wir in zähen Verhandlungen die Regierung und die Familien verschwundener Personen davon überzeugen konnten, einem Kompromiss zuzustimmen, der den Familien finanzielle Unterstützung und soziale Leistungen im Gegenzug für ihr Einverständnis zu gerichtlichen Todeserklärungen brachte. Auf diese Weise konnten wir damals in mehr als 4000 Fällen das Schicksal von Verschwundenen »klären«.

Um ein gutes Image bemüht

Als ich die Regierung im Jahr 2006 wieder um eine Einladung für eine Folter-Untersuchungsmission ersuchte, war ich trotzdem nicht sehr optimistisch. Denn der bewaffnete Konflikt mit den »Liberation Tigers of Tamil Eelam« (LTTE) hatte sich verschärft, und das unter norwegischer Vermittlung 2002 erreichte Waffenstillstandsabkommen war so gut wie zusammengebrochen. Die Regierung und das Militär hatten entschieden, dass sie den Konflikt mit der LTTE nicht mehr im Wege von Verhandlungen, sondern durch einen militärischen Sieg für sich entscheiden wollten, was ihnen letztlich auch gelang.

In dieser Zeit war die Regierung sehr um ein gutes Image in der Öffentlichkeit bemüht und reagierte ungemein harsch auf jede Kritik von außen, insbesondere von den Vereinten Nationen. Was sich die UNO-Hochkommissarin für Menschenrechte, Louise Arbour, oder der stellvertretende Generalsekretär für humanitäre Angelegenheiten, Sir John Holmes, wegen ihrer durchaus zutreffenden Kritik von Mitgliedern der Regierung nachsagen lassen mussten, war weit außerhalb der diplomatischen Courtoisie. Andererseits hatte Sri Lanka großes Interesse, im neu gegründeten

Menschenrechtsrat eine wichtige Rolle zu spielen. Es grenzte an eine diplomatische Meisterleistung, dass ein Vertreter eines Staates, der wegen schwerer und systematischer Menschenrechtsverletzungen im Kreuzfeuer der Kritik stand, zum Vizepräsidenten des Menschenrechtsrats gewählt wurde. Da damit aber natürlich die Glaubwürdigkeit dieses Gremiums untergraben wurde, musste sich Sri Lanka verpflichten, eng mit dessen Experten zu kooperieren. Dies dürfte der Hauptgrund dafür sein, dass ich meine Mission ohne langwierige Vorverhandlungen im Oktober 2007 durchführen konnte.

Im Gegensatz zu anderen Repräsentanten der Vereinten Nationen wurde ich von der Regierung sowohl während meiner Mission als auch danach mit großer Zuvorkommenheit behandelt. Ich wurde bei dieser schwierigen Mission von einem bestens bewährten Team, bestehend aus Safir Syed (Genf), den BIM-Expertinnen Julia Kozma und Isabelle Tschan und dem schottischen forensischen Experten Derrick Pounder unterstützt.

Eine beinahe abgebrochene Mission

Trotz der fragilen Sicherheitslage konnten wir uns relativ frei und unbeobachtet im Land bewegen und besuchten neben der Region um die Hauptstadt Colombo auch den Süden (Galle), Osten (Trincomalee) und das Zentrum (Kandy) des Inselstaates. Nur ein Besuch in den von der LTTE kontrollierten Gebieten im Norden – zum Zeitpunkt meines Besuches befand sich das Hauptquartier der LTTE in Kilinochi – wurde uns von der Regierung trotz ihrer ursprünglichen Zusage und einer ausdrücklichen Einladung der LTTE-Führung letztlich verwehrt. Es blieb mir schließlich nichts anderes übrig, als diese Entscheidung der Regierung zu akzeptieren, doch bedeutete dies auch, dass wir Foltervorwürfe gegen die LTTE nicht vor Ort untersuchen konnten und ich mich daher jeglicher Beurteilung der LTTE enthielt.

Eine zweite Bedingung, die mir die Regierung nach meiner Ankunft in Colombo aufzwingen wollte, lehnte ich aber entschieden ab. Angesichts der angespannten militärischen Situation und der ständigen Gefahr von Terrorangriffen wollte mir die Regierung für die gesamte Zeit meiner Mission drei Leibwächter zur Seite stellen, die mich überallhin begleiten sollten. Dies hätte natürlich jeden unangekündigten Besuch ad absurdum geführt. Am Beginn konnte ich mich nicht einmal in meinem Hotel ohne die Anwesenheit dieser Personen frei bewegen. Als sie sich auch noch in das UNO-Auto drängen wollten, wurden sie von unserem französischen UNO-Sicherheitsbeamten Jean-Louis Dominguez kurzerhand aus dem Wagen geworfen.

Es kostete uns knapp zwei Tage Verhandlungen mit Mahinda Samarasinghe, dem »Minister of Disaster Management and Human Rights« (das Portfolio dieses Ministeriums sagt viel über den Stellenwert der Menschenrechte in Sri Lanka aus; wir nannten ihn immer scherzhaft »Minister of Human Rights Disaster Management«), bis wir ihn endlich davon überzeugten, dass ich die Mission absagen müsste, wenn ich weiter so unter Beobachtung der Regierung stünde. Sollte uns etwas zustoßen, so wäre das ausschließlich meine eigene Verantwortung, meinte er abschließend.

Um ihn zu beruhigen, stellte uns die UNO noch einen weiteren höchst erfahrenen und nicht nur wegen seiner hünenhaften Gestalt eindrucksvollen Sicherheitsbeamten, Godfrey Gunasekera, zur Verfügung. Er hatte lange die Polizeiakademie von Sri Lanka geleitet und selbst die höchsten Polizeibeamten hatten deutlichen Respekt vor diesem angesehenen Mann.

Lob trotz scharfer Kritik

Dass Folter in Sri Lanka weit verbreitet war, daran bestand kein Zweifel. Da sie aber im normalen Strafprozess weniger häufig angewendet zu werden schien, als ich ursprünglich auf Grund von NGO-Berichten und anderen Quellen erwartet hatte, konnte ich in meinem Bericht letztlich nicht von systematischer Folter, wie beispielsweise in Nepal, sprechen.

Diesen feinen Unterschied – systematische Folter ist die schärfste Form der Verurteilung eines Staates und müsste im Prinzip zum Ausschluss eines Staates aus dem Menschenrechtsrat, eventuell auch zur Einsetzung eines länderspezifischen Sonderberichterstatters führen – hat die Regierung in ihrer PR-Strategie geschickt ausgenutzt. Obwohl ich hinsichtlich der Behandlung von Tamilen und insbesondere jenen, die einer LTTE-Mitgliedschaft verdächtigt wurden, von besonders brutalen Foltermethoden und einer routinemäßigen Anwendung dieser Verhörmethoden durch das Militär und Spezialeinheiten wie das »Terrorist Investigation Department« (TID) berichtete, pries die Regierung in den Medien und im UNO-Menschenrechtsrat die Objektivität meines Berichts und wurde nicht müde zu betonen, der Sonderberichterstatter über Folter hätte eben im Unterschied zu den vielen falschen Anschuldigungen keine systematische Folter festgestellt.

Zur Präsentation meines Berichts in Genf waren neben dem »Human Rights Disaster Management«-Minister Samarasinghe drei weitere Minister angereist, die mich alle sehen wollten, um mir für die Professionalität des Berichts zu danken. Der Verteidigungsminister lud mich sogar ein, seine Offiziere in Anti-Folter-Techniken zu trainieren.

Schwerste Folter dokumentiert

Allmählich begannen wir zu befürchten, dass die wahre Situation in Sri Lanka möglicherweise doch viel schlimmer sei, als wir sie bei unserer Mission wahrgenommen und in meinem Bericht beschrieben hatten. Also las ich den Bericht nochmals aufmerksam durch und fand genaue Beschreibungen der brutalsten Foltermethoden, die man sich vorstellen kann: Verbrennungen mit Lötkolben und einem erhitzten Metall am ganzen Körper, Aufhängen in verschiedenen Positionen (»strappado«, »butchery«, »reversed butchery« »parrot's perch«) einschließlich an den beiden mit einem Draht zusammengebundenen Daumen (Derrick Pounder meinte, dass er dieser extrem schmerzhaften Methode noch in keinem anderen Land begegnet sei), verschiedenste Formen von Schlägen einschließlich auf die Fußsohlen (»falaqa«), Quetschen und Schlagen der Hoden und andere Formen sexueller Folter. Die Versuche der Behörden wie des TID, Häftlinge vor uns zu verstecken, waren ebenso genau dokumentiert wie Repressalien gegenüber den Häftlingen, die den Mut hatten, mit uns zu sprechen.

Ich glaube daher nicht, dass der Bericht, wenn man ihn in seiner Gesamtheit liest, zu unkritisch geschrieben ist. Im Gegenteil, es gibt kaum ein Land, wo ich so viele Fälle brutalster Folter genau dokumentiert habe. Aber die PR-Strategie der Regierung, immer nur zu betonen, ich hätte keine systematische Folter gefunden, und gleichzeitig zu demonstrieren, wie gut die Zusammenarbeit mit mir wäre, ging auf: Sri Lanka wurde nicht aus dem Menschenrechtsrat ausgeschlossen und die vielen Versuche von NGOs und einzelnen Staaten, einen länderspezifischen Sonderberichterstatter zur Untersuchung der gesamten Situation schwerer und systematischer Menschenrechtsverletzungen in diesem Land einzusetzen, waren auch nach der militärischen Vernichtung der LTTE und der folgenden schlimmsten Zeit der Verfolgung von Tamilen nicht von Erfolg gekrönt.

Als die EU schließlich im Mai 2009 eine Sondersitzung des UNO-Menschenrechtsrats zu Sri Lanka durchsetzte, nützte dies die Regierung sogar noch zu ihrem eigenen Vorteil. Die schweren Menschenrechtsverletzungen, so befand die Mehrheit der Staaten im Rat nach erfolgreichem Lobbying durch Sri Lanka, wären gar nicht vom singhalesischen Militär oder der Polizei begangen worden, sondern von den aufständischen Tamilen!

Indonesien: Drei »smoking guns« gefunden

In unserem internen fact-finding-Jargon haben wir jene Situationen, in denen wir Folterungen unmittelbar beobachten konnten, also den Folterknechten quasi bei der Arbeit direkt über die Schulter schauten, »smoking guns« genannt. Eigentlich sollten solche Situationen nicht vorkommen. Denn der Termin meiner Untersuchungsmissionen wird ja mit der jeweiligen Regierung ausverhandelt. Daher gehe ich davon aus, dass die Regierung die Verantwortlichen aller relevanten Dienststellen (Polizei, Militär, Geheimdienste, Justiz, Gefängnisse, Psychiatrie etc.) über die Zeit der Mission und die uns eingeräumten Untersuchungsrechte informiert. Ich gehe weiters davon aus, dass die Verantwortlichen ihre Mitarbeiter anweisen, mit uns zu kooperieren, um keinen Anlass zu Beanstandungen zu geben, also zumindest in dieser Zeit von Folterungen Abstand zu nehmen. Das bedeutet natürlich nicht und wurde auch bei meinen Missionen bewiesen, dass alle Spuren der Folter sofort beseitigt werden können. Aber dass die Tatwaffe noch »rauchen« könnte, hatte ich nicht erwartet.

Auch bei meiner Mission in Indonesien im November 2007 wurde ich von einem bestens bewährten Team, bestehend aus Birgit Kainz-Labbé (Genf), Isabelle Tschan und Roland Schmidt (BIM), sowie unserem forensischen Experten aus Portugal, Duarte Vieira, begleitet. Wir fanden gleich drei »smoking guns«, wobei diese Situationen immer zu besonderen und in der Regel schwer lösbaren Problemen und zu Gewissenskonflikten führten.

In einer Polizeistation in Jakarta

In einer großen Polizeistation im Osten Jakartas fanden wir 73 Häftlinge, von denen die meisten angaben, während des Verhörs geschlagen worden zu sein. Einige hatten deutlich sichtbare Spuren von Misshandlungen aus jüngster Zeit, die von Duarte

Vieira im Detail dokumentiert wurden. Die Verhöre fanden aber in der Regel nicht im Zellentrakt, sondern in speziell dafür eingerichteten Vernehmungsräumen oder einfach in den Büros der Kriminalbeamten statt, die wir uns von den Häftlingen meist genau beschreiben oder skizzieren ließen. Das dient zum einen der Überprüfung der Angaben der Häftlinge, zum anderen der Suche nach den Folterwerkzeugen, die oft gar nicht so schwer zu finden sind.

Als wir die Tür zu einem der Verhörräume in der Suchtgiftabteilung öffneten, war die Einvernahme eines verdächtigen Drogenhändlers gerade im Gang. Sein Gesicht war ziemlich geschwollen, sein Auge blutunterlaufen, und auch an anderen Stellen seines Körpers fanden wir später deutliche Hinweise auf Schläge. Als wir den Kriminalbeamten aufforderten, den Raum zu verlassen, realisierte das Folteropfer plötzlich die Brisanz der Situation und versuchte uns weiszumachen, dass er ja gar kein Häftling, sondern ein guter Bekannter des Beamten sei, der nur zu Besuch hier sei. Dabei hatte er in seiner Angst offensichtlich übersehen, dass er nicht nur geschwollen, sondern mit Handschellen an einen Stuhl fixiert war. Nach Klärung der Situation verließ der Beamte den Raum, wir befragten und untersuchten den Häftling, wobei seine Aussagen über die erlittenen Schläge durch die medizinische Untersuchung bestätigt wurden.

Aber was nun? Er hatte nämlich große, und wahrscheinlich nicht völlig unbegründete, Angst, dass er, sobald wir das Gebäude verlassen hätten, neuerlich verprügelt würde. Da in dem Interview deutlich wurde, dass auch der Vorgesetzte des Kriminalbeamten, also der Leiter der Kriminalpolizei, direkt in die Folterungen involviert war, hätte es wenig Sinn gemacht, diesen zu ersuchen, von Repressalien Abstand zu nehmen. Also drängte ich die Beamten, ihn freizulassen, was diese aber mit Verweis auf seine angebliche Rolle im Drogenhandel ablehnten. Es blieb uns also nichts anderes übrig, als mit dem Polizeichef persönlich zu sprechen, der uns natürlich zusicherte, dass es keinerlei Repressalien geben werde, und zu hoffen, dass er zu seinem Wort stehen würde.

Im Polizeihauptquartier von Yogyakarta

Im Polizeihauptquartier von Yogyakarta wurden wir von den anwesenden Beamten geradezu feindlich empfangen. Es dauerte geraume Zeit, bis uns überhaupt Zugang zu den Zellen gewährt wurde. Immer wieder versuchten die Beamten, uns bei diesen Gesprächen mit immer höherrangigen Polizeioffizieren vom Zellentrakt wegzulocken, offensichtlich um die Häftlinge für unsere Interviews vorzubereiten und ihnen Repressalien anzudrohen, falls sie es wagen sollten, uns ihre Verletzungen zu zeigen.

Die acht Zellen waren um einen quadratischen Innenhof herum angeordnet, in den die Beamten von außen Einsicht hatten. Wir bemerkten sofort, dass viele der 48 Häftlinge frische Wunden hatten. Aber sie hatten große Angst, mit uns zu reden, da die Beamten immer wieder hereinschauten, um zu kontrollieren, mit wem wir gerade sprachen. Meine wiederholten Aufforderungen an den Polizeikommandanten, dafür zu sorgen, dass unsere Interviews von seinen Beamten weder belauscht noch beobachtet werden, provozierten nur eine noch aggressivere Stimmung. Ich ersuchte zwei Mitglieder meines Teams, außerhalb der Zellen zu bleiben, um die Beamten daran zu hindern, während unserer Interviews in den Hof zu schauen, aber sie ließen sich nicht davon abhalten und versuchten sogar immer wieder, den Hof zu betreten.

Also blieb uns nichts anderes übrig, als mit allen Häftlingen ungefähr gleich lang zu sprechen, damit aus der Länge der Interviews keine Schlüsse auf die Bedeutung des Interviews und damit indirekt auf vorgebrachte Foltervorwürfe gezogen werden konnten. Auch ersuchte Duarte Vieira alle Häftlinge gleichermaßen, den Oberkörper freizumachen, aber gerade jene, deren Körper deutliche Spuren von erst kürzlich erfolgten Misshandlungen aufwiesen, hatten große Angst, sich untersuchen zu lassen. Manche Verletzungen zeigten, dass die Folterungen hier ziemlich brutal waren. Zum Teil fanden wir sogar die uns aus Nigeria bekannten Verletzungen in den Beinen, die durch Schuss aus kurzer Distanz entstehen.

Die Häftlinge beschrieben uns genau die Büroräume, in denen sie gefoltert worden waren. Aber die Beamten wollten uns den

Zugang zu den Büros der Kriminalbeamten mit der Begründung verwehren, dass mein UNO-Mandat nur die Inspizierung von Häftlingen und Hafträumen, nicht jedoch der Büros der Beamten umfasste. Dass die Häftlinge auch während des Verhörs weiterhin ihrer persönlichen Freiheit beraubt waren, wollten sie nicht gelten lassen. Wiederum musste ich meine gesamte Autorität als Sonderberichterstatter aufwenden, um mich schließlich doch in den Büros und Verhörräumen umsehen zu können, aber wir wurden auf Schritt und Tritt von Beamten begleitet.

Plötzlich stießen wir in der Suchtgiftabteilung auf einen jungen Mann, der unmittelbar vor unserem Eintreffen von vier Polizisten, deren Identität wir überprüften, mit einer Eisenstange und einem Plastikschlauch schwer geschlagen worden war. Auch seine Freundin, die gemeinsam mit ihm festgenommen worden war und seine Schreie aus dem Nebenraum mit anhören musste, bezeugte die Folterungen. Sie war völlig verängstigt und verstört, ihre Aussagen wurden immer wieder durch Weinkrämpfe unterbrochen. Als wir den Folterraum betreten wollten, entspann sich erneut ein lautes Streitgespräch mit dem Chef der Suchtmittelabteilung.

Im Folterraum fanden wir die Instrumente genauso vor, wie sie der junge Mann beschrieben hatte. Insbesondere der Plastikschlauch hatte eine ganz besondere Form, und Duarte Vieira hatte sich bei der medizinischen Untersuchung des Mannes gewisse Wunden nicht erklären können. Aber nun zeigte sich, dass die Form des weißen Plastikschlauches völlig ident mit den Spuren der Schläge auf dem Oberkörper des jungen Mannes war.

Nun machten auch die vier Folterbeamten keinerlei Anstrengungen mehr, etwas abzustreiten. Die Situation war allzu offensichtlich, wir brauchten keine zusätzlichen Beweise mehr. Aber die Beamten waren extrem verärgert, dass wir sie unmittelbar bei ihrer offensichtlich routinemäßig praktizierten Folter gestört hatten, und das junge Paar flehte uns an, sie zu beschützen. Aber wie?

Unser Drängen, die beiden freizulassen, nützte nichts. Isabelle Tschan bot sogar an, zum Schutz dieser beiden Menschen gegen Repressalien eine Nacht mit diesen in Polizeihaft zu verbringen.

Aber die Zeit drängte, wir mussten zurück nach Jakarta. Wieder blieb mir nichts anderes übrig, als den Polizeichef eindringlich daran zu erinnern, dass jede Form von Repressalien gegenüber Häftlingen, die uns zu Ohren kommen würden, zu seiner sofortigen Entlassung führen könnten, worauf er mir sein Ehrenwort in Anwesenheit des jungen Paares gab. Dass dieses Ehrenwort angesichts der gesamten Atmosphäre von Angst und Gewalt in dieser Polizeistation nicht viel wert war, davon war das junge Paar ebenso überzeugt wie wir. Ihre verängstigten Augen beim Abschied schmerzten mich.

Das gesamte Team war bedrückt, als wir uns mit großer Verspätung auf den Weg zum Flughafen machten. Beim Rückflug nach Jakarta hatten wir eine lange Grundsatzdiskussion über die Möglichkeiten und Grenzen meines Mandats. War es wert, diese beiden jungen Menschen erneut in Gefahr zu bringen, nur weil ich ein weiteres Beispiel offensichtlicher Folter so gut wie möglich dokumentieren wollte?

Im Polizeihauptquartier in Wamena

Neben dem dicht besiedelten Java besuchten wir auch die Inseln Sulawesi und Bali sowie West-Papua (Irian Jaya), wo wir auch in das unwegsame Hochland flogen, das auf dem Landweg noch nicht zugänglich ist. Die dort lebenden indigenen Völker sind von den »Segnungen« der westlichen Zivilisation noch weitgehend verschont geblieben und führen einen politischen und zum Teil bewaffneten Kampf gegen die Kolonisation durch Indonesien. Ihr Rechtssystem ist wie jenes im benachbarten Papua-Neuguinea noch stark von traditionellen, gewohnheitsrechtlichen Vorstellungen geprägt. Neben jeder größeren Polizeistation gibt es eigene, von einem Teich umgebene »runde Tische«, an denen Rechtsstreitigkeiten zwischen den Familien oder Volksgruppen mit Hilfe der Vermittlung der Polizei geschlichtet werden sollen. Eine strenge Trennung zwischen Zivil- und Strafrecht gibt es dabei nicht, und auch relativ schwere Delikte wie Raub, Vergewaltigung, Körperverletzung oder sogar

Mord können, wenn die Familie des Opfers damit einverstanden ist, durch entsprechende Zahlungen (als besonders wertvolles Zahlungsmittel gelten Schweine) beigelegt werden.

Als wir das Polizeihauptquartier in Wamena im Hochland von West-Papua betraten, wurde Roland Schmidt in einem Raum gleich neben dem Eingang Zeuge dieser »Vermittlungsarbeit« der Polizei. Ein junger und kräftiger Mann namens Beremius Wanimbo war von einer anderen Familie in einem entlegenen Dorf beschuldigt worden, ein 13-jähriges Mädchen dieser Familie vergewaltigt zu haben. Daraufhin hatten ihn die Familienältesten mit Gewalt zum Polizeihauptquartier in Wamena gebracht. Die Familie und die Polizei schlugen vor, dass dieser Streit mit einer Zahlung von umgerechnet 50 US-Dollar an die Familie des Opfers beigelegt werden könnte. Da der junge Mann vehement bestritt, diese Tat begangen zu haben, musste er seinen Oberkörper entblößen, und drei Polizisten unter der Leitung ihres Vorgesetzten Erwin B. begannen, ihn zu schlagen und zu treten. Kurz bevor wir die Polizeistation betraten, hatte ihm auch noch das Oberhaupt der anderen Familie einen kräftigen Faustschlag ins Gesicht versetzt, so dass er aus Nase und Mund blutete. Das mutmaßliche Opfer der Vergewaltigung stand verschreckt in einer Ecke des Raumes. Die Situation war so offensichtlich, dass niemand leugnete, was vorgefallen war.

Wir interviewten zuerst Beremius Wanimbo, der immer wieder in Tränen ausbrach und am ganzen Körper zitterte. Die medizinische Untersuchung durch Duarte Vieira ergab eindeutig, dass die Wunden von den eben zuvor zugefügten Schlägen stammten. Da der Polizeichef nicht anwesend war, gingen wir mit Erwin B. und den anderen drei Prügelpolizisten zum Chef der Kriminalpolizei, um ihn von dem Vorfall zu unterrichten und zu fragen, was er zu unternehmen gedenke. Er meinte, wir sollten auf das Eintreffen des Polizeichefs warten, der bereits benachrichtigt worden sei.

Kurz darauf erschien der Chef. Er hörte sich meinen Bericht genau an, der von den vier Polizisten bestätigt wurde. Dann erhob er sich und setzte zu einer langen Rede an. Ich müsse wohl von

Gott geschickt worden sein. Denn in all den vielen Jahren, in denen er hier Kommandant war, sei es noch nie vorgenommen, dass einer seiner Beamten jemanden misshandelt hätte. Und ausgerechnet an dem einzigen Tag, wo so etwas Ungeheuerliches passiert sei, würde ich hier mit meinem Team aufkreuzen. Er sei ein sehr gläubiger und gottesfürchtiger Mensch, der jede Form von Gewalt zutiefst verabscheue. Er danke Gott aus tiefstem Herzen dafür, dass er mich gerade an diesem denkwürdigen Tag nach Wamena geschickt habe. Um mich nicht weiter in diese religiösen Überlegungen zu vertiefen, fragte ich ihn, welche Maßnahmen er nun zu treffen gedenke. Er wiederholte, so etwas sei noch nie vorgekommen, aber er werde sofort eine interne Untersuchung des Vorfalls einleiten und die notwendigen disziplinären Maßnahmen ergreifen.

Ich dankte ihm, und wir fuhren mit Beremius Wanimbo, dem 13-jährigen Mädchen und zwei Polizisten zum nahegelegenen Krankenhaus, um beide untersuchen und behandeln zu lassen. Die diensthabende Ärztin erklärte mir, dass die Polizei regelmäßig mit verletzten Häftlingen ins Krankenhaus komme, um diese Verletzungen dokumentieren zu lassen, aber diese medizinischen Dokumente würden nie an die Opfer, sondern immer nur an die Polizei übergeben. Es kostete mich einige Überzeugungsarbeit, sie dazu zu veranlassen, mir ebenfalls eine Kopie zu geben. Sie schien durch die beiden Beamten eingeschüchtert und von der gesamten Situation etwas überfordert zu sein. Bei dem Mädchen konnte sie keine Verletzungen feststellen, aber eine Vergewaltigung auch nicht mit Sicherheit ausschließen. Sie wollte Beremius Wanimbo, der immer noch ziemlich verstört war, keinesfalls im Krankenhaus behalten, verarztete ihn nur notdürftig und war froh, ihn möglichst schnell wieder an die Polizei übergeben zu können. Meine Frage, ob sie auch in anderen Fällen Misshandlungen durch die Polizei festgestellt habe, wollte sie keinesfalls beantworten. Obwohl wir nicht sicher sein konnten, ob Beremius Wanimbo das Mädchen wirklich vergewaltigt hatte oder nicht, wollte ich ihn dennoch nicht über Nacht bei der Polizei lassen und ersuchte daher den

Polizeichef, ihn freizulassen. Dieser hätte mir als Abgesandten Gottes wohl jede Bitte mit großer Zuvorkommenheit erfüllt und willigte daher sofort ein. Die Disziplinaruntersuchung war noch in vollem Gange, als wir schließlich gegen Abend mit Beremius Wanimbo die Polizeistation verließen. Er wusste nicht so recht, wie ihm geschah, und mir war auch nicht ganz wohl bei dem Gedanken, in derart massiver Weise in den Gang der traditionellen Strafrechtspflege eingegriffen zu haben und möglicherweise einen Vergewaltiger vor seiner »gerechten« Strafe beschützt zu haben. Aber auch das Mädchen, das die gesamte Zeit kein Wort gesagt hatte und auch mit uns nicht reden wollte, schien froh, als er weg war.

Am nächsten Morgen kehrten wir nochmals unangekündigt in das Polizeihauptquartier zurück. Die vier Polizisten waren tatsächlich verwarnt und zu 21 Tagen Disziplinarhaft verurteilt worden. Erwin B. als der ranghöchste Offizier war zusätzlich für ein Jahr von allen Vergünstigungen ausgeschlossen worden. Die strafrechtlichen Untersuchungen wegen Folter seien noch im Gange, erklärte uns der Polizeichef stolz. Wir besuchten auch Erwin B. in seiner Disziplinarzelle. Er war etwas geknickt, versicherte uns aber, dass keinerlei Gewalt gegen ihn angewendet worden sei. Was er nicht verstehe, sei nur, warum gerade bei diesem im Vergleich zu anderen Situationen ausgesprochen milden Fall der Anwendung von Gewalt zur »Wahrheitsfindung« so ein unverhältnismäßig großer Aufwand betrieben worden sei. Wir meinten, das müsse wohl mit unserer Anwesenheit zusammenhängen, was uns in seinen Augen nicht unbedingt sympathischer machte. Jedenfalls sei diese Disziplinarstrafe weit übertrieben, versicherte er uns beim Abschied, schien aber nicht mehr wirklich böse auf uns zu sein. Es sei nett, dass wir uns auch um sein Wohlbefinden gekümmert hätten.

Dänemark und Grönland: Das Prinzip der Normalität

Dänemark einschließlich Grönland ist der einzige von 18 untersuchten Staaten, in dem wir weder vor noch während unserer Mission im Mai 2008 einen Vorwurf der Folter erhalten und auch sonst keinerlei Hinweise auf Folter gefunden haben. Selbst die drei leichten Misshandlungsvorwürfe von Häftlingen waren eher unglaubwürdig, wurden aber dennoch von der Regierung sehr ernst genommen und sofort untersucht. Das Beispiel Dänemarks zeigt, dass es sehr wohl möglich ist, Folter auszurotten, wenn der dafür notwendige politische Wille dafür gegeben ist und eine entsprechende Menschenrechtskultur in der Polizei und im Gefängniswesen gefördert wird. Neben Safir Syed und Isabelle Tschan wurde ich diesmal von dem forensischen Experten Jonathan Beynon begleitet, der allerdings sehr wenig zu tun hatte.

Prävention und Resozialisierung statt Vergeltung

Ebenso beeindruckend wie die Abwesenheit von Folter waren die hohen Menschenrechtsstandards in den Gefängnissen und anderen Hafteinrichtungen einschließlich der Schubhaft. Das dänische Haftsystem wird seit vielen Jahren vom »Prinzip der Normalität« geleitet, wonach das Leben hinter Gittern so weit wie möglich jenem in Freiheit, also dem normalen Leben, angeglichen werden soll. Während in vielen Ländern der Welt Häftlinge nach eigener Einschätzung »schlechter als Tiere« behandelt und ihnen so gut wie alle Menschenrechte und ein Leben in Würde abgesprochen werden, gelten sie in Dänemark als »Klienten«.

Der Freiheitsentzug sei ohnehin schlimm genug, so dass die Gefängnisverwaltung es als ihre Aufgabe ansehe, den »Klienten« das Leben in Haft so angenehm wie möglich zu gestalten, während in den meisten von mir besuchten Ländern genau das Gegenteil der Fall war. Dies sei nicht nur im Interesse der »Klienten«, sondern auch im Interesse der Gefängnisleitung, denn zufriedene Häftlinge würden weniger Probleme verursachen, nicht ausbrechen, keinen Hungerstreik beginnen, sich nicht selbst beschädigen und weniger Gewalt gegenüber anderen Häftlingen oder dem Gefängnispersonal ausüben. Besser lässt sich der Gegensatz zwischen dem Vergeltungsstrafrecht und einem an den Prinzipien der Prävention und der Resozialisierung von Straftätern orientierten modernen Strafrecht kaum illustrieren.

Offene Gefängnisse

Das »Prinzip der Normalität« bedeutet erstens, dass Gefängnisse so offen wie möglich geführt werden. In Grönland gibt es kein einziges wirklich geschlossenes Gefängnis, sondern die Häftlinge verlassen das Gefängnis wie andere Menschen ihre Wohnung in der Früh, um zur Arbeit zu gehen, sich weiterzubilden oder sonstige »normale« Tätigkeiten zu verrichten. Am Abend kehren sie dann in ihre Unterkunft im Gefängnis zurück. Wirklich »eingesperrt« sind sie nur aus besonderem Anlass, etwa Untersuchungshäftlinge wegen Verdunkelungsgefahr (die nicht selten über längere Zeit in völliger Isolationshaft gehalten werden) oder Strafhäftlinge, über die eine Disziplinarstrafe verhängt wurde. Nur schwere Sexualstraftäter, die öfters rückfällig wurden, müssen in eine Sonderanstalt nach Dänemark verlegt werden, weil es in den offenen Gefängnissen Grönlands eben keinen Platz für sie gibt. Aber auch in Dänemark selbst gibt es nur wenige wirklich geschlossene Strafvollzugsanstalten, und ein regelmäßiger Ausgang während der Haft, um Familie oder Freunde zu besuchen, fördert die spätere Resozialisierung der Häftlinge und verringert damit die Rückfallquote.

Geschlossene Gefängnisse

Auch geschlossene Gefängnisse sind im Inneren so offen wie möglich. Das bedeutet, dass die Häftlinge so gut wie nie in Zellen eingesperrt sind. Sie schlafen in der Regel in Einbettzimmern, zum Teil sogar in kleinen Apartments mit Küche und Bad. Aber die Türen sind nicht verschlossen. Untertags können sie sich innerhalb des Gefängnisses oder zumindest eines Teils desselben frei bewegen, sich durch Arbeit, Weiterbildung, Sport oder sonstige Tätigkeiten beschäftigen, um nicht, wie in den meisten Gefängnissen der Welt, die Zeit einfach totzuschlagen. Selbstbestimmung ist eines der wesentlichen Ziele der Normalität. Im Prinzip selbst entscheiden zu können, wie man den Gefängnisalltag gestalten will, statt stur den Regeln und der Disziplin der Gefängnisordnung ausgeliefert zu sein, macht für das Selbstwertgefühl der Häftlinge einen enormen Unterschied aus. Das gleiche gilt für das Recht auf Privatheit, das in China und vielen anderen Ländern für Menschen hinter Gittern einfach nicht gilt. Sich auch einmal in eine private Ecke oder gar ein eigenes Zimmer zurückziehen zu können und nicht ständig dem Gruppendruck der Zellengenossen und der Überwachung durch Beamte ausgesetzt zu sein, ist ein wesentliches Stück »Normalität«.

Besuche von Angehörigen

Ein anderer wichtiger Aspekt der »Normalität« sind regelmäßige Besuche durch Familienangehörige und Freunde in einer entspannten und möglichst normalen Atmosphäre. In vielen Gefängnissen, die ich besucht habe, waren die strikten Beschränkungen der Besuche Grund für die meisten Beschwerden der Häftlinge. In den post-kommunistischen Staaten werden zum Beispiel für Langzeithäftlinge als zusätzliche Verschärfung die Besuchszeiten drastisch beschränkt, obwohl die Häftlinge gerade diese Besuche von Familienangehörigen als einzigen Kontakt zur Außenwelt besonders dringend nötig hätten. Wenn dann endlich einmal Frau oder Kinder zu Besuch kommen, wird die Besuchszeit oft auf wenige Minuten beschränkt und der Kontakt nur durch ein Fenster oder Gitter gestattet, obwohl gerade die körperliche Berührung besonders wichtig wäre. Für Kinder ist es oft ein Schock, den Vater oder die Mutter in Sträflingskleidung und womöglich noch in Handschellen durch ein Fenster zu sehen und nicht einmal berühren oder umarmen zu dürfen. Wie alle anderen Schikanen des Gefängnisalltags werden diese Beschränkungen mit Sicherheitsgründen gerechtfertigt, obwohl es sich in Wahrheit um eine Strafe bzw. Disziplinierungsmaßnahme handelt.

Dass es auch anders geht, dafür ist Dänemark ein vorbildliches Beispiel. Im Gefängnis von Vridsløselille waren wir besonders von den Räumen beeindruckt, in denen Kinder ihre Eltern besuchen. Sie sind wie ein Kinderparadies mit so viel Spielzeug, fantasievollen Bildern, Plüschtieren, Rätseln und sonstigen Attraktionen für Kinder ausgestattet, dass den Kindern gar nicht mehr bewusst ist, dass sie sich in einem Gefängnis befinden. Wenn der Papa dann auch noch normale Kleidung trägt und ohne Aufsichtspersonal frei mit ihnen kommunizieren, spielen und sie umarmen kann, dann handelt es sich um einen normalen Besuch, so wie andere Kinder ihre Eltern bei der Arbeit besuchen. Den Häftlingen wird ihre Würde gelassen, und die Kinder werden nicht traumatisiert. Das Ganze kostet sehr wenig, bewirkt aber sehr viel.

Keine Geschlechtertrennung

Besonders außergewöhnlich ist, dass die Gefängnisse in Dänemark und Grönland nicht nach Geschlechtern getrennt sind. Im Prinzip dürfen Häftlinge unterschiedlichen Geschlechts, auch wenn sie nicht verheiratet sind, ein Zimmer oder kleines Apartment miteinander bewohnen, solange das der freie Wille beider ist. Natürlich kann diese sexuelle Freiheit, die ich in keinem anderen Land gesehen habe, zu Problemen wie Vergewaltigungen oder Abhängigkeit der Frauen von dominierenden männlichen Häftlingen führen. Da die Frauen, wie in allen Ländern der Welt, nur einen verhältnismäßig kleinen Anteil der Häftlinge ausmachen, sind sie in Dänemark natürlich sehr begehrt. Deswegen setzen sich häufig besonders starke und dominierende Häftlinge durch, die »ihre« Frauen auch besser gegen Belästigungen durch andere Häftlinge schützen können. Die Zahl der Hochzeiten ist in dänischen Gefängnissen viel höher als außerhalb der Haft.

Trotz dieser nicht zu leugnenden Nachteile und Gefahren haben alle weiblichen Häftlinge, mit denen wir über diese Frage gesprochen haben – selbst solche, die in der Haft vergewaltigt worden waren und Kinder auf die Welt gebracht haben, die sie schließlich nach drei Jahren abgeben mussten – letztlich gemeint, dass sie das dänische System der »Normalität« besser fänden als nach Geschlechtern getrennte Gefängnisse.

Auch die Gefängnisdirektoren und Politiker haben dieses System ausdrücklich verteidigt, obwohl es internationalen Standards widerspricht. Aber bei einer genauen Abwägung aller Vor- und Nachteile zeigt sich, dass die Vorteile bei weitem überwiegen. Denn die Trennung nach Geschlechtern ist eben nicht »normal« und führt, da man die sexuelle Begierde eben nicht am Gefängnistor abgeben kann wie persönliche Effekten, zu einem starken Druck auf jüngere Häftlinge, homosexuelle Beziehungen einzugehen, auch wenn sie im normalen Leben heterosexuell sind. Wer diesem Druck nicht freiwillig nachgeben will, wird häufig vergewaltigt und sonstigen Gewaltakten ausgesetzt, was nicht zuletzt auch zu einem hohen Prozentsatz von HIV-positiven Häftlingen führt. Generell sind reine Männergefängnisse viel gewalttätiger als Frauengefängnisse oder gemischte Haftanstalten. Auch für die Resozialisierung nach der Haft erweisen sich gemeinsame Gefängnisse, eben weil »normaler«, als vorteilhaft.

Ein übertragbares Prinzip?

Trotz offensichtlicher Vorteile lässt sich das dänische »Prinzip der Normalität« einschließlich der Geschlechtermischung nicht einfach auf andere Länder übertragen. Denn große Freiheiten können natürlich auch missbraucht werden, vor allem wenn man sie nicht gewöhnt ist. Meiner Meinung nach lässt sich dieses Prinzip nur in Ländern verwirklichen, die auch außerhalb der Haft über eine hohe Menschenrechtskultur verfügen. Nur wenn die »Normalität« einer Gesellschaft im Prinzip von wechselseitiger Achtung und Einhaltung der Menschenrechte geprägt ist, kann diese »Normalität« auch im Gefängnis funktionieren. Wichtigste Voraussetzung dafür ist eine Menschenrechtsbildung, die schon im Kindergarten beginnt.

Moldawien: Frauenhandel als Folter

Im Juli 2008 unternahm ich eine gemeinsame Mission mit Yakin Ertürk, der UNO-Sonderberichterstatterin über Gewalt gegen Frauen, nach Moldawien einschließlich der von Russland abhängigen Region Transnistrien, die sich 1990 von Moldawien unabhängig erklärt hat, aber nicht als selbständiger Staat anerkannt ist. Ich wurde dabei von meinem bestens bewährten Team, bestehend aus Birgit Kainz-Labbé (Genf), Julia Kozma und Isabelle Tschan (BIM) sowie Duarte Vieira, unserem forensischen Experten aus Portugal, unterstützt.

Wie in anderen post-sowjetischen Staaten ist Folter und Misshandlung während der ersten Zeit der Polizeihaft noch immer weit verbreitet, und die Haftbedingungen sind in vielen Fällen unmenschlich. Auf der anderen Seite schien mir die Regierung ehrlich bemüht, die Situation zu verbessern und an europäische Standards angleichen zu wollen. Aus diesem Grund habe ich im September 2009 einen Folgebesuch durchgeführt, bei dem wir Mitglieder einer neu gegründeten nationalen Kommission, die präventive Besuche in Haftanstalten unternimmt, in der Methode der Untersuchung und Dokumentation von Folter geschult haben. Außerdem berate ich gemeinsam mit meinem Team am Ludwig Boltzmann Institut für Menschenrechte (Julia Kozma und Johanna Lober) die Regierung Moldawiens im Rahmen eines großen EU-Projekts weiter bei Maßnahmen zur Bekämpfung der Folter und Verbesserung der Haftsituation. Ende November 2011 haben wir im Rahmen einer zweitägigen Konferenz in Chişinău gemeinsam mit der Regierung und der Zivilgesellschaft einen genauen Aktionsplan zur Umsetzung meiner Empfehlungen festgelegt.

Neben Fällen von Folter zur Erpressung von Geständnissen haben uns bei unserem Besuch die folgenden drei Situationen besonders berührt: die Bedingungen in psychiatrischen Anstalten, die Behandlung von Menschen, die zu lebenslanger Haft oder (in

Transnistrien) zum Tod verurteilt worden waren, und das Schicksal gehandelter Frauen.

Schockierende Zustände in der Psychiatrie

Das psychiatrische Krankenhaus in Balti mit mehr als 700 Patienten und Patientinnen erinnert noch sehr an sowjetische Zeiten. Wir besuchten die Kinderstation, wo uns bereits auffiel, dass sogar kleine Kinder mit Beruhigungsmitteln gefügig gemacht wurden. Besonders schrecklich war jedoch die geschlossene Abteilung, wo viele Menschen, junge wie alte, Frauen wie Männer, auf engem Raum völlig apathisch in ihren Betten lagen und den Eindruck von lebendigen Leichen vermittelten. Sie waren völlig unansprechbar und verbrachten den ganzen Tag in ihren Betten. Die bewaffneten Wachen an der Türe wären gar nicht notwendig gewesen, weil diesen Menschen durch Medikamente jeglicher eigene Wille zur Flucht genommen worden war.

Grausame Haftbedingungen

Moldawien folgt wie andere post-sowjetische Staaten noch immer der Philosophie des Vergeltungsstrafrechts, wonach die Haftbedingungen von Menschen, die zu langen Freiheitsstrafen, lebenslang oder gar zum Tode verurteilt wurden (was in Transnistrien wie auch in den von Georgien abtrünnigen Provinzen Abchasien und Süd-Ossetien zumindest formal noch immer möglich ist), besonders strikt sein müssen. Die rigorosen Beschränkungen der Besuchszeiten, die völlige Isolationshaft und extreme Sicherheitsmaßnahmen werden nicht als Sicherungs- oder Disziplinierungsmaßnahmen verhängt, weil die Betreffenden sich in der Haft als besonders gefährlich erwiesen oder neue Straftaten begangen haben, sondern sie sind Teil der vom Gericht ausgesprochenen Strafe. Dass Gefängnisse nicht nur ein Ort der Bestrafung sein, sondern Straftätern die Chance auf Rehabilitierung bieten sollten, so dass ein besonders gutes Verhalten während der Haft auch zu

Lockerungen der Haftbedingungen und frühzeitiger Entlassung führen müssten, hat sich in diesen Ländern erst ansatzweise herumgesprochen.

In einem Gefängnis in Hlinaia in Transnistrien sprach ich mit einem großen, schlanken und sehr gelenkigen 42-jährigen Mann, der für ein offensichtlich politisches Verbrechen im Juli 2003 zum Tod verurteilt worden war und sich seit fünf Jahren in völliger Isolationshaft befand. 23 Stunden pro Tag verbrachte er in seiner Einzelzelle, nur für eine Stunde durfte er in einem kleinen Hof spazieren gehen, ohne aber jemals andere Häftlinge zu sehen. Alle vier Monate war es ihm erlaubt, einen Besuch von maximal vier Stunden zu empfangen, aber er wollte nicht, dass ihn seine drei Kinder in diesem Zustand sehen. Seine Zelle war durch drei Schlösser versperrt, und die Schlüssel waren auf drei unterschiedliche Wärter verteilt. Wenn jemand seine Zelle betrat, wurden seine Hände immer mit Handschellen auf dem Rücken gefesselt. Er schien aber schon so sehr an diese Handschellen gewöhnt zu sein, dass er die Hände trotz der Handschellen über den Kopf nach vorne bewegen und sich sogar eine Zigarette ohne unsere Hilfe anzünden konnte. Die Wände seiner Zelle waren mit Tapeten beklebt, die einen Urwald und einen großen Wasserfall darstellten.

Die lange Isolationshaft, die ich als Folter qualifizierte, hatte deutliche Spuren an seiner psychischen Gesundheit hinterlassen. Er konnte über nichts anderes reden als über die Ungerechtigkeit seiner Verurteilung, über die er sich beim Europäischen Gerichtshof für Menschenrechte in Straßburg beschweren würde, da dieser in einem ähnlichen Fall (Iliascu) Verletzungen der Europäischen Menschenrechtskonvention durch Moldawien und die Russische Föderation gleichermaßen festgestellt hatte.

Frauenhandel

Als ärmstes Land in Europa ist Moldawien für Frauenhändler besonders attraktiv. Tausende moldawische Frauen werden von gut organisierten kriminellen Banden in die reichen Länder Europas verkauft, wo sie wie Sklavinnen gehalten, misshandelt und zur Prostitution oder Hausarbeit gezwungen werden. Falls es ihnen gelingt, sich zu befreien und zur Polizei zu gehen, werden sie meist nicht als Opfer, die dringend Hilfe benötigen, sondern als illegale Migrantinnen behandelt, die möglichst schnell wieder in ihre Herkunftsländer abgeschoben werden, wo sie oft wieder in die Hände ihrer Peiniger fallen und ihre Tortur von Neuem beginnt.

Auch wenn die Vereinten Nationen mit dem sogenannten »Palermo Protokoll« zur Internationalen Konvention über organisierte Kriminalität aus dem Jahr 2000 und der Europarat mit einer eigenen Konvention gegen Menschenhandel aus dem Jahr 2005 diese Praktiken verpönt und gehandelte Menschen als Opfer moderner Sklaverei und damit als Opfer von Menschenrechtsverletzungen anerkannt haben, hat sich in der Praxis wegen der in Europa grassierenden Xenophobie und extrem restriktiven Ausländergesetze wenig geändert.

Ich möchte diese Situation, die ich als Folter oder unmenschliche Behandlung durch Unterlassung staatlichen Schutzes qualifiziere, am Beispiel der 22-jährigen Annushka schildern, die wir in einem von einer privaten Organisation geführten Frauenhaus in Chişinău getroffen und interviewt haben. Sie war im November 2006 von einem Unbekannten in einem Park in Chişinău angesprochen worden, der ihr einen gut bezahlten Job in einem Altenheim in einem reichen europäischen Land versprach. Da sie Diabetikerin war und sich das Insulin kaum leisten konnte, willigte sie gemeinsam mit einer anderen Frau ein und wurde von den Händlern auf abenteuerlichen Wegen über Polen und Italien in die Schweiz verfrachtet. In Genf wurde sie für viele Wochen in einem Zimmer in einem Haus eingesperrt, wo niemand ihre Schreie hören konnte. Sie bekam nur wenig zu essen und kein Insulin, wodurch sich ihr Augenlicht rapide verschlechterte. Zum Zeitpunkt unseres Interviews war sie bereits völlig blind.

Da sie sich weigerte, als Prostituierte in einem Bordell zu arbeiten, wurde sie von demselben Mann, der sie in Chişinău angesprochen hatte, regelmäßig geschlagen. Eines Tages, als er wieder in das Zimmer kam, gelang ihr die Flucht dadurch, dass sie ihm einen Stuhl auf den Kopf schlug und davonrannte. Sie konnte sich nicht mehr erinnern, was dann geschah. Als sie aufwachte, lag sie mit einem gebrochenen Bein auf einer Parkbank. Eine Frau brachte sie in ein Krankenhaus, wo sie drei Monate in stationärer Behandlung blieb.

Trotz der Tatsache, dass sie bereits die Hälfte ihrer Sehkraft verloren hatte, wurde sie im Februar 2007 nach Moldawien »ausgeschafft«, wie das schweizerische Amtsdeutsch für Ausweisung heißt. Über Vermittlung des Roten Kreuzes wurde sie von einer Vertreterin des Frauenhauses vom Flughafen abgeholt, wo sie gemeinsam mit ihrer 18-jährigen Schwester Unterschlupf gefunden hat. Seit November 2007 ist sie völlig erblindet, aber ihre Schwester hilft ihr. Sie hat kein Geld und weiß nicht, wie es weitergehen soll. Sie traut sich nicht aus ihrem Versteck, weil sie Angst hat, dass der Mann, der sie in die Schweiz gebracht und dort eingesperrt hat, wieder finden könnte.

Dieser Fall ist nur einer von vielen Tausenden, die sich im 21. Jahrhundert in Europa und vielen anderen Regionen der Welt abspielen. Frauenhandel ist inzwischen zu einem der drei einträglichsten Geschäfte der organisierten Kriminalität geworden, und aus Gründen der Ausländerfeindlichkeit unternehmen die Regierungen nur sehr halbherzige Maßnahmen zur Eindämmung dieser modernen Form der Folter und Sklaverei.

Äquatorialguinea: Systematische Folter als Regierungspolitik

Äquatorialguinea ist eine der schlimmsten Diktaturen der Welt. Obwohl sich die Situation in dieser ehemals spanischen Kolonie zwischen Kamerun und Gabun nach dem Sturz des Langzeit-Diktators Macias Nguema etwas gebessert hat, kann sich sein Nachfolger Teodoro Obiang im Hinblick auf Repression und Brutalität heute durchaus mit ihm messen. Aber durch die Entdeckung reicher Erdölvorkommen, die vor allem von amerikanischen Konzernen offshore gefördert werden, kann der Diktator auf die Unterstützung der USA zählen und ist zumindest zur Zeit der Bush-Regierung quasi wieder salonfähig geworden.

Der Wunsch nach Anerkennung durch die internationale Gemeinschaft war wohl auch der Grund, mich einzuladen. Im März 2004 war ein Umsturzversuch durch eine Gruppe von südafrikanischen Söldnern unter der Führung des Engländers Simon Mann und mit Unterstützung namhafter Financiers wie Mark Thatcher, Sohn der ehemaligen britischen Premierministerin, fehlgeschlagen. Ursprünglich war meine Mission für Februar 2008 vorgesehen, dann aber im letzten Moment von der Regierung verschoben worden. Der Grund war wohl, dass genau zu diesem Zeitpunkt Simon Mann von Zimbabwe an Äquatorialguinea ausgeliefert worden war.

Folter auf Anordnung der Regierung

Obwohl ich gedacht hatte, dass meine Mission wie jene nach Russland auf unbestimmte Zeit verschoben werden würde, hielt die Regierung ihr Versprechen, und wir konnten im November 2008 einreisen. Mein Team bestand neben Birgit Kainz-Labbé (Genf) und Isabelle Tschan auch aus Johanna Lober, die neu ins BIM-

Team gekommen war und bei dieser schwierigen Mission sofort ihre »Feuertaufe« bestand. Derrick Pounder hatte als forensischer Experte alle Hände voll zu tun, und Roger Kaminker konnte neben seinen einzigartigen Dolmetsch-Qualitäten auch viele andere Fähigkeiten unter Beweis stellen, die bei solch schwierigen Missionen besonders gefragt sind. Schließlich wurde die Professionalität unseres UNO-Sicherheitsbeamten Antonio Moreira bei mehreren unangenehmen Zwischenfällen auf eine harte Probe gestellt.

Möglicherweise hatte die Regierung gedacht, dass sie uns so gut kontrollieren könnte, dass wir nur wenige Beweise für systematische Folter finden würden. Obwohl uns der Zugang zu Militäreinrichtungen letztlich verwehrt wurde (bei unserem Versuch, eine Kaserne in der Hauptstadt Malabo zu inspizieren, konnten wir nur mit großer Mühe verhindern, dass nationale Mitglieder meines Teams, wie mein Chauffeur, verhaftet wurden), hatten wir relativ ungehinderten Zugang zu Polizeistationen und Gefängnissen, und zwar sowohl auf der Insel Bioko mit der Hauptstadt Malabo als auch auf dem afrikanischen Festland (Rio Muni).

Unsere Untersuchungen, die von Derrick Pounder bestätigt wurden, ergaben, dass politische wie kriminelle Häftlinge in der Polizeihaft, vor allem in Malabo und Bata, der größten Stadt auf dem Festland, systematisch gefoltert wurden, und zwar mit direkter Unterstützung bzw. auf direkte Anordnung der Regierung und des Präsidenten.

Die Foltermethoden umfassten ein breites Repertoire, das von Schlägen am ganzen Körper einschließlich der Fußsohlen über Elektroschocks, Aufhängen in der sogenannten »äthiopischen Position« zwischen zwei Bürotischen bis zu Verbrennungen mit Kerzen und Einatmen des Kerzenrauchs reichten. Nachdem wir uns in den beiden größten Polizeistationen nach langwierigen Verhandlungen Zugang zu den Folterräumen verschafft hatten, konnten wir die von den Häftlingen geschilderten Folterinstrumente, wie eine Autobatterie mit Starterkabeln, die an besonders empfindlichen Stellen des Körpers angebracht wurden, sogar fotografieren.

Als die Regierung zu realisieren begann, dass wir relativ erfolgreich im Sammeln von Beweisen waren, wurde massiver Druck auf den Leiter der UNO-Vertretung in Äquatorialguinea ausgeübt, uns unverzüglich vom Festland in die Hauptstadt zurückzuholen, doch Kiari Liman-Tinguiri, ein höchst erfahrener, nervenstarker und bewundernswerter Diplomat aus dem Tschad, blieb standhaft und erklärte der Regierung lakonisch, dass er keinerlei Weisungsgewalt gegenüber unabhängigen Experten der Vereinten Nationen habe.

Ein mutiger Oppositionspolitiker

Bei der Abschlussbesprechung saßen wir neben den Spitzen von Militär, Polizei und der Gefängnisverwaltung auch fünf Mitgliedern der Regierung gegenüber, was eine gewisse einschüchternde Wirkung nicht verfehlte: Neben Außenminister Pastor Micha Ondo Bile waren der Innenminister, der Justizminister, der Minister für Nationale Sicherheit und der stellvertretende Verteidigungsminister gekommen, um mir die Ehre zu erweisen. Sie hörten sich meinen Bericht über systematische Folterungen und über erbärmliche Bedingungen in der Polizeihaft (schmutzige und dunkle Zellen, wo die Häftlinge lange Zeit ohne Essen festgehalten werden, in Ermangelung von Toiletten in die von Familienmitgliedern gebrachten Wasserflaschen urinieren und in Plastiksäcken, in denen ihnen von den Familien Essen gebracht wurde, ihre Notdurft verrichten mussten) mit stoischer Ruhe und ohne jede Gemütsregung an. Dann erwiderte der gefürchtete Sicherheitsminister, General Manuel Nguema Mba, dies sei alles Propaganda und ich hätte keinerlei Beweise.

Mein Angebot, gemeinsam in das nur zehn Minuten entfernte Polizeihauptquartier zu fahren, um meine Behauptungen an Ort und Stelle zu überprüfen, lehnte er jedoch wohlweislich ab. Darauf erhob sich Innenminister Clemente Engonga Nguema Onguene und sagte, er habe Beweise, dass mein Bericht nicht der Wahrheit entspreche. Welche, wollte ich wissen. Sie hätten mich nämlich auf Schritt und Tritt vom Geheimdienst überwachen lassen. Das sei mir natürlich bewusst gewesen, erwiderte ich, immer noch auf seine Beweise wartend. Diese Überwachung habe nämlich gezeigt, meinte er triumphierend, dass ich auch mit Vertretern der Opposition gesprochen hätte.

Dazu muss man wissen, dass alle Oppositionsparteien mit einer einzigen Ausnahme in Äquatorialguinea verboten waren. Von den 100 Abgeordneten des Parlaments hatte diese einzige legale Oppositionspartei genau einen Sitz. Dieser Abgeordnete, der offensichtlich als Feigenblatt für die demokratische Fassade des Regimes dienen musste, war ein äußerst mutiger Mann, der auch ein eigenes Menschenrechtsbüro eingerichtet hatte und immer wieder Menschenrechtsverletzungen anprangerte. Sonst gab es keinerlei unabhängige Organisationen, die sich mit der Menschenrechtssituation im Land befassten. NGOs waren verboten und inexistent. Sogar das Internationale Komitee des Roten Kreuzes hatte das Land verlassen.

Also hatten wir beschlossen, den Menschenrechtsbeauftragten der parlamentarischen Opposition in Bata zu treffen. Das war kein leichtes Unterfangen. Der Chauffeur meines UNO-Fahrzeugs war ein unerschrockener, erfahrener älterer Mann, den ich dafür bewunderte, wie er sich immer wieder gegenüber Soldaten, die uns bei Militärkontrollen nicht passieren lassen wollten, durch sein ruhiges, aber sehr bestimmtes Auftreten, das eine große persönliche Autorität ausstrahlte, durchsetzte. Als ich ihm jedoch mein Ansinnen vortrug, den Menschenrechtsbeauftragten der Opposition zu besuchen, um mit Zeugen und Opfern von Menschenrechtsverletzungen zu sprechen, erklärte er mir, dass ich das nicht von ihm verlangen könne, obwohl er selbst unter dem Schutz der UNO stand. Aber seine Familie müsste dann mit schweren Repressalien rechnen und seine Frau würde ihren Job verlieren. Auch der Taxifahrer, dem wir viel Geld für diese Fahrt zahlten, traute sich letztlich nur in die ungefähre Umgebung unseres Zielortes zu fahren, und wir mussten noch zweimal umsteigen, bevor wir am Abend schließlich unser Ziel erreichten. Die Erzählungen der

Folteropfer, die wir an diesem Abend bei Kerzenlicht in einer abgelegenen Hütte interviewten, gehören zu den schlimmsten, die ich je gehört hatte. Aber in meinem Bericht konnte ich natürlich nichts davon schreiben, weil sie uns unter dem strengsten Siegel der Geheimhaltung anvertraut worden waren.

Zurück zum Innenminister: Die bloße Tatsache, dass ich es gewagt hatte, zusätzlich zu den Repräsentanten der Regierung auch noch mit einem Vertreter der parlamentarischen Opposition zu sprechen, war für ihn Beweis genug, dass ich keinen objektiven Bericht vorlegen könne! Es hatte wenig Sinn, noch weiterzureden. Um die Mitarbeiter der Vertretung der Vereinten Nationen in diesem Land gegen weitere Repressalien zu schützen und das Land heil verlassen zu können, sagte ich die geplante Pressekonferenz in Malabo kurzfristig ab und verlegte sie nach Genf.

Das Black-Beach-Gefängnis

»Black Beach« ist der Name eines der meistgefürchteten Gefängnisse Afrikas. Es liegt am Rande von Malabo am Meer. Aber um in dieses Gefängnis zu kommen, muss man sich durch einen großen Militärkomplex mit vielen Checkpoints durchkämpfen. Obwohl ich das von der Regierung ausdrücklich zuerkannte Recht hatte, Foto- und Videokameras mitzunehmen, mussten wir unsere gesamte Ausrüstung beim Eingang abgeben.

Infolge einer kurz vor unserem Besuch durchgeführten Generalrenovierung hatte dieses Gefängnis zumindest äußerlich etwas von seinem Schrecken verloren. In einem von den anderen Gefangenen strikt getrennten Hochsicherheitstrakt befanden sich die politischen Gefangenen einschließlich der für den Umsturzversuch verurteilten Söldner. Sie waren alle in Einzelzellen in Isolationshaft. Nick du Toit war wie die meisten anderen Südafrikaner bereits während des Umsturzversuches im März 2004 verhaftet und zu einer langjährigen Freiheitsstrafe verurteilt worden. Er sagte, dass er sein Geständnis unter Folter abgelegt habe. Während der ersten sechs Wochen sei er in einer sehr kleinen Zelle des alten

Gefängnisses mit seinen Händen hinter dem Rücken gefesselt gewesen. Die folgenden vier Monate seien seine Hände und Füße so aneinander gekettet worden, dass er sich nicht bewegen konnte. Dann seien ihm die Eisen an den Füßen abgenommen worden, aber die Handschellen musste er ein weiteres Jahr tragen. Später wurden ihm statt der Handschellen wieder Fußeisen angelegt. Zum Zeitpunkt unseres Besuches hatte er bereits mehr als vier Jahre in völliger Isolationshaft verbracht, und sein Gesundheitszustand hatte bereits deutlich gelitten.

Den anderen Südafrikanern ging es nicht viel besser. Nur Simon Mann, der erst im Februar 2008 von Zimbabwe ausgeliefert worden war, war besserer Laune. Er hatte offensichtlich von Anfang an voll mit dem Sicherheitsminister, General Nguema Mba, kooperiert und dadurch trotz strikter Einzelhaft eine privilegierte Behandlung erwirkt. Jeden Tag erhielt er eigens für ihn zubereitetes Essen aus dem Hotel Paraiso in Malabo. Eines Tages hatte ihm der Minister sogar ein Fitnessgerät als Geschenk in seine Zelle gebracht. Im Vergleich zu den Haftbedingungen in Zimbabwe, die er als unbeschreiblich schlecht und unmenschlich bezeichnete, sei das Black-Beach-Gefängnis geradezu ein Paradies. Er machte sich auch große Hoffnungen, in absehbarer Zeit freigelassen zu werden. In der Tat ist er am 3. November 2009 aus der Haft entlassen worden und nach Großbritannien zurückgekehrt, wo er seine Memoiren schrieb, während seine südafrikanischen Kollegen weiter im Black-Beach-Gefängnis schmachteten.

Folgelosigkeit der Untersuchungen

Trotz unserer Beweise systematischer Folter und meines extrem kritischen Berichts hat es der Menschenrechtsrat der Vereinten Nationen nicht der Mühe wert gefunden, Äquatorialguinea zu verurteilen oder sonstige Maßnahmen gegen diese Diktatur zu ergreifen. Die Staaten der Afrikanischen Union halten so sehr zusammen, dass sie sogar die brutalsten Regime wie im Sudan, in Zimbabwe oder Äquatorialguinea gegen Verurteilungen durch die

UNO schützen. Aber bei meinem nächsten Besuch in Washington wurde ich im Juni 2009 ins US-Außenministerium eingeladen, um meine Erfahrungen zu schildern. Dass meine Schlussfolgerungen im darauffolgenden US-State-Department-Bericht über Menschenrechte ausführlich zitiert wurden, gibt zumindest Anlass zur Hoffnung, dass die Obama-Regierung ihre Politik gegenüber Äquatorialguinea neu gestalten will.

Auch der Arabische Frühling und gemeinsame Aktionen der UNO, der Afrikanischen Union und der NATO gegenüber dem libyschen Diktator Muammar Al-Gaddafi nähren eine gewisse Zuversicht, dass besonders brutale und systematische Menschenrechtsverletzungen gegen die eigene Bevölkerung zum Sturz von Langzeitdiktatoren führen können.

Uruguay: Volle Kooperation trotz katastrophaler Haftbedingungen

Als ich Anfang 2009 Alejandro Artucio traf, den Botschafter Uruguays bei den Vereinten Nationen in Genf, einen guten Freund und Menschenrechtsaktivisten, der selbst unter der Militärdiktatur in den 1970er Jahren gelitten hatte, sagte er mir: »Wir freuen uns, dass du Uruguay besuchen willst. Wir wissen, dass die Haftbedingungen schlecht sind, aber wir bemühen uns, sie zu verbessern. Sei bitte so kritisch wie möglich. Wir brauchen eine unabhängige und kritische Einschätzung der Situation von außen mit klaren Empfehlungen, um mit Nachdruck die notwendigen Maßnahmen setzen zu können. Unsere Behörden werden voll mit dir kooperieren.«

In diesem Geist blieb die Kooperation während der gesamten Mission, von einzelnen Gefängnisdirektoren bis zur Innenministerin Daisy Lilián Tourné Valdéz und zum Vize-Präsidenten der Republik, Rodolfo Nin Novoa. Präsident Tabaré Vázquez war zur Zeit meines Besuches im März 2009 auf Staatsbesuch in China, erließ aber unmittelbar nach seiner Rückkehr eine Weisung zur Umsetzung meiner Empfehlungen.

Auch die Vertretung der Vereinten Nationen in Montevideo war extrem kooperativ, allen voran ihr Leiter Pablo Mandeville, dessen Menschenrechtsberaterin Silvia da Rin Pagnetto und der Kinderrechtsexperte und ehemalige UNO-Sonderberichterstatter Juan-Miguel Petit. Ich hatte ein gut eingespieltes Team, bestehend aus Julia Kozma, Isabelle Tschan (BIM) und dem hervorragenden Dolmetscher Roger Kaminker, in das sich die neuen Mitglieder, Claudia de la Fuente aus Genf, der forensische Experte Máximo Duque aus Kolumbien und der sehr erfahrene und diskrete Sicherheitsbeamte der UNO, Enrique Martinel, sofort gut einfügten.

Silvia und Juan-Miguel fragten, ob es uns etwas ausmachen würde, wenn sie in einzelne Gefängnisse mitkämen. Natürlich hatten wir keinen Einwand, und fortan begleiteten sie uns bei allen Besuchen und wurden zu einem festen Bestandteil des Teams. Am Ende der Mission waren sie genauso schockiert wie ich über die alarmierenden Zustände in den Gefängnissen, obwohl Juan-Miguel aus Uruguay stammt und zumindest die schlechten Bedingungen in Haftanstalten für Jugendliche gut kannte.

Das Gefängnis »Libertad«

Folter in der klassischen Funktion der Erpressung von Geständnissen oder Informationen fanden wir nur in wenigen Fällen. In der Jugendstrafanstalt »Colonia Berro«, knapp 50 Kilometer außerhalb von Montevideo, wurden die Jugendlichen die meiste Zeit in ihren Zellen festgehalten, was natürlich zu Revolten führte, die dann mit Brachialgewalt beantwortet wurden. Als Disziplinarmaßnahmen gab es Schläge und geschlossenen Vollzug, was zu einer weiteren Eskalation der Gewalt beitrug. Trotzdem würde ich in diesen Fällen der Gewalt nicht von Folter sprechen. Denn für mich besteht ein wesentlicher Unterschied darin, ob Menschen in einer Situation der Haft und Ohnmacht vorsätzlich geschlagen werden, um ein Geständnis aus ihnen herauszupressen, oder ob die Schläge letztlich ein Ausdruck der Ohnmacht des Systems sind, weil das Management versagte und der eskalierenden Gewalt nichts anderes als Schläge entgegenzusetzen weiß.

Aber die Zustände in den beiden größten Gefängnissen des Landes, »Comcar« und »Libertad«, konnte man nur mehr mit dem Wort Folter beschreiben. Folter durch die jahrelange Unterlassung, für ein menschenwürdiges Haftregime zu sorgen, das auf die Rehabilitierung verurteilter Straftäter ausgerichtet sein sollte. Das langsame und veraltete Justizsystem hatte einer steigenden Kriminalitätsrate nichts anderes entgegenzusetzen als immer mehr Menschen wegzusperren, was diese beiden Haftanstalten an den Rand des Kollapses geführt hatte.

Das Gefängnis mit dem bezeichnenden Namen »Libertad« – angeblich kein Zynismus, denn es liegt neben einem Dorf mit eben diesem Namen – war schon zur Zeit der Militärdiktatur berüchtigt. Unzählige politische Gefangene sind in dem fabriksähnlichen Hauptgebäude »Celdario« oder dem kleinen Nebengebäude »La Isla« schwer und systematisch gefoltert worden, wie man nicht zuletzt in vielen Entscheidungen des UNO-Menschenrechtsausschusses aus dieser Zeit nachlesen kann. Ungeachtet dieser fatalen historischen Symbolik ist »Libertad« auch heute noch als das Gefängnis mit den schärfsten Sicherheitsvorkehrungen des Landes in Verwendung. Nur besonders gefährliche Wiederholungstäter oder solche, die aus anderen Gefängnissen ausgebrochen sind oder in Meutereien verwickelt waren, werden hierher transferiert.

Wer nach »Libertad« kommt, weiß, dass er an der untersten Stufe der Gefängnishierarchie angekommen ist und lange brauchen wird, um sich wieder nach oben zu arbeiten. In den letzten fünf Monaten vor unserem Besuch war die Zahl der Häftlinge von 589 auf 1176 angewachsen, von denen 341 verurteilte Straftäter waren, während die große Mehrheit Untersuchungshäftlinge waren. Entgegen internationalen Mindestregeln gab es keinerlei Trennung zwischen Straf- und Untersuchungshäftlingen. Die bloße Tatsache, dass diese Menschen hierher geschickt worden waren, wurde von der Gefängnisleitung als eindeutiger Beweis für ihre Schuld interpretiert, der eine unterschiedliche Behandlung überflüssig machte.

Die Mehrheit der Gefangenen war in dem fünfstöckigen »Celdario«-Ziegelgebäude untergebracht, und zwar in Zellen für ein bis drei Personen. Pro Woche durften sie maximal für vier Stunden ihre Zellen verlassen. Die übrige Zeit waren sie in ihren Zellen eingeschlossen. Auch für verurteilte Straftäter gab es keinerlei Beschäftigungs-, Ausbildungs-, Sport- oder Erholungsmöglichkeiten, die für die Rehabilitierung und Resozialisierung dieser Menschen bekanntlich essenziell wären. Silvia, die Leiterin der Menschenrechtsabteilung in der UNO-Vertretung Uruguays, eine mit einem Uruguayer verheiratete Italienerin, bat mich, die Zelle mit der Nr. 539 zu öffnen, und ich führte ein Interview mit den darin befindlichen Häftlingen. In der Zwischenzeit inspizierte sie die Zelle genau und versuchte sich vorzustellen, was es bedeutete, hier für viele Jahre eingesperrt zu sein. Denn in genau dieser Zelle war ihr Ehemann in den 1970er Jahren wegen seiner politischen Ansichten von den Militärs festgehalten und brutal gefoltert worden. Als wir das Gebäude verließen, weinte sie.

Die Metallcontainer von »Las Latas«

Die schlimmsten Bedingungen fanden wir in »Las Latas«. Dieser Teil von »Libertad« bestand aus Metallcontainern, die im Jahr 2003 wegen der Überfüllung des Gefängnisses von einem amerikanischen Unternehmen geliefert und als Provisorium aufgestellt worden waren. Jeder Container war für eine Person gedacht und war mit einem Bett, Tisch und Stuhl, WC und Waschbecken eingerichtet. Ursprünglich dürften diese Container sogar mit einer Klimaanlage ausgestattet gewesen sein, also durchaus luxuriös. Aber das Provisorium war zu einer Dauereinrichtung geworden. Die Klimaanlage war wie der Abwasserkanal längst kaputt, die Wasserversorgung funktionierte nur mehr unregelmäßig, so dass die Häftlinge aus dem WC tranken. Wenn die Sonne im Sommer auf diese Metallboxen brannte, konnte die Temperatur darin bis auf 60 °C steigen, wie man uns glaubhaft versicherte. Statt einer Person mussten sich zwei oder drei Häftlinge je einen Container teilen. Diese waren in vier Quadrate angeordnet. Die quadratischen Betonflächen waren an je drei Seiten von den Containern umrandet, die in zwei Etagen übereinander gestapelt waren. An der vierten Seite befanden sich der Eingang und die Räume des Wachpersonals. Statt eines Daches lag ein Metallgitter über dem gesamten Quadrat. Alle Container hatten eine Tür, die ebenso wie kleine Seh- bzw. Luftschlitze auf den Innenhof gerichtet waren. Fenster gab es keine.

Als wir eines dieser Quadrate betraten, sahen wir einen jungen Mann, der damit beschäftigt war, die Fäkalien vom Boden wegzukehren, die dort aus kaputten Plastiksäcken herausquollen. Denn in Ermangelung eines funktionierenden WCs mussten die Häftlinge Plastiksäcke benützen, die sie dann in den Innenhof warfen, wo diese natürlich aufplatzten. Der Schmutz und Gestank waren unbeschreiblich, der Lärm ohrenbetäubend. Denn alle Häftlinge hatten, als sie unseren Besuch bemerkt hatten, begonnen zu schreien und mit allem, was Lärm verursachen konnte, gegen die Metallwände der Container zu schlagen. Da es unmöglich war, mit meinem Team bei diesem Lärm ein Wort zu wechseln, gingen wir wieder hinaus, um uns zu beraten, wie wir hier geordnete Interviews führen könnten.

Das Gefängnispersonal schien resigniert zu haben. Als wir die Aufseher fragten, ob dieser Lärm nur unseretwegen veranstaltet werde, entgegneten sie, das sei jeden Tag so. Also gingen wir zu den einzelnen Containern, um vorerst von außen mit einzelnen Häftlingen zu kommunizieren. Dabei bemerkten wir, dass bei vielen Containern Blut von den Sehschlitzen die Außenwand hinunterfloss. Die verzweifelten Häftlinge erklärten uns, dass Selbstbeschädigungen die einzige Möglichkeit seien, die Aufmerksamkeit des Gefängnispersonals auf sich zu lenken, wenn man zum Beispiel einen Arzt brauchte oder sonst ein dringendes Anliegen hatte. Die Luft in den Containern war durch die Überfüllung und den Mangel an Fenstern oder eines funktionierenden Entlüftungssystems so stickig, dass sich die Häftlinge abwechselnd vor die Luftschlitze setzten mussten, um zu atmen.

Auch diese Häftlinge durften ihre Verliese nur maximal vier Stunden pro Woche verlassen. Das Ausmaß an Wut und Verzweiflung der Häftlinge war unbeschreiblich. Wir fanden sogar, dass es für die Aufseher unmenschlich war, in einem solchen Klima struktureller Gewalt arbeiten zu müssen. Aber der Interimsdirektor des Gefängnisses meinte ebenso wie der bei unserem Besuch anwesende Leiter der Gefängnisverwaltung von Uruguay, dass die hier untergebrachten Gefangenen die schlimmsten Verbrecher des Landes seien, die eben nichts Besseres verdienten. Bei meinem Abschlussgespräch mit der Regierung in Montevideo forderte ich, dass die unmenschlichen Metallcontainer von »Las Latas« unverzüglich geschlossen werden müssten.

Die Haftbedingungen in Comcar

Die Haftbedingungen im Gefängnis Santiago Vázquez (»Comcar«) in Montevideo waren nicht viel besser. Aber der Gefängnisdirektor machte zumindest keinerlei Anstalten, diese Bedingungen zu rechtfertigen oder gar schönzureden. Er begrüßte uns mit den Worten, er sei sich vollkommen bewusst, dass die Gefängnisse in Uruguay schrecklich seien. Comcar ist das größte Gefängnis mit einer Kapazität von 1600 Plätzen. De facto waren zur Zeit unseres Besuches 2768 Gefangene in verschiedenen Modulen inhaftiert, wobei wiederum Strafgefangene nicht von Untersuchungshäftlingen getrennt waren. Nach Angaben des Direktors trage nicht nur die Überfüllung, sondern auch der Mangel an Personal und die Korruption der Beamten, die zum Beispiel Drogen ins Gefängnis schmuggelten, zu einem hohen Ausmaß an Gewalt und vielen anderen strukturellen Problemen bei. Er bemühte sich offensichtlich, den Häftlingen im Rahmen des Möglichen größere Freiheiten zu gewähren, und die von den Gefangenen in jedem Modul selbst gewählten Vertreter bestätigten auch, dass dies der beste Direktor sei, den sie je gehabt hätten.

Mit Ausnahme des Hochsicherheitsmoduls 2 herrschte offener Vollzug, die Zellen waren also zwischen 9 und 18 Uhr im Prinzip offen, und die Gefangenen konnten sich in den jeweiligen Modulen frei bewegen. Aber der bauliche Zustand, die hygienischen Bedingungen und die strukturelle Gewalt machten diese überfüllten Module schlichtweg unmenschlich und unzumutbar, so dass ich auch hier die Schließung der schlimmsten Module forderte.

Bereitwillig halfen uns die Häftlinge dabei, in der Dunkelheit über Löcher auf dem Gang hinwegzuturnen, um nicht in den offenen Kanal zu fallen. Sie zeigten uns brüchige Mauern, die jederzeit einzustürzen drohten, und überall sahen wir Ratten, die zwischen den Zellen hin- und her rannten. Die Gefangenen waren froh, dass sich jemand für ihre Probleme und Beschwerden interessierte. Aber gleichzeitig spürte ich die in der Luft liegende Wut und Gewaltbereitschaft. Es würde nur eines Funkens bedürfen, und alles würde brennen, ging es mir durch den Kopf.

Gegen Ende unseres Besuches sahen wir plötzlich, dass in Modul 5 einzelne Häftlinge einen Streit begonnen hatten, der blitzschnell eskalierte. Das Modul wurde sofort geschlossen und durchsucht, und der Direktor zeigte uns eine stattliche Sammlung von selbst gebastelten Messern, mit denen man viel Unheil anrichten konnte. Obwohl die Besuchszeit gerade erst begonnen hatte, erklärte sie der Direktor aus Sicherheitsgründen für beendet, was die Situation natürlich weiter aufheizte. Wir hatten selbst beobachtet, mit welcher Sorgfalt sich die Gefangenen auf den Besuch ihrer Frauen und Freundinnen vorbereitet hatten, sich um das wenige Wasser zum Duschen gestritten und im Hof aus Decken notdürftig Zelte gebastelt hatten, um ein wenig Privatheit zu schaffen. Diese Besuche waren der einzige Lichtblick im tristen Gefängnisalltag. Als die erbosten Familienmitglieder erfuhren, dass wir uns schon für die Schlussbesprechung im Büro des Direktors befanden, umstellten sie das Büro und drängten mich, den Streit zu schlichten und diese Form einer Kollektivstrafe wieder rückgängig zu machen. Nach sehr lautstarken und emotional geführten Verhandlungen konnten wir schließlich einen Kompromiss finden und die angespannte Situation ein wenig deeskalieren.

Umgesetzte Empfehlungen

Trotz meiner vernichtenden Kritik an den Haftbedingungen zeigte sich die Regierung, wie ursprünglich versprochen, äußerst kooperativ und gewillt, meine Empfehlungen ernst zu nehmen und auch wirklich umzusetzen. Nur wenige Tage nach meiner Abreise erließ Präsident Tabaré Vázquez persönlich eine Weisung, die von mir genannten Teile der beiden Gefängnisse zu schließen, einzelne Kasernen bis zum Bau eines modernen Gefängnisses als Haftanstalten zur Verfügung zu stellen und entsprechend zu adaptieren. Später hörte ich, dass er auch die Innenministerin entlassen habe. Im Rahmen eines von der EU finanzierten follow-up-Projektes planen wir, ab 2012 die Regierung und die Zivilgesellschaft bei der Umsetzung meiner Empfehlungen zu beraten und mit konkreten Maßnahmen zu unterstützen. Aber es geht nicht nur um die Modernisierung der Gefängnisse. Sie sind nur Teil eines veralteten Justizsystems, das dringend reformbedürftig ist.

Kasachstan: Potemkin'sche Dörfer

Die fünf zentralasiatischen Republiken sind nicht gerade als Hort von Demokratie und Menschenrechten bekannt. In Usbekistan hat mein Vorgänger Theo van Boven systematische Folter festgestellt, und die Situation in Turkmenistan ist so schlimm, dass internationale Menschenrechtsbeobachter kaum ins Land gelassen werden. Demgegenüber versucht Kasachstan überaus geschickt, seinen Ruf durch die Zusammenarbeit mit unabhängigen Experten und durch eine Politik der Annäherung an europäische Organisationen wie den Europarat zu verbessern. Vom Ölreichtum profitierend, hat es die kasachische Diplomatie sogar geschafft, 2010 den Vorsitz der Organisation für Sicherheit und Zusammenarbeit in Europa (OSZE) mit Sitz in der Wiener Hofburg zu übernehmen. Durch dieses Kunststück gelang es auch, die bilateralen Beziehungen zwischen Kasachstan und Österreich, die durch den Machtkampf zwischen Präsident Nursultan Nasarbajew und seinem ex-Schwiegersohn Rakhat Aliyev, ehemaliger kasachischer Botschafter in Wien, getrübt waren, zu verbessern.

Vorbildliche Kooperation der Behörden

Die Kooperation mit den kasachischen Behörden während meiner Mission im Mai 2009 war geradezu vorbildlich. Meinem Team gehörte neben dem forensischen Experten Duarte Vieira, Isabelle Tschan und Roland Schmidt vom BIM auch Birgit Kainz Labbé (Genf) an, die früher für die OSZE in Kasachstan gearbeitet hatte und weiterhin über beste Kontakte verfügte. Wir hatten unbeschränkten Zugang zu allen Gefängnissen, Polizei- und Geheimdiensteinrichtungen, psychiatrischen Krankenhäusern und speziellen Haftanstalten für Kinder, Jugendliche oder Migranten, die wir besuchen wollten.

Zur Zeit der Sowjetunion spielte die Unwirtlichkeit der kasachischen Steppe mit ihren enormen Temperaturunterschieden eine wichtige Rolle für das weit verzweigte Gulag-System. Insbesondere in der Gegend der Industriestadt Karaganda legen insgesamt 14 noch heute verwendete Gefängnisse aus dieser Zeit Zeugnis davon ab, wie viele Menschen damals in Kasachstan inhaftiert waren. Durch den relativen Reichtum des Landes wurde viel Geld in die Renovierung alter Gefängnisse gesteckt. Insgesamt fand ich daher die Haftbedingungen in Kasachstan besser als in manchen ex-sowjetischen Staaten Europas, wie Georgien oder Moldawien.

Folter in der Polizeihaft und Misshandlungen in Gefängnissen finden weiterhin statt, aber ich konnte keine weit verbreitete oder gar systematische Praxis feststellen. Nur in einzelnen Einrichtungen wie einer Kinder- und Jugendhaftanstalt (CVIARN) in Karaganda schienen Körperstrafen und Schläge Routine zu sein.

Kindergefängnisse

Allerdings waren die Kasachen wahre Meister darin, mir »Potemkin'sche Dörfer« zu zeigen. Sie hatten meinen Besuch offensichtlich sehr gut vorbereitet. Beispielsweise waren die 56 Kinder und Jugendlichen zwischen drei (!) und 18 Jahren, die wir in dem erwähnten CVIARN vorgefunden haben, so gut darüber instruiert, was sie mir sagen sollten, dass es detektivischer Fähigkeiten bedurfte, gegen ihre Mauer des Schweigens und einstudierter Lügen zur Wahrheit vorzudringen. Der Direktor erzählte uns von regelmäßigen Volleyball-Spielen und sonstigen sportlichen Aktivitäten im Freien, die sich bei genauerer Recherche als frei erfunden herausstellten. Alle Kinder, auch die Kleinsten, die dort zusammen mit jugendlichen Straftätern angehalten waren, weil sie keine Eltern mehr hatten oder als Straßenkinder aufgelesen worden waren, wirkten extrem eingeschüchtert und verängstigt. Ihre Köpfe waren kahlgeschoren. Niemand wollte über Schläge oder Misshandlungen sprechen. Stutzig wurden wir erst, als wir bemerkten, dass uns alle genau die gleiche Geschichte über ihren sportlichen Tagesablauf, das hervorragende Essen und die nette Behandlung durch ihre »Erzieher« auftischten. Dass die Geschichte mit dem täglichen Volleyball-Spiel nicht stimmen konnten, wurde uns klar, als wir den Direktor ersuchten, er solle uns das Spielfeld zeigen. Es gab tatsächlich einen Sportplatz im Freien, aber dieser war so von Gestrüpp überwuchert, dass dort mit Sicherheit seit Monaten niemand mehr Volleyball gespielt hatte. Also stellten wir auch die anderen Geschichten in Frage.

Als wir die Jugendlichen in individuellen Interviews direkt auf Misshandlungen ansprachen, merkten wir, dass einige unsicher wurden. Sie schauten sich ängstlich nach versteckten Kameras um, aber wir konnten sie schließlich davon überzeugen, dass wir hier ein ungestörtes und unbeobachtetes Gespräch führten. Dann sprudelte die Wahrheit aus ihnen geradezu heraus, nämlich dass sie wegen jeder Kleinigkeit routinemäßig geschlagen wurden, was schließlich durch die forensische Untersuchung bestätigt wurde. Ähnliche Körperstrafen konnten wir nach genauen Recherchen auch in der Kolonie 155/6, der Jugendstrafanstalt in Almaty, nachweisen. Auch im Untersuchungshaft-Gefängnis von Astana (SIZO EC-166/1) war jeder einzelne der mehr als 700 Häftlinge genau instruiert worden, was er oder sie sagen durfte und was nicht. In keinem anderen Land hatte ich derartig sorgfältige Vorbereitungen meines Besuches gesehen.

Inszenierte Schauspiele

Die »Potemkin'schen Dörfer« waren allerdings nicht nur auf genaue Instruktionen der Häftlinge über das, was sie uns erzählen sollten, beschränkt. Die Regierung hatte großen Aufwand getrieben, um für uns wahre Schauspiele zu inszenieren. Im Gefängnis von Arshaly (EC-166/5) wurde zu unseren Ehren sogar eine eigene Gefängnisband gegründet. Sie war so eilig zusammengestellt worden, dass die unterschiedlichen Instrumente noch nicht wirklich aufeinander abgestimmt waren, aber die Häftlinge gaben sich große Mühe, uns mit ihrer Musik zu verwöhnen. Die Gefängnisleitung hatte offensichtlich nicht bedacht, dass wir in vertraulichen Gesprächen mit den

Häftlingen sehr schnell herausfinden konnten, dass diese Gefängnisband nicht schon längere Zeit bestand, sondern nur eingerichtet worden war, um uns zu beeindrucken. Natürlich baten wir den Gefängnisdirektor, diese Einrichtung auch nach unserer Abreise zum Zweck der Verbesserung der Haftbedingungen beizubehalten.

Ähnlich durchsichtig war der Versuch, uns weiszumachen, dass die dunklen Einzelzellen, die der »Quarantäne« neuer Häftlinge und der Verbüßung von Disziplinarstrafen dienten, schon seit geraumer Zeit nicht mehr in Verwendung stünden. Tatsächlich waren alle Zellen leer, als wir dort ankamen. Aber sie rochen noch sehr nach Urin, Schweiß und den sonst für Gefängnisse typischen Gerüchen. Außerdem lagen überall noch frische Speisereste herum. Also fragten wir nach dem Haftregister für die Einzelzellen. Zum Pech der Gefängnisleitung waren die Haftregister ziemlich ordentlich geführt, und es dauerte auch eine ganze Weile, bis wir sie endlich zu sehen bekamen. Denn die armen Beamten mussten in großer Eile alle Häftlinge, die kurz vor unserer durch den Geheimdienst angekündigten Ankunft aus der Einzelhaft entlassen worden waren, noch aus dem Register austragen. Und sie gaben sogar ordnungsgemäß den Tag unseres Besuches als den Tag der Entlassung aus der Einzelhaft an. Beispielsweise fanden sich genaue Eintragungen, dass jemand am Tag zuvor zu einer Disziplinarstrafe von zwei Wochen verurteilt und am darauf folgenden Tag wie alle anderen Häftlinge ohne besonderen Grund entlassen worden war. Trotzdem beharrte die Gefängnisleitung darauf, dass dies alles seine Ordnung habe und natürlich nichts mit unserem Besuch zu tun habe.

Also machten wir uns die Mühe, alle Häftlinge zu interviewen, die am Tag unseres Besuches aus der Einzelhaft entlassen worden waren. Sie waren natürlich sehr positiv überrascht, als sie im Lauf des Vormittags alle zur gleichen Zeit ohne Angabe von Gründen entlassen und sogar noch beauftragt worden waren, die Zellen zu reinigen und möglichst schnell zu verschwinden. Natürlich verstanden sie den Zusammenhang und dankten uns herzlich für diese angenehme Überraschung. Sie wiesen uns auch darauf hin, dass in den letzten Tagen in großer Eile das gesamte Gefängnis weiß gestrichen worden war. Wir mussten in der Tat sehr aufpassen, uns an keine Wand oder Tür anzulehnen, da die Farbe noch feucht war. Sogar die Stacheldrahtzäune waren weiß getüncht und sahen entsprechend adrett aus.

Da auch der Leiter der kasachischen Strafvollzugsbehörde in der Zwischenzeit aus Astana eingetroffen war, scherzten wir bei der Nachbesprechung mit dem Gefängnisdirektor darüber, dass es nicht notwendig wäre, unseretwegen solche Umstände zu machen. Wir würden den Schwindel ohnedies entdecken. Über die Gefängnisband musste er schließlich sogar selbst lachen. Kein schlechter Einfall, lobte er sich. Wir würden doch auch unser eigenes Haus entsprechend putzen und herrichten, wenn wir so hohen Besuch bekämen, wollte er mir schmeicheln. Schließlich käme es nicht jeden Tag vor, dass die UNO sein Gefängnis inspiziere.

Party im Gefängnishof?

Das schönste »Potemkin'sche Dorf« fanden wir im Frauengefängnis von Koksu. Wir waren an diesem Tag in der Früh mit unseren UNO-Autos von Astana in Richtung Karaganda aufgebrochen, was die uns überwachenden Sicherheitsorgane natürlich auftragsgemäß an ihre Kollegen in Karaganda berichtet hatten. Denn schon nach kurzer Zeit kam uns ein Polizeifahrzeug mit Blaulicht entgegen und drehte vor uns um. Die Beamten machten uns deutlich, dass wir ihnen folgen sollten. Schließlich lässt man einen so hohen Besuch nicht einfach ohne Polizeieskorte in Kasachstan herumfahren! Um zumindest noch den Schein von unangekündigten Besuchen zu wahren, bogen wir bei der nächsten Abfahrt ab und machten einen nicht geplanten Besuch in verschiedenen Polizeistationen der Industriestadt Temirtau. Die Polizisten unserer Eskorte müssen uns wohl für sehr unhöfliche Gäste gehalten haben. Aber der Abstecher kostete natürlich viel Zeit, die uns in Karaganda schließlich fehlte.

Als letztes Gefängnis hatten wir uns für diesen Tag das Frauengefängnis vorgenommen, aber es lag so weit außerhalb der Stadt und war so schwer zu finden, dass es schon dämmerte, als wir schließlich ankamen. Der Direktor hatte sich schon große Sorgen gemacht, dass wir nicht mehr kommen würden und hatte schließlich sogar einen Wagen geschickt, und diesmal ließen wir uns sogar gerne, wiewohl ein wenig peinlich berührt, den Weg zeigen. Der Direktor begrüßte uns wie alte Bekannte, die zu spät zu einem lange vereinbarten Rendezvous gekommen sind. Ich entschuldigte mich für die späte Stunde unseres Besuches und kam mir ein wenig albern vor. Er schien ein bisschen ungeduldig und begann sofort schnellen Schrittes mit einer Führung durch sein Gefängnis.

Obwohl es schon Abend war, befanden sich alle Häftlinge auf einer großen Wiese und feierten eine Party. Aus riesigen Lautsprechern ertönte westliche Popmusik, und die Frauen waren eifrig bemüht, uns ihre Tanzkünste zu zeigen. Solche Partys würden jeden Tag von den Häftlingen selbst organisiert, beeilte sich der Direktor zu erklären, und wollte schon weitergehen. Er war so bemüht, uns persönlich alles zu zeigen, dass es schwierig war, ihm klar zu machen, dass wir nun Gespräche mit den Gefangenen führen wollten. Er schien fast beleidigt zu sein, als wir ihm erklärten, dass er bei diesen Gesprächen nicht dabei sein durfte.

Natürlich flog der Schwindel schon bei den ersten Interviews auf. Die ganze Musikanlage war erst vor wenigen Tagen angeschafft und installiert worden, hörten wir. Besonders auffallend waren die frisch gebügelten, blütenweißen Leintücher auf den Betten in den großen Schlafsälen. Eine Frau erzählte uns, dass sie diese Leintücher vor vier Tagen bekommen hätten. Als alle Betten frisch säuberlich überzogen waren, erklärte man ihnen aber, dass sie bis auf weiteres auf dem Boden schlafen müssten. Jetzt erst verstand ich, warum der Direktor schon etwas ungeduldig geworden war. Jemand musste ihm gesagt haben, wir würden gleich am Beginn unserer Kasachstan-Mission in sein Gefängnis kommen. Er hatte alles vorbereitet, und dann dauerte es vier ganze Tage, bis wir endlich kamen! Ich war froh, dass die Frauen wenigstens diese Nacht wieder in ihren noch dazu frisch überzogenen Betten schlafen durften.

Jamaica: Strukturelle Gewalt statt Folter

»Island in the sun« besang Harry Belafonte diese karibische Insel einst liebevoll. In der Tat: Wenn man an einem der blütenweißen Sandstrände von Montego Bay mit einem Glas Jamaica Rum in der Hand und den Klängen von Bob Marleys »No woman no cry« im Ohr in der Hängematte liegt, wähnt man sich dem Paradies ziemlich nahe. Man ahnt nicht, dass in der »Freeport«-Polizeistation am anderen Ende des Ortes Menschen angehalten werden, die die Sonne von Jamaica seit Jahren nicht mehr gesehen haben. Obwohl sie von keinem Gericht verurteilt wurden. Sie wurden lediglich wegen des Verdachts einer strafbaren Handlung von der Polizei festgenommen. Da die Untersuchungshaftzellen in Gefängnissen wie dem Horizon Remand Centre in Kingston, wo wenige Tage vor unserer Ankunft im Februar 2010 eine Häftlingsrevolte brutal niedergeschlagen wurde, überfüllt sind, lässt man jene Untersuchungshäftlinge, die kein Geld haben, um sich freizukaufen, einfach in den Polizeizellen verkommen, oft von der Außenwelt vergessen.

Die »Freeport«-Polizeistation in Montego Bay

Neben bereits erfahrenen Mitgliedern wie Julia Kozma (BIM) und Derrick Pounder bestand mein Team aus Claudia de la Fuente, die vor relativ kurzer Zeit zum Genfer Team gestoßen war, mich aber bereits nach Uruguay begleitet hatte, und Tiphanie Crittin, die nach dem Ausscheiden von Isabelle Tschan als schweizerische Expertin ins BIM-Team gekommen war und in Jamaica ihre »Feuertaufe« mit großem Engagement bestand. Für unsere Sicherheit sorgten mit Lincoln Campbell und Hayley Brooks zwei erfahrene UNO-Beamte aus Jamaica.

Als wir »Freeport« am 20. Februar 2010 besuchten, fanden wir dort 159 Häftlinge auf engstem Raum zusammengepfercht. Der Haftraum bestand aus einem langen Korridor mit Zellen an beiden Seiten. In den ersten sechs Zellen waren Frauen und Kinder untergebracht. Hier schien noch etwas Licht hinein. Dann kamen, durch eine versperrte Türe mit Drahtgitter getrennt, die Zellen für die Männer. Je weiter man in den Korridor hineinging, desto dunkler, heißer und stickiger wurde es. Der Gestank war beinahe unerträglich. Als wir die Taschenlampen einschalteten, sahen wir überall Kakerlaken und sonstiges Ungeziefer. Der Lärmpegel war so hoch, dass es schwierig war, mit einzelnen Häftlingen in den Zellen zu kommunizieren. Aber aus Angst vor Repressalien wollten nur wenige mit uns für ein Interview hinausgehen.

Die gesamte Atmosphäre war extrem angespannt und gewalttätig. Wir fühlten förmlich, dass es nur eines kleinen Funkens bedurfte, um eine Explosion an Gewalt auszulösen, die dann natürlich mit entsprechender Gegengewalt durch die Polizei beantwortet würde. Fast alle Häftlinge erzählten von Schlägen und sonstiger Gewalt von Seiten anderer Häftlinge sowie der Wachebeamten. Ich versuchte mir vorzustellen, wie lange ich solche Haftbedingungen aushalten würde. Wahrscheinlich nicht länger als ein paar Tage. Dann würde ich vermutlich durchdrehen. Aber wir fanden hier Menschen, die schon länger als vier Jahre unter diesen absolut unmenschlichen Bedingungen angehalten waren. Sie erzählten uns, dass sie die meiste Zeit in ihren verschlossenen, dunklen, überfüllten und stinkigen Zellen mit Nichtstun verbrachten. Manchmal durften sie auf den Gang hinaus, um auf die Toilette zu gehen oder eine »Dusche« zu nehmen. Aber aus dem langen Korridor konnten sie nicht hinaus, selbst wenn Besucher kamen und ihnen Essen oder frische Kleidung brachten. Sie mussten mit ihren Angehörigen durch jene engmaschige Drahttüre sprechen, die den hinteren Teil des Korridors von dem vorderen trennte. Der Leiter der Wachebeamten stimmte voll mit uns überein, dass die Haftbedingungen in »Freeport« unmenschlich seien, und zwar nicht nur für die Häftlinge, sondern auch für die Beamten, die dort Dienst versähen und für »Ordnung« sorgen müssten. Aber er sei nur ein kleines Rädchen in der Polizeihierarchie und könne die Situation nicht ändern.

Auch wenn die Folter definitionsgemäß einen Vorsatz und Zweck für die Zufügung schweren Leidens erfordert, so kamen wir zum Schluss, dass diese völlige Missachtung der Menschenwürde nicht einfach als fahrlässig abgetan werden durfte. Wir konnten uns des Eindrucks nicht erwehren, dass die verantwortlichen Beamten und Politiker vorsätzlich, aus Gründen der Abschreckung, Einschüchterung oder Bestrafung dieser Menschen solche Haftbedingungen geschaffen hatten und weiter aufrechterhielten. Deshalb forderte ich die Regierung dringend auf, dieses Polizeigefängnis wegen Verstoßes gegen das Folterverbot unverzüglich zu schließen. Meines Wissens hat sich jedoch bisher noch nichts geändert.

Das Polizeigefängnis von May Pen

Die Situation im Polizeigefängnis von May Pen war mit jener in Montego Bay durchaus vergleichbar. Hier hatte der Korridor eine U-Form, wobei sich die Toiletten und »Duschen« am hinteren Ende, also an der Krümmung des U, befanden. Zum Zeitpunkt unseres Besuches am 16. Februar 2010 waren zu allem Überfluss die Toiletten verstopft, so dass die Fäkalien in den Korridor hinausschwappten. Die Häftlinge in den gegenüberliegenden Zellen, die fast ebenso dunkel waren wie jene in »Freeport«, hatten ihre T-Shirts um Nase und Mund gebunden, weil sie den Gestank nicht mehr aushielten. Noch dazu durften die Häftlinge ihre Zellen nur zwei Mal pro Tag verlassen, um auf die Toilette zu gehen, obwohl viele wegen der unbeschreiblichen hygienischen Verhältnisse und des verdorbenen Essens über Durchfall klagten. Sie mussten ihre Notdurft vor ihren Zellengenossen in Plastiksäcken verrichten.

Ein 39-jähriger Mann erzählte uns unter Tränen, dass er schwer krank sei und auf Verordnung des Arztes eine strenge Diät einhalten müsste. Trotzdem bekam er nur das normale Essen und hatte ständig Durchfall. Seine Zellengenossen hätten ihn wiederholt geschlagen, weil er nicht warten konnte, bis er auf die Toilette gelassen wurde. Auch die Wachebeamten hätten ihn geschlagen und mit heißem Wasser verbrannt. Auch in diesem Fall drängte ich – soweit ersichtlich ohne Erfolg – auf die sofortige Schließung dieses Polizeigefängnisses.

Eine brutalisierte Gesellschaft

Auch wenn die Haftbedingungen in den von uns besuchten Polizeistationen und Gefängnissen in Kingston und anderen Städten etwas besser waren, so stellen die beiden genannten Polizeistationen keineswegs Einzelfälle dar, sondern symbolisieren vielmehr die Spitze eines Eisbergs an struktureller Gewalt in der heutigen Gesellschaft Jamaicas und insbesondere im Umgang der Polizei mit Menschen, die zu Recht oder zu Unrecht einer kriminellen Tat verdächtigt werden.

Die Innenstadt von Kingston wird von verschiedenen kriminellen Organisationen kontrolliert, die über enge Kontakte zu den politischen Parteien des Landes verfügen. Die Bosse dieser von Waffen- und Drogenhandel lebenden kriminellen Organisationen, respektvoll »Dons« genannt, sind im Umgang mit ihren Rivalen, unbeteiligten Menschen und der Polizei nicht gerade zimperlich. Wir haben einzelne dieser Herren im Gefängnis besucht, um uns selbst ein Bild davon zu machen, wie sie noch aus ihren Gefängniszellen Macht ausüben und Gewalt anordnen. Wer sich nicht durch entsprechende Unterwerfung des Schutzes eines dieser »Dons« versichert hat, sollte sich besser nicht in einem von diesem kontrollierten Viertel in Kingston blicken lassen.

Jamaica gehört heute zu den Ländern mit der höchsten pro-Kopf-Rate an Feuerwaffen und Morden. Dies mag zu einem gewissen Grad erklären, dass die Nerven der Polizei bei Einsätzen gegen die organisierte Kriminalität oft blank liegen. Auf der anderen Seite ist auch die Polizei nicht zimperlich und trägt damit ebenfalls zu einer Eskalation der Gewalt und zur weiteren Brutalisierung der Gesellschaft bei. Statt verdächtige Personen festzunehmen, setzt sich zunehmend die Tendenz durch, diese gezielt zu erschießen. Eine für solche Einsätze berüchtigte Polizeistation in der Nähe der

Innenstadt von Kingston ist Hunt's Bay. Die Gewaltbereitschaft liegt dort förmlich in der Luft. Wir erlebten selbst, wie ein hoher Polizeibeamter uns gegenüber extrem aggressiv und beinahe handgreiflich wurde, nur weil wir nähere Informationen über einen nicht registrierten und äußerst verängstigten Häftling haben wollten, den sie offensichtlich vor uns versteckt hatten.

Das »Horizon«-Untersuchungsgefängnis

Dieses Klima der Gewalt fanden wir auch in den Gefängnissen. Am 8. Februar 2010, nur vier Tage vor unserer Ankunft in Kingston, war es im »Horizon«-Untersuchungsgefängnis zu einer Revolte gekommen, weil die Versorgung mit Wasser mehrere Tage nicht funktioniert hatte. Als dann plötzlich wieder Wasser floss, durfte nur ein kleiner Teil der Häftlinge Wasser holen. Da war es den unter Durst leidenden Häftlingen einfach zu viel. Sie zertrümmerten einzelne Zellentüren und ließen andere Häftlinge frei. Eine Spezialeinheit der Polizei reagierte mit großer Brutalität. Nur durch ein Wunder wurde niemand getötet. Aber 70 Häftlinge hatten zum Teil schwere Verwundungen.

Wir interviewten die am schwersten Verwundeten in der Krankenstation des Tower-Street-Gefängnisses und konnten mit Hilfe unseres forensischen Experten Derrick Pounder eindeutig feststellen, dass ihre Verletzungen nicht durch die Polizei in Notwehr gegenüber wild gewordenen Häftlingen zugefügt worden waren, wie uns der Gefängnisdirektor weismachen wollte, sondern durch gezielte Gewalt gegen Häftlinge, die vergeblich versucht hatten, sich gegen diese exzessive Polizeigewalt zu schützen. Die Version des Direktors war schon deshalb nicht besonders glaubwürdig, weil nur ganz wenige Polizisten verletzt worden waren, und auch diese nur leicht.

»Armadale«, ein Jugendgefängnis für Mädchen

Am 22. Mai 2009 war es in »Armadale«, einem Jugendgefängnis für Mädchen, zu Unruhen gekommen, die zum Tod von sieben Mädchen und schweren Verbrennungen anderer Häftlinge geführt hatten. Wir interviewten einige der schwer traumatisierten Überlebenden neun Monate später in dem neu eröffneten »Diamond Crest« Jugendgefängnis für Mädchen in Alligator Pond. In Jamaica ist »Armadale« zu einem Symbol für strukturelle Gewalt und fehlende Empathie für Häftlinge, in diesem Fall sogar Jugendliche, geworden. Die Anstalt war wie viele andere überfüllt. In dem Schlafraum, wo es zu den Unruhen gekommen war, gab es sieben Doppelschlafplätze mit 14 Matratzen für 23 Mädchen. Obwohl der offene Vollzug im Strafvollzug die Regel ist, führten Kollektivstrafen, auch für geringfügige Übertretungen der Gefängnisordnung, immer wieder dazu, dass die Mädchen den ganzen Tag in ihrem Schlafraum eingesperrt waren und an keinerlei Bildungs- oder Freizeitaktivitäten teilnehmen durften. Selbst das Essen mussten sie in diesem überfüllten Raum einnehmen.

An dem betreffenden Tag waren sie bereits seit über zwei Wochen eingesperrt. Ein paar Mädchen hatten es geschafft, das Gitter vor einem der Fenster zu entfernen und versuchten, durch dieses nach außen zu gelangen. Während die Wachebeamten trachteten, sie mit Schlägen daran zu hindern, wurde eine Spezialeinheit angefordert, die schließlich einen Kanister mit Tränengas in den Schlafraum warf, wodurch zwei Matratzen zu brennen begannen. Trotzdem wurden die Mädchen weiterhin daran gehindert, aus dem Fenster zu springen. Als sich das Feuer ausbreitete und die Beamten endlich den Ernst der Lage erkannten, versagten die Feuerlöscher und niemand konnte den Schlüssel zur Tür des Schlafraums finden. 16 Mädchen konnten sich schließlich, mit zum Teil schweren Verbrennungen, aus dem Fenster retten, aber für sieben kam jede Hilfe zu spät.

und Pazifik), Roland Schmidt und Tiphanie Crittin (BIM), unserem forensischen Experten Duarte Vieira und den beiden Dolmetschern Mathew Nelson und Monica Pallus.

Kup Women for Peace

Auch im Hochland führen Auseinandersetzungen mit Feuerwaffen zwischen benachbarten Völkern und Familien heute zu einem viel höheren Blutzoll als früher. In dem kleinen, entlegenen Bergdorf Kup in der Nähe von Kundiawa beobachteten wir, wie die Frauen der verfeindeten Völker eine gemeinsame Initiative ergriffen hatten, um dem unsinnigen Morden und der Spirale von Gewalt und Gegengewalt durch eine Friedensinitiative mit Mediation ein Ende zu setzen. Der Frieden hielt beinahe ein Jahrzehnt, und diese vorbildhafte Initiative (»Kup Women for Peace«) wurde zum Modell für andere Frauengruppen.

Doch kurz vor unserem Besuch im Mai 2010 hatten die Männer wieder zu den Waffen gegriffen und alle gemeinsamen Gebäude, Institutionen und Felder, die von den Frauen über die Grenzen der verfeindeten Völker hinweg in mühsamer Kleinarbeit aufgebaut worden waren, zerstört. Wir konnten nur die Ruinen der gemeinsamen Aufbauarbeit der Frauen besichtigen und ihre Trauer spüren. Trotzdem hatten sie nochmals eine neue Friedensinitiative ergriffen, um die Dorfältesten und Anführer der beiden Gruppen auf einer großen Wiese in Kup zu einer Aussprache zu bewegen. Während die Frauen ihre Männer anflehten, der unsinnigen Gewalt endlich ein Ende zu setzen, hatten die Männer jedoch nichts Besseres zu tun, als der jeweils anderen Seite die Schuld an der neuerlichen Eskalation der Gewalt in die Schuhe zu schieben. Meine Frage, ob sie nicht die Polizei zu Hilfe rufen könnten, stieß nur auf ein verwundertes Kopfschütteln. Die Polizei hätte sich in dieser entlegenen Gegend noch nie blicken lassen und würde sich in derartige Konflikte auch nie einmischen.

Schwarze Magie

Eine andere Tradition in Papua-Neuguinea, die viele menschenrechtliche Probleme aufwirft, kann am ehesten mit »schwarzer Magie« oder Zauberei (»sorcery«) umschrieben werden. Ein zutiefst verängstigter Mann erzählte uns folgende Geschichte, die sich ebenfalls in einem kleinen, entlegenen Ort im Hochland zugetragen haben soll.

Ein Mann, mit dem er seit längerem Streit über das Eigentum an einem Grundstück hatte, sei in dem Dorf überraschend gestorben. Daraufhin wurden er und seine Frau von der Familie des Mannes bezichtigt, diesen durch überirdische Kräfte getötet zu haben. Die Dorfversammlung beschloss, dass die Ursache für den plötzlichen Tod dieses Mannes nur durch die Hilfe einer bekannten großen Magierin (»grand sorcerer«) aus einem anderen Ort aufgeklärt werden könne. Bis zum Eintreffen der großen Magierin wurden die beiden Beschuldigten in ihrem Haus festgehalten. Nach ihrer Ankunft beriet sich die Magierin mit den Dorfältesten. Unser Gesprächspartner behauptete, sie sei von den Dorfältesten und der Familie des Verstorbenen mit selbst gebrautem Bier in einen Rausch versetzt worden. Wie dem auch sei, jedenfalls befand sie sich gegen Mitternacht in einem Trancezustand und erklärte vor der versammelten Dorfgemeinde, dass das beschuldigte Ehepaar durch überirdische Kräfte den Tod des Mannes herbeigeführt habe. Dieses Urteil bedeutete, dass die beiden der Lynchjustiz durch die aufgebrachte Menge überantwortet wurden. Sie wurden in Gegenwart ihrer Kinder aus ihrem Haus gezerrt, schwer misshandelt, aus dem Dorf weggebracht und schließlich mit den Füßen nach oben auf einem großen Baum aufgehängt und alleine gelassen, um einen langsamen und qualvollen Tod zu sterben. Während seine Frau diese Folter nicht überlebt habe, sei er am dritten Tag von einer ihm unbekannten Frau befreit worden. Mit letzten Kräften sei er schließlich durch die Wälder ins Tal geflüchtet, wo er von einer humanitären Organisation aufgenommen und versorgt wurde. Obwohl er sich große Sorgen um das Schicksal seiner minderjährigen Kinder machte, traute er sich nicht in sein Dorf zurück. Seiner festen Überzeugung nach hätte ihn die Familie des Verstorbenen nur deshalb des Mordes durch überirdische Kräfte bezichtigt, um in den Besitz des umstrittenen Grundstücks zu kommen.

Die Rolle der Polizei

Obwohl ich nicht sicher war, ob ich der Geschichte dieses Mannes vollen Glauben schenken konnte, wurde uns von Menschenrechtsorganisationen mit Nachdruck versichert, dass dies kein Einzelfall sei. Im Gegenteil, der weitaus überwiegende Teil der Morde und Folterungen in Papua-Neuguinea habe mit »schwarzer Magie« zu tun. Die Polizei, die in einem geordneten Rechtsstaat unschuldige Menschen wie das Ehepaar in unserem Fall gegen die Bezichtigung der Magie beschützen sollte, halte sich aus diesen Konflikten und Ritualen traditioneller Dorfjustiz bewusst heraus. Auch seien die großen Magier und Magierinnen in Papua-Neuguinea hochangesehene Personen, mit denen sich die Polizei nicht anlegen wolle, wie uns verschiedene Polizeikommandanten im Hochland bestätigten.

Die einzige Rolle, die die Polizei diesbezüglich einnehmen könne, sei der vorübergehende Schutz der beschuldigten und verfolgten Personen durch Polizeihaft. Beispielsweise fanden wir in einer kleinen Polizeistation in Arawa im Süden der autonomen Insel Bougainville drei Männer, die sich bereits seit einigen Wochen zu ihrem eigenen Schutz freiwillig in einer Zelle der Polizei aufhielten und behaupteten, dass sie sich nur hier sicher fühlen würden. Wie lange sie hier bleiben würden, wussten sie nicht. Alle drei waren von den Angehörigen verstorbener Personen des Mordes durch überirdische Kräfte (»Vergiftung«) bezichtigt worden.

Obwohl in einem Fall sogar ein dreiköpfiges Dorfgericht den Verdächtigen auf der Basis eines medizinischen Berichts, wonach der Betroffene an Diabetes gestorben war, vom Vorwurf des Mordes freigesprochen habe, würden ihn die Angehörigen des Verstorbenen mit Buschmessern und Pfeil und Bogen weiter verfolgen. Er habe die Polizei ausdrücklich gebeten, die ihn verfolgenden Angehörigen des Verstorbenen festzunehmen, doch erklärte der Polizeichef von Arawa auch uns gegenüber, dass es in den Dörfern so viele Fälle schwarzer Magie gebe, dass sie einfach nicht die personellen und sonstigen Ressourcen (z. B. Fahrzeuge) hätten, um sich dieses Problems anzunehmen. Dass sie ihre Polizeizellen als Schutz zur Verfügung stellten, sei ohnedies bereits eine große Hilfe.

Eine menschenrechtliche Schutzpflicht

Wir haben im Team lange darüber beraten, wie diese Fälle aus menschenrechtlicher Sicht zu beurteilen sind und ob ich als Sonderberichterstatter über Folter dazu Stellung nehmen sollte. Dass der Magie bezichtigte Menschen oft auf grausamste Weise misshandelt und/oder ermordet werden, steht außer Zweifel. Auch, dass es sich bei diesem Problem nicht um Einzelfälle, sondern um eine sehr weit verbreitete Praxis handelt, und zwar sowohl im Hochland als auch auf den Inseln. Ich selbst konnte aber bei den verschiedenen Gesprächen mit potenziellen Opfern und Tätern den Verdacht nicht loswerden, dass schwarze Magie oder Zauberei im 21. Jahrhundert auch in Papua-Neuguinea eher als Vorwand genommen wird, um unliebsame Gegner durch die Bezichtigung eines durch überirdische Kräfte begangenen Verbrechens auf elegante Weise aus dem Weg zu schaffen. Deshalb sollte meiner Meinung nach die Bezichtigung der Magie, aber auch die Bekräftigung dieses Vorwurfs durch die »großen Magier«, als strafrechtliches Delikt geahndet und durch die Polizei entsprechend verfolgt werden. Demgegenüber betonen viele mit diesem Phänomen befasste Anthropologen, Soziologen und Menschenrechtsexperten, dass der Glaube an schwarze Magie in Papua- Neuguinea noch immer sehr stark sei, und dass den »großen Magiern«, die eine sozial angesehene Position innehaben, wirklich die hellseherische Fähigkeit zugeschrieben wird, zu erkennen, ob jemand eine andere Person durch überirdische Kräfte ermordet oder ihr sonstiges Leid wie eine schwere Krankheit zugefügt hat.

Wie dem auch sei, in keinem Fall darf ein derartiges »Urteil« zu Folter und Lynchjustiz führen, und der Staat hat eine menschenrechtliche Verantwortung, die Opfer davor zu beschützen. Wenn er sich dieser menschenrechtlichen Schutzpflicht entzieht, macht er sich der Folter durch Unterlassung schuldig.

Da die traditionelle, gewohnheitsrechtliche Strafjustiz durch Dorfgerichte in Papua-Neuguinea aber neben der ordentlichen Strafjustiz durch staatliche Gerichte ausdrücklich anerkannt ist, vermischen sich die beiden Phänomene. Oft ist bei Magie-Fällen nicht wirklich klar, ob ein Dorfgericht »Recht« gesprochen hat oder ob die Opfer, nachdem ein »großer Magier« sie einer Straftat »überführt« hat, einfach zur »Bestrafung« durch Mitglieder der verletzten Familien freigegeben werden. Jedenfalls hält sich die Polizei mit der Begründung heraus, dies sei keine Aufgabe für die staatlichen Sicherheitskräfte, die auch nicht mit den dafür erforderlichen Ressourcen und Kenntnissen ausgestattet seien.

Brutale Polizei

In der Tat ist die Polizei (»Royal Papua New Guinea Constabulatory«) in einem denkbar schlechten Zustand. Für das gesamte Land waren zur Zeit unserer Mission im Mai 2010 nicht mehr als 1200 Beamte wirklich im Einsatz. Sie sind schlecht ausgebildet, schlecht bezahlt und dafür bekannt, schnell zuzuschlagen. Wir fanden keine Fälle schwerer Folter mit ausgeklügelten Methoden zur Erpressung von Geständnissen. Aber bei der Festnahme und auch in der Polizeihaft ist es gängige Praxis, dass die Betroffenen mit Holzstöcken, Eisenstangen, Buschmessern oder Keilriemen brutal geschlagen werden, einfach um zu zeigen, wer jetzt das Sagen hat.

Als wir in den Zellen der vergleichsweise großen Polizeistation von Buka gerade Häftlinge interviewten, tauchte plötzlich ein hoher Sicherheitsbeamter aus Port Moresby auf, der uns nicht nur auf extrem aggressive Weise anschrie, sondern unseren Arzt Duarte Vieira auch tätlich angriff. Es bedurfte großer diplomatischer Anstrengungen, um diese gefährliche Situation wieder zu deeskalieren.

Auch wenn Häftlinge versuchen, aus dem Gefängnis auszubrechen, wird nicht gerade zimperlich mit ihnen umgegangen. Beispielsweise waren im Gefängnis von Mount Hagen am 13. April

2010 insgesamt 84 Häftlinge ausgebrochen, von denen 23 wieder gefasst werden konnten. Wir interviewten diese Häftlinge einen Monat später in ihren Disziplinarzellen. Alle waren von den Sicherheitskräften schwer geschlagen und durch gezielte Schüsse aus kurzer Distanz, durch Verbrennungen mit heißen Buschmessern oder dadurch, dass ihre Achillessehnen durchgeschnitten wurden, schwer verletzt und ohne jede medizinische Behandlung in Disziplinarzellen gesperrt worden.

Gewalt gegen Frauen

Diese und ähnliche Vorfälle sind nicht dazu angetan, das Vertrauen der Bevölkerung in die Polizei zu stärken. Obwohl Gewalt gegen Frauen und Kinder in der Familie allgegenwärtig ist, würden nur wenige Frauen auf die Idee kommen, sich an die Polizei zu wenden. Abgesehen davon, dass sie kaum adäquate Hilfe gegen ihre gewalttätigen Ehemänner erwarten könnten, würden sie auch noch Gefahr laufen, von der Polizei verhaftet, geschlagen oder vergewaltigt zu werden. Besonders schlimm war die Situation im Polizeiarrest von Mount Hagen, wo die meisten weiblichen Häftlinge nur inhaftiert worden zu sein schienen, um die Wäsche für die Polizeibeamten zu waschen, die Zellen der männlichen Häftlinge zu reinigen und den Beamten wie den männlichen Häftlingen sexuell zur Verfügung zu stehen. Die übereinstimmenden Beschwerden aller weiblichen wie einzelner männlicher Häftlinge schienen auch dadurch bestätigt zu werden, dass wir eine große Kollektion frischer Kondome im Büro des Kommandanten fanden.

Private Sicherheitsdienste

Da das Vertrauen der Bevölkerung in den Schutz durch die Polizei sehr klein und das Ausmaß der Gewalt in der Bevölkerung sehr groß ist, bedienen sich jene, die es sich leisten können, privater Sicherheitsdienste. Allein die in London ansässige Sicherheitsfirma G4S verfügt in Papua-Neuguinea über insgesamt 4800 gut geschulte und vergleichsweise professionelle Sicherheitskräfte, also viermal so viel wie die »Royal Papua New Guinea Constabulatory«. Außerdem verdienen die Angestellten privater Sicherheitsfirmen ein Vielfaches von Polizeibeamten. Es ist daher nicht weiter verwunderlich, dass ambitionierte und besser ausgebildete Polizisten von den privaten Sicherheitsfirmen abgeworben werden. Dementsprechend niedrig ist die Arbeitsmotivation und Arbeitsmoral innerhalb der Polizei. Nach Auskunft von Tom Kolunga, der als stellvertretender Kommandant zur Zeit unserer Mission die Polizei von Papua-Neuguinea leitete, waren ca. 50 Prozent der im Polizeidienst stehenden Beamten entweder im Krankenstand oder aus sonstigen Gründen nicht einsatzfähig.

Globalisierung als Bedrohung traditioneller Lebensstrukturen

Zu allem Überfluss verfügt Papua-Neuguinea auch über reiche natürliche Rohstoffvorkommen, wie Edelholz, Mineralien und Öl, die von internationalen Konzernen ohne Rücksicht auf traditionelle Strukturen und Kulturen ausgebeutet werden. Auf der Insel Bougainville hat der Widerstand der indigenen Bevölkerung gegen die Ausbeutung einer großen Kupfermine bei Panguna sogar zu einem bewaffneten Konflikt, zur Schließung der Mine im Jahr 1989 und zu einem Autonomiestatus der Insel im Jahr 2002 geführt.

Mit dem Bau einer Pipeline und der Ausbeutung der reichen Erdgasvorkommen durch Mobil/Exxon und andere Multis werden die sozialen Spannungen im Land dramatisch zunehmen, wie schon bisher gewalttätige Demonstrationen gezeigt haben. Die Polizei ist auf den Zusammenprall traditioneller Strukturen mit den ökonomischen Kräften der Globalisierung jedenfalls denkbar schlecht vorbereitet. Was das für die Zukunft bedeutet, ist schwer vorherzusagen. Ich habe in meinem Bericht jedenfalls als besonders vordringliche Maßnahme eine grundlegende Reform der »Royal Papua New Guinea Constabulatory« gefordert. Das allein wird aber zu wenig sein, um die riesigen Umwälzungen in diesem faszinierenden Land ohne Gewalt zu bewältigen.

Griechenland: Die gemeinsame Asyl- und Migrationspolitik der EU auf dem Prüfstand

Meine letzte offizielle Mission führte mich im Oktober 2010 nach Griechenland. Ich wurde dabei von einem vergleichsweise neuen Team begleitet. Sonia Cronin (Genf) und Moritz Birk (BIM) waren zum ersten Mal mit mir auf Mission, aber Tiphanie Crittin hatte bei den viel schwierigeren Missionen in Jamaica und Papua Neuguinea bereits sehr viel Erfahrung gesammelt. Dass mich Duarte Vieira, trotz seines vollen Terminkalenders als Präsident der wichtigsten internationalen Vereinigungen forensischer Experten, auch auf meiner letzten und für ihn bereits siebten Mission begleitete, freute mich besonders. Unsere Aufmerksamkeit galt vor allem der Situation von Flüchtlingen und irregulären Migranten und Migrantinnen. Denn in Griechenland zeigen sich derzeit wie in keinem anderen europäischen Land die Folgen einer verfehlten »gemeinsamen« europäischen Asyl- und Migrationspolitik.

Festung Europa

Aufgestachelt durch die xenophobe Hetze rechtspopulistischer Politiker haben die europäischen Staaten nach dem Fall des Eisernen Vorhangs die legale Arbeitsmigration, die kurz davor noch durch eine gezielte Anwerbungspolitik zur Ankurbelung der Wirtschaft gefördert worden war, auf ein Minimum reduziert. Das führte dazu, dass viele Arbeitswillige auf die Asylschiene umstiegen, da das internationale Flüchtlingsrecht erfordert, dass Asylsuchenden so lange ein vorläufiges Aufenthaltsrecht zuerkannt wird, bis in einem rechtsstaatlichen Verfahren über die Frage entschieden wird, ob sie Flüchtlinge im Sinn der Genfer Konvention sind oder nicht. Dem rapiden Anstieg der Zahl der Asylansuchen waren die meisten Asylbehörden nicht gewachsen, und der große

Rückstand führte zu einer Verfahrensdauer von mehreren Jahren. Das nützte primär jenen, die das Asylrecht missbrauchten und sich während des laufenden Asylverfahrens durch illegale Arbeit so weit integrierten, dass sie es ungeachtet des Ausgangs ihres Asylverfahrens letztlich schafften, im Land zu bleiben.

Statt das Asylverfahren durch entsprechende personelle Aufstockung so sehr zu beschleunigen, dass sich der Asylmissbrauch nicht mehr wirklich auszahlte, begannen die europäischen Staaten, den Zugang zum Asylverfahren und zum Flüchtlingsschutz Schritt für Schritt zu erschweren beziehungsweise für wirkliche Flüchtlinge zu verunmöglichen. Das wiederum rief die organisierte Kriminalität auf den Plan. Wer wirklich Schutz vor Verfolgung im Heimatland benötigt und in Europa als Flüchtling anerkannt werden will, hat oft keine andere Wahl, als das gesamte Hab und Gut an skrupellose Schlepperbanden zu verkaufen, die mit der Not dieser Menschen das große Geschäft machen und sie auf abenteuerlichen Wegen, die oft mit großen Gefahren verbunden sind, nach Europa schmuggeln. Dabei werden diesen Menschen von den Schmugglern völlig abwegige Geschichten über ihr zukünftiges Leben in Europa erzählt. Wenn die Menschen wirklich wüssten, was sie in Europa heute erwartet, würden viele niemals die großen Mühen und Kosten der Flucht auf sich nehmen. Denn die meisten Europäer unterscheiden heute nicht mehr, wie zur Zeit des Kalten Kriegs, zwischen schutzbedürftigen Flüchtlingen, denen unsere Solidarität wie bei der Ungarn-Krise 1956 oder beim Prager Frühling 1968 gilt, und Arbeitsmigranten, deren Zuzug geregelt werden muss.

Ausländer sind Ausländer, und das heißt für die meisten Menschen und leider auch Beamten »Illegale«. Um die »Festung Europa« gegen »Überfremdung« zu verteidigen, lassen sich europäische Politiker und Politikerinnen immer neue Verschärfungen einfallen. Da durch den Wegfall der Binnengrenzen im »Schengen-Land« ein »Raum der Freiheit, der Sicherheit und des Rechts« für alle EU-Bürger geschaffen wurde, müssen die gemeinsamen Außengrenzen durch besonders geschulte Militär- und Polizeibeamte der Europäischen Grenzschutztruppe »Frontex« gegen »Illegale« geschützt werden.

Statt eine an den demografischen Entwicklungen orientierte, wirklich gemeinsame europäische Asyl- und Migrationspolitik für das 21. Jahrhundert zu konzipieren und legale Migration bis zu einem gewissen Grad zuzulassen, hat sich die europäische Politik auf das »Florianiprinzip« geeinigt: Wirklichen Flüchtlingen muss aus humanitären und völkerrechtlichen Gründen letztlich Schutz in Europa gewährt werden, aber bitte nicht bei uns! Das ist der Geist des ursprünglichen Dubliner Übereinkommens aus dem Jahr 1990, das 2003 in die sogenannte »Dublin-II-Verordnung« umgegossen wurde. Wo immer Flüchtlinge zuerst den Boden der Europäischen Union betreten, sollen sie gefälligst auch bleiben und den Ausgang ihres Asylverfahrens abwarten. Ob Flüchtlinge deutsch, englisch oder französisch sprechen oder eventuell Verwandte oder Freunde in Schweden, den Niederlanden oder Österreich haben, die ihnen das schwere Los des Flüchtlingsdaseins etwas erleichtern könnten, ist völlig irrelevant. Wo kämen wir denn hin, wenn sich die Flüchtlinge auch noch das Asylland selbst aussuchen könnten!

Solange Österreich eine lange Schengen-Außengrenze gegenüber Tschechien, der Slowakei, Ungarn und Slowenien hatte und eigens das Militär zum Schutz gegen »Illegale« an die Grenze schickte, fanden unsere Politiker das Dublin-System äußerst ungerecht. Unsere Gendarmerie und mit Wärmebildkameras ausgestatteten Grenz-Überwachungsposten zum Schutz der »Grünen Grenze« bei Gmünd oder der »Blauen Grenze« bei Marchegg waren letztlich völlig überfordert, wenn pro Nacht viele von skrupellosen Schleppern im Böhmerwald ausgesetzte oder in Booten in der March alleine gelassene Flüchtlinge aus Afghanistan, Pakistan oder Tschetschenien völlig durchnässt und erschöpft von den Gendarmen oder Soldaten aufgegriffen wurden.

Grenz-»Schutz«

Ich war damals als Leiter der für das nördliche Niederösterreich zuständigen Besuchskommission des Menschenrechtsbeirats im Innenministerium wiederholt bei nächtlichen Einsätzen dabei. Die Beamten zeigten uns in ihren warmen, mit Nachtsichtgeräten und Wärmebildkameras ausgestatteten Bussen, wie man im Böhmerwald auch in der Nacht »Illegale« erkennen kann, die von den Schleppern im Wald ohne Dokumente alleine gelassen worden waren. Ich erinnere mich noch sehr gut, wie schockiert ich war, als uns Gendarmeriebeamte in Gänserndorf im Jahr 2000 stolz einen Propaganda-Schulungsfilm des Innenministeriums zeigten, in dem »Illegale« in der Nacht mit Hubschraubern aufgespürt wurden. Durch die Nachtsichtgeräte konnte man aus dem Cockpit des Hubschraubers genau erkennen, wie sich eine Familie mit kleinen Kindern ängstlich in einem Straßengraben versteckte, um sich gegen den vermeintlichen Angriff des Hubschraubers zu schützen. Die pakistanische Flüchtlingsfamilie wurde von den tapferen Gendarmen schließlich festgenommen und den Behörden übergeben. Ich weiß nicht, was dieser Film bezwecken sollte, mich erinnerte er jedenfalls an Krieg.

Wenn man die Menschen erwischte, bevor sie österreichischen Boden betreten hatten, wurden sie zurückgeschickt und den tschechischen oder slowakischen Grenzbeamten übergeben. Ob sie dann wieder nach Pakistan oder Tschetschenien zurückgeschickt wurden, war nicht »unser« Problem. Wenn sie es aber über die Grenze schafften, stellten sie sich meist freiwillig der Gendarmerie, sagten das Wort »Asyl«, und die österreichischen Behörden waren verpflichtet, sie zuerst in notdürftigen Gendarmerie-Anhaltezentren an der Grenze mit heißem Tee, Essen und warmen Kleidern zu versorgen, sie, soweit es ging, zu identifizieren und dann ins Erstaufnahmelager für Flüchtlinge nach Traiskirchen zu schicken. Auch wenn sie eigentlich nach Deutschland, Schweden, Italien oder England wollten, war Österreich dazu verpflichtet, das Asylverfahren durchzuführen und diese »Illegalen« zu verköstigen, was von den meisten Gendarmen und Politikern damals als große Ungerechtigkeit empfunden wurde. Wenn die Flüchtlinge so geschickt waren, dass sie unbemerkt durch Österreich bis nach Deutschland oder Italien reisen konnten und erst dort aufgegriffen wurden, musste Österreich sie auf Grund der »Dublin-Logik« wieder zurücknehmen und während des Asylverfahrens so gut auf sie aufpassen, dass sie nicht wieder nach Deutschland »flüchteten«, selbst wenn sie dort vielleicht Verwandte hatten. Natürlich führte dieses System dazu, dass mehr und mehr Asylwerber in Schubhaft genommen wurden.

Das ist nun schon lange her und beinahe vergessen. In der Zwischenzeit sind alle unsere östlichen Nachbarstaaten der Europäischen Union und dem Schengen-Vertrag beigetreten. Die EU-Außengrenze muss nicht mehr in Österreich, sondern in Polen, der Slowakei oder Bulgarien gegen »Illegale« verteidigt werden, obwohl wir zur Sicherheit den »Assistenzeinsatz des Bundesheeres« an der burgenländischen Grenze bis Ende 2011 aufrecht hielten. Flüchtlinge können legal in Österreich nur mehr um Asyl ansuchen, wenn sie so begütert sind, dass sie im Flugzeug flüchten und es auch wirklich schaffen, trotz scharfer Kontrollen an den Flughäfen bis nach Schwechat zu fliegen.

Jene tschetschenischen Flüchtlinge, die sich auf dem Landweg mit Hilfe von Schleppern über die Ukraine, Polen und Tschechien bis nach Österreich durchschlagen, können wir nunmehr auf Grund der Dublin-Verordnung wieder zurückschicken. Wir müssen nur mit Hilfe der europäischen Fingerabdrücke-Datenbank »Eurodac« nachweisen, dass sie wirklich zuerst in Polen europäischen Boden betreten haben. Gleiches gilt für afghanische Flüchtlinge, die sich über den Iran und die Türkei bis nach Griechenland durchschlagen konnten. Ob sie durch Folter und die Mühen der Flucht traumatisiert sind und dringend unseres Schutzes bedürfen, ob sie in Polen oder Griechenland wirklich ein faires Asylverfahren erwarten können oder doch wieder in ihre Herkunftsländer zurückgeschickt werden, ist jedenfalls nun nicht mehr »unser« Problem. Hauptsache, wir machen einen »Eurodac-Treffer«. Dann geht es im abgekürzten »Dublin-Verfahren« sehr schnell, und die verdutzten Menschen sitzen im Flieger oder Bus nach Warschau oder Athen. Jetzt finden unsere Politiker und Grenzgendarmen, die sich seit der großen Polizeireform von Ernst Strasser Polizisten nennen dürfen, die Dublin-II-Verordnung in Ordnung, wie uns bei den Besuchen in den vereinsamten Polizeiposten an den Grenzen zu Tschechien und der Slowakei immer wieder versichert wird. Häftlinge gibt es dort so gut wie keine mehr.

Griechenland: Nur 36 von 16 000 Flüchtlingen anerkannt

Dafür aber umso mehr in Griechenland. Da die europäische Grenzüberwachungsagentur Frontex und nationale Grenzschutzbehörden die Seegrenze zur Türkei, dem Nahen Osten und Nordafrika, nicht zuletzt durch jenes Abkommen, das ex-Premierminister Silvio Berlusconi mit seinem ex-Freund Muammar al-Gaddafi geschlossen hatte, in ziemlich effektiver Weise kontrolliert, haben sich die Schlepper ein neues Nadelöhr gesucht: die relativ unwegsame Grenze zwischen der Türkei und Nordgriechenland entlang des Evros-Flusses. Was ich während meines Besuches im Oktober 2010 dort sah, erinnerte mich sehr an meine früheren Erfahrungen an der österreichisch-slowakischen Grenze entlang der March. Nur, dass in der Nacht nicht wie damals 20 bis 30 Menschen den Fluss überquerten, sondern 200 bis 300! Statistisch gesehen wurden im Jahr 2008 ungefähr 50 Prozent aller Festnahmen von irregulären Migranten und Migrantinnen in der EU in Griechenland durchgeführt. Im Jahr 2009 hatte sich, wie mir das UNO-Hochkommissariat für Flüchtlinge (UNHCR) und der griechische Innenminister Christos Papoutsis, der dort bezeichnenderweise »Minister für den Schutz der Staatsbürger« heißt, übereinstimmend versicherten, dieser Anteil auf 75 Prozent erhöht, in den ersten neun Monaten des Jahres 2010 sogar auf knapp 90 Prozent! Mit anderen Worten: Jener Staat, der mit einem drohenden Staatsbankrott kämpft, müsste dank der Dublin-II-Verordnung den Großteil der Asylverfahren von Flüchtlingen durchführen, die aus Tschetschenien, dem Iran, Irak, aus Syrien, Afghanistan, Pakistan und anderen asiatischen, zum Teil auch afrikanischen Ländern wie Somalia, nach Europa kommen. Seit vielen Jahren wurde das griechische Asylverfahren wegen seiner schlechten Standards, dem Mangel an Dolmetschern und der geringen Chance, als Flüchtling anerkannt zu werden, vom UNHCR und Experten massiv kritisiert. Griechenland hat die bei weitem niedrigste Anerkennungsrate aller Staaten Europas. Sie tendiert gegen null Prozent! Im Jahr 2009 wurden von knapp 16 000 Asylwerbern und Asylwerberinnen ganze 36 als Flüchtlinge anerkannt.

Flucht über den Evros

Das Bild, das sich uns im Oktober 2010 in den Polizei- und Grenzkontrollposten von Soufli, Orestiada und Feres oder in den speziellen Haftzentren für Migranten in Venna und Fylakio in der Evros-Grenzregion, aber auch in den Zellen am Athener Venizelos-Flughafen oder in den meisten Polizeistationen von Athen bot, kann nur als Scherbenhaufen der gemeinsamen europäischen Asyl- und Migrationspolitik bezeichnet werden. Nach Angaben von Frontex hatte sich die Zahl der Menschen, die den Evros-Fluss auf irreguläre Art überquerten, zwischen Januar und September 2010 um 369 Prozent erhöht. Österreich stellt Frontex nicht nur erfahrene Beamte zur Verfügung, sondern auch Busse mit Wärmebildkameras und sonstige technische Ausrüstung, die an der March nicht mehr benötigt werden.

Alleine in den ersten beiden Tagen unserer Mission waren 1400 Menschen aufgegriffen und interniert worden. Die Polizeibeamten von Feres hatten uns selbst an eine Stelle am Evros-Fluss gebracht, wo in der Nacht zuvor ca. 150 Menschen den Fluss überquert hatten. Überall lagen noch nasse Kleider jener Menschen, die von den Schleppern auf der anderen Seite des Flusses in überfüllte Kähne gesetzt worden waren. Viele mussten schwimmen, obwohl es zu dieser Zeit in der Nacht schon merklich kühl war. Die Schlepper sagten den Menschen, sie sollten sich in der Nacht im Gebüsch verstecken und bei Tagesanbruch ein paar Kilometer gehen, bis sie ein Lager des UNO-Flüchtlingshilfswerks finden würden, wo sie bereitwillig aufgenommen, ernährt, versorgt und als Flüchtlinge mit vollen Rechten europäischer Bürger anerkannt werden würden. Auf dem Weg zurück fanden wir sechs afghanische Jugendliche, die auf der Straße in Richtung Feres wanderten. Sie hatten keinerlei Angst vor der Polizei und stiegen bereitwillig in das Polizeifahrzeug, das sie zur UNO bringen sollte.

Doch stattdessen kommen die Flüchtlinge in völlig überfüllte, schmutzige und allen Mindeststandards menschenwürdiger Haftbedingungen Hohn sprechende Polizeizellen oder Migrations-Haftanstalten.

Die Haftzellen

Der Grenzkontrollposten Feres hat zwei große Zellen mit je 14 Matratzen für maximal 28 Häftlinge. Am Tag unseres Besuches, dem 14. Oktober 2010, fanden wir dort 123 Häftlinge auf engstem Raum zusammengepfercht. Obwohl der junge Polizeichef dieses Postens, Spyridou Daskaris, wirklich bemüht war, die Häftlinge so gut es ging zu versorgen, waren seine Beamten völlig überfordert. Es gab zu wenig Decken, das Dach einer Zelle leckte und es regnete herein. Die Duschen und Toiletten funktionierten nicht mehr und das Reinigungspersonal einer privaten Firma war aus Angst vor dieser Masse von Menschen nicht mehr bereit, in die Zellen zu gehen oder die Toiletten zu reinigen. Stattdessen reinigten sie die mit Akten überfüllten Büros der Beamten. Diese klagten, dass es zwar ihre Aufgabe sei, illegale Einwanderer festzunehmen, nicht aber, ganze Flüchtlingsfamilien für Monate zu versorgen.

Das gleiche Bild bot sich in allen von uns an diesen Tagen besuchten Einrichtungen, nur die Einstellung der Polizisten variierte stark. Nicht alle waren so freundlich und professionell wie Spyridou Daskaris. Das Migrationshaftzentrum von Venna mit vier großen Zellen für mehr als 200 Häftlinge war eine notdürftig adaptierte landwirtschaftliche Lagerhalle. Mich erinnerte Venna unwillkürlich an die serbischen Konzentrationslager im Nordwesten Bosniens zur Zeit der ethnischen Säuberungen. Die frierenden, wütenden und verzweifelten Männer hinter den Gittern waren so aufgebracht, dass es langer Gespräche und Erklärungen unsererseits bedurfte, bis wir die Zellen öffnen und für Einzelinterviews zu ihnen in die Zellen gehen konnten. Die vier Zellen hatten nicht mehr zu bieten als einen nackten Betonboden und Betonpritschen, oft ohne Matratzen und ausreichend Decken. Vorne war nur ein großes Gitter, so dass es in der Nacht empfindlich kalt wurde. Außerdem war die ganze Nacht ein greller Scheinwerfer auf die Menschen gerichtet, was die Möglichkeit des Schlafens ebenfalls störte. Die Menschen waren, soweit es ging, nach ihrer Staatsangehörigkeit getrennt worden. Palästinenser, Syrier und Iraker befanden sich in Zelle 1, Tschetschenen und Georgier in Zelle 4, dazwischen Iraner, Algerier und viele andere.

Nach der Freilassung

Unserer Einschätzung nach waren die meisten dieser Menschen wirkliche Flüchtlinge, aber die wenigsten trauten sich, einen Asylantrag zu stellen, weil sie gehört hatten, dass sie dann zwar einen gewissen Schutz gegen die Zurückschiebung in die Türkei (und damit in ihre Herkunftsländer) hätten, dafür aber während des gesamten Asylverfahrens, also für viele Monate, in der Haft bleiben müssten. Wenn sie keinen Asylantrag stellten, liefen sie zwar Gefahr, zurückgeschoben zu werden, hätten aber eine größere Chance, nach ein paar Wochen freigelassen zu werden und sich nach Westeuropa durchschlagen zu können. Wir hatten Mühe, ihnen einen vernünftigen Rat zu geben. Denn im Prinzip stimmten diese Informationen. Die Durchführung der Asylverfahren war völlig zusammengebrochen, und Chance auf eine positive Erledigung bestand auch für schwer traumatisierte Flüchtlinge so gut wie keine.

Die Beamten unterschieden auch nicht wirklich zwischen Flüchtlingen und Migranten. Alle aufgegriffenen Menschen wurden so lange festgehalten, bis die Lager so überfüllt waren, dass man sie freilassen musste. Die Auswahl der Freizulassenden geschah entweder völlig willkürlich oder auf der Basis ihrer Staatsangehörigkeit. Menschen, die keinesfalls in ihre Herkunftsländer zurückgeschickt werden durften, wie Afghanen, Pakistanis oder Palästinenser, wurden oft schon nach wenigen Tagen wieder mit einem Papier freigelassen, das ihnen den legalen Aufenthalt in Griechenland für die Dauer eines Monats zusicherte. Wenn sie genügend Geld hatten, konnten sie sich nach Westeuropa durchschlagen, bis sie dort aufgegriffen und auf Grund der »Dublin-II-Verordnung« wieder nach Griechenland zurückgeschickt wurden. Wer kein Geld hatte, versuchte sein Glück, in Athen unterzutauchen. Unterstützung durch den Staat, auch für wirklich schutzbedürftige und mittellose Flüchtlinge, gab es so gut wie keine. Also blieb diesen Menschen, die meist auf den Straßen von Athen schliefen, nur die Möglichkeit zu betteln, sich illegal Arbeit zu verschaffen oder in die Kriminalität abzudriften. Dass diese Situation natürlich rechtspopulistischen Parteien Munition für xenophobe Hetze liefert, versteht sich von selbst. Gewalttätige Auseinandersetzungen zwischen rassistischen Schlägerbanden und den »Illegalen« waren in Athener Stadtvierteln wie Agiou Panteleimonos alltäglich geworden.

Flüchtlinge im reichen Europa

Besonders betroffen war ich von den Zuständen im Migrationshaftzentrum von Fylakio in der Nähe der Stadt Orestiada. Es war erst vor wenigen Jahren für den speziellen Zweck eines Erstaufnahmezentrums für Personen gebaut worden, die die türkisch-griechische Grenze auf irregulärem Weg überquert hatten. In der Zwischenzeit war aber auch dieses moderne Zentrum völlig verkommen. Am Tag unseres Besuches, dem 12. Oktober 2010, wurden dort 486 Menschen angehalten, und zwar nicht nur Männer, sondern ganze Familien mit vielen Frauen und Kindern.

In der Nacht zuvor waren in dieser Gegend ungefähr 200 Menschen aufgegriffen worden. Die meisten standen noch in einer langen Schlange und warteten geduldig auf ihre Registrierung und die Eingabe ihrer Fingerabdrücke in die »Eurodac«-Datenbank. Wir sprachen mit Familien aus dem Iran, aus Afghanistan und Somalia. Sie waren noch immer felsenfest davon überzeugt, dass sie sich in einem vom UNHCR geführten Flüchtlingslager und nicht in Polizeihaft befänden. Sie meinten, dass sie nach ihrer Registrierung durch die Polizei von UNO-Beamten übernommen und als Flüchtlinge anerkannt und entsprechend versorgt würden. Dass wir UNO-Schleifen trugen, bestärkte sie in ihrer Hoffnung, die wir leider enttäuschen mussten.

Als sie nach der Registrierung in die überfüllte Erstaufnahmezelle gebracht wurden, brachen viele von ihnen weinend zusammen. Der Raum war mit Stockbetten ausgestattet, doch war viel zu wenig Platz für die vielen Menschen. Neuankömmlinge mussten am Boden schlafen, aber es fehlte an Matratzen und Decken. Das Reinigungspersonal hatte sich seit Wochen geweigert, die Toiletten und Duschen zu säubern. Die Toiletten waren völlig verstopft und übergegangen. Unter der Türe zu den Toiletten rann ein Rinnsal aus Wasser, Urin und Fäkalien in den Schlafraum, wo die Menschen am Boden schlafen sollten. Der Gestank war beinahe unerträglich. Ich bahnte mir auf Zehenspitzen einen Weg in den Korridor mit den Toiletten. Dort stand das Wasser mit Urin und Fäkalien 5 cm hoch und floss mir entgegen. Schnell machte ich die Türe wieder zu.

So werden also Flüchtlinge des 21. Jahrhunderts im reichen Europa empfangen, schoss es mir durch den Kopf. Frauen standen mit ihren kranken Kindern im Arm, erschöpft von der monatelangen Flucht, und weinten still vor sich hin. So hatten sie sich Europa nicht vorgestellt. Aber nun gab es kein Zurück mehr, denn sie hatten in Afghanistan oder in Somalia alles aufgegeben und ihre kärglichen Ersparnisse den Schleppern überlassen. Ich konnte ihnen wenig Trost spenden und schämte mich, Europäer zu sein.

Menschenunwürdige Zustände

In Athen war die Situation keineswegs besser. Die von uns besuchten Polizeistationen waren in notdürftige Haftanstalten für Ausländer umgewandelt worden. Da die Zellen überfüllt waren, wurden viele Menschen ohne Registrierung in den Büros der Kriminalpolizei angehalten, die sie vor uns verstecken wollten. Die Haftbedingungen in Polizeistationen wie »Akropolis« oder »Agiou Panteleimonos« spotten jeder Beschreibung und können nur als unmenschlich qualifiziert werden. Ähnliches gilt für die Polizeistation am internationalen Flughafen »Venizelos«, wo unter anderem jene Flüchtlinge angehalten wurden, die aus Österreich und anderen EU-Staaten auf Basis der »Dublin-II-Verordnung« ohne Prüfung ihres Asylansuchens nach Griechenland zurückgeschickt wurden. Während die Bedingungen für Familien, Frauen und Kinder zum Zeitpunkt unseres Besuches annehmbar waren, war jener Trakt, in dem alleinstehende Männer angehalten wurden, hoffnungslos überfüllt. Er bestand aus einem langen Korridor und neun Zellen, die für je zwei Personen, also insgesamt 18 Häftlinge, gedacht waren. Am Tag unseres Besuches, dem 16. Oktober 2010, fanden wir dort 88 Menschen. Nach Angaben des UNHCR waren kurz zuvor bis zu 130 Menschen in diese kleinen, länglichen Zellen gepfercht worden. Für all diese Menschen gab es auf der anderen Seite des Korridors insgesamt zwei Toiletten und Duschen. Da die Duschen von den Toiletten nicht getrennt waren, konnten die Duschen schon aus Zeitgründen kaum benützt werden. Außerdem gab es weder Seife noch Handtücher. Die meisten Menschen, mit denen wir sprachen und die dort bis zu einem Monat angehalten wurden, hatten noch nie die Gelegenheit gehabt, sich zu duschen. Aber auch der Gang auf die Toilette war streng reglementiert. Am Morgen und am Abend wurde eine Zelle nach der anderen geöffnet, um den Häftlingen die Benützung der Toiletten zu ermöglichen. Wer dazwischen urinieren oder seine Notdurft verrichten musste, benützte dafür Plastikflaschen und Plastiksäcke, die dann durch das Fenster am Ende der Zellen in einen offenen Gang geworfen wurden.

Diese Zustände erinnerten mich unwillkürlich an die Polizeizellen in Äquatorialguinea und Jamaica. Die Beamten schienen auch hier bemüht zu sein, waren aber wie jene in Feres durch die große Zahl der Häftlinge einfach überfordert. Dass wir unter den Häftlingen nicht wenige fanden, die nur deshalb hier eingesperrt waren, weil sie trotz eines gültigen Flugtickets an der Ausreise in ihre Heimatländer wie Ägypten oder Georgien mit der Begründung gehindert wurden, dass sie über keinen gültigen Einreisestempel im Pass verfügten, war angesichts der Überfüllung der Hafträume nicht mehr wirklich nachvollziehbar. Nun war ihr Ticket verfallen, sie mussten unter diesen unwürdigen Bedingungen eine Verwaltungsstrafe absitzen und wussten nicht, woher sie das Geld nehmen sollten, um ein neues Ticket zu kaufen. Dass diese Menschen vor Wut außer sich waren, konnten wir nur allzu gut verstehen.

Die Notwendigkeit einer neuen Flüchtlingspolitik

Natürlich sind für diese unmenschlichen Zustände primär die griechischen Behörden und Politiker verantwortlich. Schließlich hatten sie schon seit vielen Jahren keine adäquaten Asylverfahren mehr durchgeführt und das gesamte Fremdenwesen verschlampen lassen. Es wäre viel zu einfach und auch irreführend, die derzeitige Finanzkrise für diese Malaise verantwortlich machen zu wollen.

Auf der anderen Seite führt uns die Situation in Griechenland aber auch in drastischer Weise die Versäumnisse der »gemeinsamen« europäischen Asyl- und Migrationspolitik vor Augen. Die Hauptlast für die Bewältigung der irregulären Zuwanderung einschließlich der Durchführung der Asylverfahren nach dem »Florianiprinzip« einfach auf jene süd- und osteuropäischen Länder abschieben zu wollen, die an der Außengrenze der EU liegen, ist meiner Meinung nach eine absurde Idee, die auf dem Rücken der Flüchtlinge ausgetragen wird. Deswegen enthielt mein Bericht an den Menschenrechtsrat der Vereinten Nationen auch Empfehlungen an die EU und ihre Mitgliedstaaten, die gesamte

Asyl- und Migrationspolitik einschließlich des »Dublin-Systems« neu zu überdenken und unverzüglich alle Rückschiebungen nach Griechenland auf der Grundlage der »Dublin-II-Verordnung« zu unterlassen.

Trotzdem hat die damalige österreichische Innenministerin Maria Fekter weiterhin an ihrem »Recht« festgehalten, »Dublin-Flüchtlinge« nach Griechenland abzuschieben. Bis sie der Europäische Gerichtshof für Menschenrechte schließlich daran gehindert hat. Denn dieser hat in einem aufsehenerregenden Urteil im Fall »M.S.S. gegen Belgien und Griechenland« im Januar 2011 entschieden, dass die Haftbedingungen für Flüchtlinge, aber auch ihre generellen Lebensbedingungen in den Straßen von Athen, erniedrigend sind und dass deshalb Belgien durch die Rückschiebung eines afghanischen »Dublin-Flüchtlings« nach Griechenland das in der Europäischen Menschenrechtskonvention verbriefte Recht, nicht unmenschlich oder erniedrigend behandelt zu werden, verletzt habe.

Da dieses Urteil im Unterschied zu meinen Empfehlungen und den vielen Aufrufen des UNHCR rechtlich verbindlich ist, liegt es nun an der Politik, einen Ausweg aus dieser unerträglichen Situation zu finden. Ich hoffe, dass nicht wieder nur die Symptome der Krankheit kuriert werden, indem die EU viel Geld in die griechische Grenzsicherung und Professionalisierung der griechischen Fremdenpolizei investiert, sondern dass die EU endlich, über die egoistischen Interessen ihrer Mitgliedstaaten hinweg, die notwendigen Schritte für eine wirklich gemeinsame und zeitgemäße Asyl- und Migrationspolitik setzen wird. Vielleicht kann ihr der »Arabische Frühling« dabei helfen zu erkennen, dass gerade diese Region für Europa besonders wichtig ist und daher eine vermehrte Migration im wechselseitigen Interessen läge.

Resümee

Ich habe versucht, jene 18 Staaten, die ich in den sechs Jahren meines Mandats in offizieller Mission besucht habe, so auszuwählen, dass sie eine repräsentative Auswahl der internationalen Staatengemeinschaft bilden und die Ergebnisse meiner Untersuchungen wissenschaftlich zulässige Schlüsse auf die weltweite Praxis der Folter erlauben. Auch wenn Asien etwas überrepräsentiert scheint, so ist es uns dennoch gelungen, einzelne Missionen in allen Weltregionen, einschließlich der arabischen, zentralasiatischen, pazifischen und karibischen Staaten, durchzuführen. Die untersuchten Staaten reichen von Großmächten wie den USA und China über vergleichsweise große Staaten wie Indonesien, Kasachstan oder Nigeria bis zu relativ kleinen Staaten wie Jordanien, Togo, Uruguay, Jamaica und Dänemark. Diktaturen wie Äquatorialguinea wurden ebenso besucht wie Demokratien in der EU, kommunistische wie kapitalistische Staaten, Länder im bewaffneten Konflikt wie Nepal und Sri Lanka und Länder mit abtrünnigen Territorien wie Georgien und Moldawien.

Das Spektrum der Ergebnisse reicht von der völligen Abwesenheit von Folter in Dänemark und Grönland bis zur systematischen Praxis der Folter in Nepal und Äquatorialguinea, von absolut menschenunwürdigen Haftbedingungen in Staaten wie Äquatorialguinea, Nigeria, Uruguay, Jamaica, der Mongolei oder China bis zu Vorzeigemodellen in Dänemark. Statistisch gesehen habe ich bei meinen 18 Missionen und drei gemeinsamen Studien mit anderen UNO-Experten ungefähr zehn Prozent der Staaten dieser Welt genauer untersucht.

Folter in 90 Prozent der untersuchten Staaten

Das Ergebnis dieser Untersuchungen ist nicht gerade ermutigend. Auch wenn die Folter für alle Staaten dieser Welt absolut verboten ist, so habe ich dennoch in 17 von 18 Staaten, also in mehr als 90 Prozent aller Staaten, Folter feststellen können. Zum Teil handelte es sich um Einzelfälle wie in Österreich, aber in der Mehrheit aller Staaten wird routinemäßig, weit verbreitet oder gar systematisch gefoltert! Ebenso beunruhigend sind die Haftbedingungen, die im Großteil der Staatenwelt des 21. Jahrhunderts schlicht als unmenschlich und erniedrigend bezeichnet werden müssen. Da sich die Haftbedingungen durch den Anstieg der Zahl der Gefangenen in vielen Staaten dramatisch verschlechtert haben, spreche ich in meinem letzten Bericht an die UNO sogar von einer globalen Haftkrise.

Folteropfer des 21. Jahrhunderts

Am 30. Oktober 2011 war ich im Stadttheater in der Wiener Walfischgasse zu einem Matinee-Gespräch über Folter gemeinsam mit der Psychologin Barbara Preitler eingeladen, das von Peter Huemer moderiert wurde. Dabei ist mir wieder einmal aufgefallen, dass die meisten Menschen hierzulande mit Folter entweder das europäische Mittelalter oder den Nationalsozialismus oder brutale Diktaturen in fernen Kontinenten assoziieren, die Folter als Mittel zur Unterdrückung der politischen Opposition oder von ethnischen oder religiösen Minderheiten verwenden. Natürlich gibt es diese Form der Folter, die auch in der Literatur oder in Filmen immer wieder beschrieben und gezeigt wird. Das Symbol des Christentums, das uns tagtäglich in den Kirchen begegnet, ist ein Folteropfer am Kreuz. Natürlich bin ich bei meinen Missionen und Untersuchungen auch vielen politischen Gefangenen begegnet, die aus Gründen der Staatsraison schwerstens gefoltert wurden: Vertreter der Demokratiebewegung, der Tibeter, Uiguren und Anhänger von Falun Gong in China, politische Gegner des Obiang-Regimes in Äquatorialguinea, des Terrorismus oder des bewaffneten Aufruhrs verdächtigte Menschen in Nepal, Sri Lanka, Indonesien, Jordanien, Russland oder den USA. Aber statistisch gesehen sind diese prominenten Häftlinge nur eine kleine Minderheit unter den Millionen Folteropfern im 21. Jahrhundert.

Die überwältigende Mehrheit der Folteropfer sind einfache und überwiegend arme Menschen, Obdachlose, die von der Polizei wegen des Verdachts, ein Verbrechen oder auch nur ein kleines Vergehen begangen zu haben, häufig aber aus rein willkürlichen und diskriminierenden Gründen festgenommen und so lange geschlagen und gefoltert werden, bis sie gestehen, dieses Delikt begangen zu haben.

Die Gründe für die Folter haben sich seit dem Mittelalter nicht wirklich geändert, nur war die Folter damals ein legales Mittel der »Wahrheitsfindung«, während sie heute illegal praktiziert und folglich regelmäßig abgestritten wird. Auch die Methoden sind im Großen und Ganzen die gleichen geblieben, nur die psychologischen Methoden sind verfeinert worden, weil sie zum Teil effektiver sind und auch keine physischen Spuren hinterlassen.

Folter trifft hauptsächlich die Armen

Wie damals ist auch heute, wenn man von den politischen Häftlingen absieht, die Folter ein zweifelhaftes »Privileg der Armen«, der Entrechteten, der Diskriminierten und Marginalisierten unserer globalen Gesellschaft. Sie haben weder das Geld noch die Bildung oder das Selbstvertrauen, dagegen aufzubegehren oder nach einem Anwalt zu fragen. Sie leiden meist still vor sich hin, bleiben noch viele weitere Monate in Polizeigewahrsam oder Untersuchungshaft, da die Gerichte es nicht eilig haben, sich um derart unwichtige Fälle zu kümmern. Oft werden sie auch einfach in der Haft »vergessen«. Viele dieser bedauernswerten Menschen, die wir interviewten, wussten nicht einmal, ob sie schon verurteilt waren oder nicht. Sie dachten, die Polizei hätte sie doch schon »verurteilt«, sie würden nur gerne wissen, wie viele Jahre sie noch im Gefängnis sitzen müssten. Nachdem sie ihr Geständnis in der Polizeihaft bereits unterschrieben haben, ist das formale Urteil des Gerichts oft wirklich nicht viel mehr als eine notarielle Beglaubigung der »Wahrheitsermittlung« durch die Polizei. Und viele Gefängnisse machen ohnedies keinerlei Unterscheidung zwischen Untersuchungshäftlingen und Strafgefangenen. Erst unsere Ermittlungen haben in unzähligen Fällen ergeben, dass die betroffenen Personen schon länger in Untersuchungshaft saßen, als die maximale Gefängnisstrafe für die ihnen zu Last gelegte Tat betragen würde.

Gebildeten oder reichen Menschen kann so ein Schicksal nicht passieren. Sie finden immer Mittel, die Polizei, Staatsanwälte, Richter oder Gefängnispersonal zu bestechen und sich freizukaufen, oft auch legal im Wege einer »Kaution«. Außerdem können sie sich durch Anwälte vertreten lassen. Die große Mehrheit der Tausenden von uns interviewten Häftlinge waren jedoch nicht anwaltlich vertreten, oder höchstens durch öffentliche Anwälte, die ihnen der Staat im Wege der Verfahrenshilfe beistellen musste und die sie in der Regel erst am Tag ihrer Gerichtsverhandlung im Gerichtssaal kennenlernten.

Kaum Empathie

Auf unsere Frage, ob sie von der Polizei bei der Einvernahme gefoltert wurden, blickten uns viele nur ungläubig an. Ob wir denn nicht wüssten, dass die Folter routinemäßig angewendet wird, wenn man die Tat nicht gleich nach der Festnahme gesteht. Aber letztlich seien die physischen Schmerzen während der Folter in den ersten Tagen der Haft weniger fürchterlich gewesen als das Bewusstsein, unschuldig und ohnmächtig unter entwürdigenden Bedingungen im Gefängnis zu sitzen und viele Jahre des Lebens verloren zu haben.

Der alltägliche Überlebenskampf im Gefängnis, die Angst vor Gewalt durch Mithäftlinge und brutale Gefängniswärter, der Kampf um das wenige Essen und eine weniger überfüllte oder schmutzige Zelle, die Angst vor Insekten und ansteckenden Krankheiten, die ständige Willkür und Unsicherheit hatten viele Menschen zermürbt, depressiv und psychisch krank gemacht.

Viele Häftlinge, ob schuldig oder unschuldig, fühlen sich schlechter als Tiere behandelt, von der Gesellschaft vergessen.

In der Tat ist die Empathie unter der Bevölkerung für Häftlinge sehr gering. Viele NGOs, die Medien und auch Politiker setzen sich für die Rechte von Kindern, Frauen, Minderheiten, Flüchtlingen, Homosexuellen, Menschen mit Behinderung und anderen benachteiligten Gruppen ein, aber nur sehr wenige für die Menschenrechte von Häftlingen. Gefängnismauern dienen nicht nur dazu, Häftlinge wegzusperren, sondern auch dazu, die Gesellschaft daran zu hindern, sich mit dem Schicksal von Häftlingen auseinanderzusetzen. Die meisten Menschen haben noch nie ein Gefängnis von innen gesehen und wollen das auch gar nicht. »Wer hinter Gittern sitzt, wird schon etwas Unrechtes getan haben« und verdient schon deshalb nicht unsere Empathie, ist ein gängiger Abwehrmechanismus, der es uns erlaubt, uns nicht weiter um diese Menschen zu kümmern.

Was tun?

Wir wissen genau, was getan werden müsste, um die Folter auszurotten. Schon vor vielen Jahren hat Amnesty International ein Zwölf-Punkte-Programm zur Verhütung der Folter vorgelegt, das heute genauso aktuell und überzeugend ist wie damals. Wir wissen auch, dass die Umsetzung dieser zwölf Forderungen keineswegs graue Theorie, weltferne Utopie oder Illusion ist. Im Gegenteil, es handelt sich um konkrete Vorschläge, deren Umsetzung in der Praxis erprobt wurde, deren Wirksamkeit von keinem vernünftigen Menschen in Frage gestellt wird und deren Verwirklichung obendrein finanziell machbar ist. Wenn der politische Wille dazu da ist.

Maßnahmen zur Verhütung der Folter

Da Folter in der Regel in den ersten Tagen der Polizeihaft geschieht, muss ihre Verhütung dort ansetzen. Jede Festnahme und Anhaltung in der Polizeihaft soll genau registriert und dokumentiert werden. Häftlinge sollen sofort die Möglichkeit bekommen, Angehörige, Anwälte und/oder Ärzte zu kontaktieren, mit diesen zu sprechen und von diesen besucht zu werden. Jede Einvernahme von Häftlingen durch die Polizei soll mit einer Videokamera dokumentiert werden und grundsätzlich unter Anwesenheit von Anwälten erfolgen.

Die Polizeihaft sollte so kurz wie möglich dauern, aber keinesfalls länger als 48 Stunden. Dann müssen Häftlinge einem unabhängigen Gericht vorgeführt werden, wo Foltervorwürfe ohne Anwesenheit der Polizeiorgane und ohne Angst vor Repressalien geäußert werden können. Falls ein Foltervorwurf erhoben wird oder sonst ein möglicher Verdacht beziehungsweise Hinweise auf Folter vorliegen, soll sofort eine Untersuchung durch unabhängige forensische Experten erfolgen. In keinem Fall dürfen Häftlinge vom Gericht wieder an die Polizei rücküberstellt werden.

Wenn der begründete Verdacht besteht, dass eine von der Polizei festgenommene Person eine Straftat begangen hat und zusätzliche Gründe wie Wiederholungs-, Verdunkelungs- oder Fluchtgefahr vorliegen, darf das Gericht die Untersuchungshaft verhängen, die aber in einem Gefängnis zu vollziehen ist, das der Justiz (und nicht der Polizei bzw. dem Innenministerium) untersteht. Natürlich können Untersuchungshäftlinge von Untersuchungsrichtern, Staatsanwälten und Organen der Kriminalpolizei weiter verhört werden, aber eben in einem Untersuchungsgefängnis und nicht in einer Polizeidienststelle.

Auch in der Untersuchungshaft soll jederzeit die Möglichkeit bestehen, einen Folter- oder Misshandlungsvorwurf zu erheben und durch forensische Experten untersuchen zu lassen. Die Untersuchungshaft soll nicht die Regel, sondern die Ausnahme darstellen, da es auch andere Möglichkeiten wie die Abnahme des Reisepasses, eine Kaution oder elektronische Fesseln gibt, um zu gewährleisten, dass sich Tatverdächtige nicht der Strafjustiz entziehen. Falls die Untersuchungshaft aber ausnahmsweise verhängt wird, soll sie in der Regel nicht länger als sechs Monate dauern.

Unangekündigte Besuche

Würden alle genannten Regeln, die größtenteils schon in geltenden internationalen Menschenrechtskonventionen niedergelegt sind, beherzigt, könnte das Risiko der Folter ohne große Kosten auf ein Minimum reduziert werden. Es liegt lediglich am mangelnden politischen Willen, dass diesbezüglich nicht mehr Fortschritte erzielt wurden. Im Jahr 2002 hat sich jedoch mit der Verabschiedung des Fakultativprotokolls zur UNO-Konvention gegen die Folter (OPCAT), nach mehr als zwei Jahrzehnten hitziger Debatten in der UNO-Menschenrechtskommission, eine neue Möglichkeit eröffnet, Folter wirksam zu verhüten und die Haftbedingungen zu verbessern. Allerdings ist diese Möglichkeit viel kostspieliger: die Einrichtung sogenannter »Nationaler Präventionsmechanismen«, also unabhängiger und aus Experten und Expertinnen unterschiedlicher Disziplinen zusammengesetzter Kommissionen. Diese sollen das Recht haben, jederzeit ohne vorherige Ankündigung jeden Ort zu inspizieren, wo Menschen inhaftiert sind (also auch Polizeigefängnisse und sonstige Polizeidienststellen), vertrauliche Gespräche mit allen Häftlingen zu führen und diese forensisch untersuchen zu lassen. Das kostet natürlich Geld. Aber dies würde für viele Staaten insofern einen Paradigmenwechsel darstellen, als dunkle Polizeizellen und Folterkeller plötzlich einer öffentlichen Kontrolle unterworfen und transparent gemacht würden.

Die Folter hält sich nur deswegen so hartnäckig, weil sie immer im Dunklen, im Verborgenen und Geheimen stattfindet. Nicht nur die Geheimdienste, auch das Militär und die Polizei sind es in den meisten Staaten schlichtweg nicht gewöhnt, dass ihnen unabhängige Menschenrechtsbeobachter bei ihrer Arbeit über die Schulter schauen. Das würde ihre Effektivität bei der Bekämpfung der Kriminalität sehr beeinträchtigen, wird immer wieder behauptet. In Wahrheit geht es aber nur um die weitere Kultivierung einer vorrechtsstaatlichen Geisteshaltung innerhalb der staatlichen Sicherheitskräfte.

Auch Österreich hat sich im Regierungsprogramm dazu verpflichtet, das OPCAT zu ratifizieren und im Rahmen der Volksanwaltschaft einen »Nationalen Präventionsmechanismus« einzurichten. Das entsprechende Verfassungsgesetz, das am 7. Dezember 2011 vom Nationalrat verabschiedet wurde, hat viele positive Seiten. Politisch umstritten ist allerdings der Bestellmodus der drei Volksanwälte, denn die drei größten politischen Parteien sind nicht wirklich gewillt, ihren Einfluss auf jene, die sie schließlich kontrollieren sollen, aufzugeben. Wenn die Volksanwaltschaft mehr Kompetenzen im Bereich des Menschenrechtsschutzes einschließlich regelmäßiger unangekündigter Besuche an allen Haftorten bekommt, werden die politische Parteien sehr darauf achten, dass diese Kontrollbefugnis nicht an allzu unabhängige Personen übertragen wird.

Kampf gegen die Straflosigkeit der Folter

Ebenso wichtig wie die Verhütung der Folter durch entsprechende rechtsstaatliche Garantien und regelmäßige Besuche von Haftorten durch unabhängige Inspektoren wäre der Kampf gegen die Straflosigkeit für jene, die foltern. Derzeit wird Folter, wenn überhaupt, als ein Kavaliersdelikt geahndet, das höchstens zu einer milden Disziplinarstrafe und nicht, wie in der UNO-Konvention gegen die Folter vorgesehen, zu einer langjährigen Freiheitsstrafe für die Folterknechte und ihre Auftraggeber führt.

Der österreichische Fall Bakary Jassey ist ein typisches Beispiel für diese Geisteshaltung innerhalb der Polizei, der Justiz und der Politik. Diese Geisteshaltung gilt es grundsätzlich zu verändern, wobei nichts anderes zu tun wäre als die bereits bestehenden völkerrechtlichen Verpflichtungen in der UNO-Konvention gegen die Folter endlich umzusetzen. Das beginnt bei der Schaffung eines eigenen Straftatbestandes für das Verbrechen der Folter mit einer entsprechenden Strafdrohung wie bei Raub und anderen vergleichbaren Gewaltdelikten. Zweitens müssten auch die Gerichte anerkennen, dass Folter kein entschuldbares Kavaliersdelikt, sondern eines der brutalsten Gewaltdelikte darstellt, das für die Opfer meist zu einer Traumatisierung mit Langzeitfolgen führt. Falls Folter nachgewiesen wird, sollten die Gerichte daher auch den dafür vorgesehenen Strafrahmen ausschöpfen und den staatlichen Sicherheitskräften nicht mit allzu viel Milde und Nachsicht begegnen.

Der Hauptgrund für die verbreitete Straflosigkeit für Folterknechte ist jedoch die Schwierigkeit, Beweise für Folter und Misshandlungen durch die Sicherheitskräfte zu finden und zu dokumentieren, die für eine strafrechtliche Verurteilung ausreichen. Wie in den meisten Ländern gibt es auch in Österreich eine vergleichsweise große Zahl von Misshandlungsvorwürfen gegenüber der Polizei, aber so gut wie keine strafrechtlichen Verurteilungen. In der Regel kommt es nicht einmal zu einem gerichtlichen Verfahren, weil schon die Staatsanwaltschaft fast alle Verfahren mangels Beweisen einstellt und gar keine Anklage gegen die betreffenden Polizeibeamten erhebt. Warum? Weil die Ermittlungen gegen Polizisten von Polizisten geführt werden, und weil der Corpsgeist innerhalb der Polizei, nicht nur in Österreich, viel stärker ist als die Bereitschaft, die »schwarzen Schafe« aus den eigenen Reihen der Justiz zu überantworten. Ein Polizist, der einen Häftling beim Verhör geschlagen oder gefoltert hat, findet immer wieder Kollegen, die bezeugen, wie das Opfer die Stiege hinuntergestürzt oder sich die Verletzungen auf sonstige Weise selbst zugefügt hat. Solange diese Geisteshaltung nicht grundsätzlich geändert wird, bleiben Folter und Misshandlungen straf- und folgenlos.

Ich habe daher fast gebetsmühlenartig meine Forderung an viele Regierungen wiederholt, eigene, polizeiexterne Beschwerde-, Untersuchungs- und Anklagebehörden für Folter, Misshandlungen, willkürliche Hinrichtungen und sonstige Gewaltdelikte durch die staatlichen Sicherheitskräfte einzurichten. Solche Behörden müssten mit allen Ermittlungskompetenzen der Kriminalpolizei ausgestattet, von dieser aber völlig unabhängig sein. Immer wieder wurde mir entgegengehalten, dass es unmöglich sei, eine eigene Kriminalpolizei nur für Ermittlungen gegen Angehörige der Sicherheitskräfte einzurichten, die auch die Befugnis hätte, Polizeibeamte festzunehmen, zu durchsuchen, ihre Mobiltelefone zu überwachen etc.

Dabei gibt es in vielen Ländern eigene Beschwerde-, Untersuchungs- und Anklagebehörden mit entsprechenden Kompetenzen für Korruption durch Staatsbeamte. Offensichtlich wird Korruption ernster genommen als Folter. Das dürfte damit zusammenhängen, dass wir alle Opfer korrupter Beamter werden können, während von der Folter in der Regel nur »Kriminelle« betroffen sind, deren Glaubwürdigkeit grundsätzlich in Frage gestellt wird.

»Nur« Häftlinge

Damit sind wir auch bei der Grundfrage angelangt, warum es so schwierig ist, Folter auszurotten und die Haftbedingungen entsprechend zu verbessern. Eine der wichtigsten Ursachen ist die fehlende Empathie gegenüber jenen, die, aus welchen Gründen auch immer, hinter Gittern sitzen. Die Unschuldsvermutung ist ein fundamentaler Grundsatz der Strafjustiz. Solange Verdächtige nicht von einem Gericht verurteilt wurden, haben sie als unschuldig zu gelten. In der Praxis geschieht aber genau das Gegenteil. Wer von der Polizei wegen des Verdachts einer strafbaren Handlung festgenommen wird, gilt für die meisten Menschen, für Politiker und für die Medien als schuldig. Und wer schuldig ist, verdient auch kein Mitgefühl.

Solange unsere Sicherheit davon profitiert, dürfen Kriminelle von der Polizei auch ein bisschen länger als vorgesehen festgehalten, etwas härter als notwendig angefasst und, wenn es sein muss, auch ein bisschen gefoltert werden. In den USA haben die Bush-Regierung und die mit ihr verbündeten Medien und Wissenschaftler mit dem Gedankenexperiment der »schmutzigen Bombe« und der Beschwörung des Primats nationaler Sicherheitsinteressen große Teile der Bevölkerung davon überzeugt, dass die Folter bei der Bekämpfung des Terrorismus das »kleinere Übel« sei. Auch in Europa sind viele Menschen auf diesen Trick hereingefallen, wodurch die Folter viel von ihrem Schrecken verloren hat und bis zu einem gewissen Grad »salonfähig« wurde. Mit Angst und Hass ließ sich schon immer gut Politik machen. Ob wir in unserem Sicherheitsbedürfnis von Terroristen, der organisierten Kriminalität oder nur von »einfachen Kriminellen« bedroht sind, macht dann nicht mehr so viel Unterschied.

Das dänische Modell

Dass Folter ausgerottet werden kann, wenn die Behörden ihren Häftlingen mit Empathie begegnen, sie gar als »Klienten« statt als »Insassen« begreifen, dafür liefert Dänemark das beste Beispiel.

In meiner Funktion als UNO-Sonderberichterstatter über Folter habe ich nur in Dänemark, einschließlich von Grönland, keine Folter und gleichzeitig die mit Abstand besten Haftbedingungen vorgefunden. Aber ich habe davor in Schweden gelebt und auch die Möglichkeit gehabt, Gefängnisse zu besuchen, die mit jenen in Dänemark durchaus vergleichbar waren. Ich glaube daher, dass es den nordischen Staaten generell gelungen ist, Folter weitgehend zu eliminieren.

Was machen die nordischen Staaten also anders als die meisten anderen Staaten der Welt, einschließlich Europa? Ist es nur der bekannt hohe Grad an Entwicklung, Demokratie und Rechtsstaatlichkeit? Natürlich spielen diese Faktoren eine entscheidende Rolle, aber ebenso wichtig scheint mir die Gerechtigkeits- und Strafrechtsphilosophie in der Bevölkerung zu sein. Auch die USA sind eine vergleichsweise hochentwickelte rechtsstaatliche Demokratie, aber mit einem ausgeprägten Hang in der Bevölkerung, der Justiz und der Politik zu einem Vergeltungsstrafrecht nach dem alttestamentarischen Motto »Aug um Aug, Zahn um Zahn«. Deswegen verteidigen die Amerikaner weiterhin entgegen allen Argumenten der Vernunft die Todesstrafe, deswegen sind die USA das Land mit der höchsten Rate von Häftlingen weltweit (in den USA leben pro 100 000 Einwohnern knapp 800 hinter Gittern, während der westeuropäische Durchschnitt ungefähr bei 100 liegt), und deswegen sind die Haftbedingungen in den USA viel unmenschlicher als in Europa. Wer ein Verbrechen begangen hat, soll auch entsprechend dafür büßen und leiden! Dass diese Geisteshaltung nicht die erwünschte abschreckende Wirkung erzeugt, sondern im Gegenteil zu einem hohen Maß an Gewalt und Kriminalität in der Bevölkerung einschließlich der öffentlichen Befürwortung der Folter beiträgt, dafür sind die USA das beste Beispiel.

Das in dänischen Gefängnissen praktizierte »Prinzip der Normalität« ist die Antithese zum amerikanischen Vergeltungsstrafrecht. Den Gefangenen soll es nicht möglichst schlecht, sondern möglichst gut gehen. Auch wenn sie ein Verbrechen begangen haben, werden sie nicht primär als gefährliche Kriminelle wahrgenommen, die ein Sicherheitsrisiko darstellen und daher möglichst für immer von der Gesellschaft abgesondert oder gar eliminiert werden sollten, sondern weiterhin als Menschen mit Rechten und Pflichten wie alle anderen Menschen, als Menschen, die vielleicht einen Fehler begangen haben, den man auch wiedergutmachen kann, als Menschen, die Hilfe benötigen, um nach Verbüßung ihrer Freiheitsstrafe wieder in die Gesellschaft zurückkehren zu können, ohne gleich wieder ein Verbrechen zu begehen. Dass die Freiheitsstrafe nicht der Vergeltung, sondern der Rehabilitierung von Straftätern dienen soll, wodurch auch die Rückfallquote und das Ausmaß der Kriminalität generell gesenkt werden, ist heute auch im Völkerrecht anerkannt. Trotzdem tun sich viele Gesellschaften und insbesondere solche, in denen Religion eine wichtige Rolle spielt, sehr schwer, sich vom Vergeltungsstrafrecht zu verabschieden und sich einem modernen, an den Menschenrechten orientierten Strafrechts- und Gerechtigkeitsdenken zuzuwenden. Ich bin fest davon überzeugt, dass das die wichtigste Voraussetzung für mehr Empathie für Häftlinge und folglich für eine Verbesserung ihrer Haftbedingungen und eine Verringerung des Folterrisikos darstellt.

Der Faktor Armut

Natürlich spielen auch andere Faktoren wie Armut, Unterentwicklung, Korruption, Mangel an Rechtsstaatlichkeit und Professionalität in der Justiz eine wichtige Rolle für die globale Krise der Gefängnisse und die weit verbreitete Praxis der Folter. Wenn knapp zwei Drittel der Menschen dieser Welt keinen wirklichen Zugang zum Rechtsstaat und zu einer halbwegs funktionierenden Justiz haben, wie die »International Commission on the Legal Empowerment of the Poor« festgestellt hat, dann bleiben Folter und unmenschliche Haftbedingungen ein »Privileg der Armen«. Nur radikale Strategien zur Bekämpfung der globalen Armut, die auch die Reform des Justizwesens, den gleichberechtigten Zugang zur Justiz (das »legal empowerment« der Armen) und die Abschaffung der Korruption zum Ziel haben, können in vielen armen Staaten zu einer nachhaltigen Verbesserung der Haftbedingungen und zur Bekämpfung der Folter beitragen. Folglich sind die internationalen Entwicklungsagenturen aufgerufen, dem »legal empowerment« der Armen, dem Aufbau professioneller und nicht korrupter Strukturen in der Justiz sowie der Bekämpfung der Folter und der Verbesserung der Haftbedingungen höchste Priorität einzuräumen.

Allerdings darf die Armut eines Landes auch nicht als eine Rechtfertigung für Folter und brutale Haftbedingungen missbraucht werden. Auch so manche der ärmsten Staaten haben gezeigt, dass die Annahme einer modernen Strafrechtsphilosophie viel mehr zur Verbesserung der Haftbedingungen und der Verminderung des Folterrisikos beiträgt als der Bau teurer und moderner Hochsicherheitsgefängnisse aus Mitteln einer falsch verstandenen Entwicklungszusammenarbeit.

Recht statt Rache

Auch wenn wir wissen, was getan werden müsste, um Folter weltweit auszurotten, und obwohl viele dieser Maßnahmen keine großen finanziellen Mitteln erfordern und völkerrechtlich geboten sind, wäre es eine Illusion zu glauben, dass Folter in absehbarer Zeit eliminiert werden kann. Denn die auf Rache und Vergeltung beruhende Strafrechtsphilosophie ist viel zu tief in den Weltreligionen und folglich auch dem Gerechtigkeitsdenken vieler Menschen und Gesellschaften, im Norden wie im Süden, in armen wie in reichen Staaten, verwurzelt, um einen schnellen Bewusstseinswandel herbeizuführen.

Trotzdem bleibe ich Optimist. Einer der Gründe für meinen Optimismus ist der Erfolg der globalen Menschenrechtsbewegung im Hinblick auf die Abschaffung der Todesstrafe, die geradezu als Symbol des Vergeltungsstrafrechts gilt. Als die Vereinten Nationen die Universelle Erklärung der Menschenrechte 1948 proklamierten, wurde die Todesstrafe noch in fast allen Staaten der Welt, einschließlich Österreichs, verhängt und vollstreckt. Heute ist sie dank der unermüdlichen Bewusstseinsarbeit von Amnesty International und anderen Organisationen in zwei Drittel der Staaten dieser Welt de jure oder zumindest de facto abgeschafft. Nicht nur in Europa und Lateinamerika ist diese grausame Strafe heute generell verpönt, auch viele Staaten Afrikas und manche in Asien sind diesem Beispiel gefolgt, und pro Jahr vermehrt sich die Liste der Gegner der Todesstrafe um zwei bis drei Staaten. Dieser Meinungsumschwung hat schließlich dazu geführt, dass auch die Generalversammlung der Vereinten Nationen, trotz des massiven Widerstands mächtiger Regierungen wie jener der USA, Chinas und vieler islamischer Länder, alle Staaten der Welt aufgefordert hat, zumindest ein Moratorium zur Aussetzung der Todesstrafe zu erlassen. Eine ähnliche Entwicklung lässt sich bei der Körperstrafe feststellen, die heute nur mehr in ganz wenigen, vor allem islamischen Staaten offiziell erlaubt ist. Dies zeigt, dass die völkerrechtlich verankerten Menschenrechte, die ja alle grausamen, unmenschlichen und erniedrigenden Strafen generell verbieten, allmählich die Oberhand über das Vergeltungsstrafrecht gewinnen.

Eine neue Menschenrechtsbewegung

Für die völlige Abschaffung der Körper- und Todesstrafe und die Hinwendung zu einem modernen Strafrechtsdenken, das mehr Empathie für Häftlinge und als Folge bessere Haftbedingungen und weniger Folter bedeuten würde, bedarf es jedoch einer neuen, revolutionären Menschenrechtsbewegung, vergleichbar mit jenen am Ende des Zweiten Weltkriegs oder am Ende des Kalten Kriegs. Offensichtlich werden große menschenrechtliche Umwälzungen nur dann erreicht, wenn der Leidensdruck durch Unterdrückung und schwerste Menschenrechtsverletzungen so groß geworden ist, dass die Menschen nicht mehr an evolutionäre Veränderungen glauben und ihre ganze Kraft der Verzweiflung und Hoffnung in revolutionäre Veränderungen investieren.

Es ist bezeichnend, dass die jüngsten Revolutionen in jenem Teil der Welt ausbrachen, in dem die Folter am weitesten verbreitet ist. Der frische Wind des »Arabischen Frühlings«, der in Nordafrika und der arabischen Halbinsel bereits vier Langzeitdiktatoren hinweggefegt und weitere repressive Regime im Nahen Osten ins Wanken gebracht hat, steht am Beginn eines neuen Jahrzehnts, das wieder ein Jahrzehnt der Menschenrechte werden könnte. Denn die großen menschenrechtlichen Entwicklungen vollziehen sich in Wellenbewegungen. Das Ende des Kalten Kriegs hat uns in den 1990er Jahren viele diesbezügliche Fortschritte gebracht, etwa die Einrichtung eines UNO-Hochkommissariats für Menschenrechte, neue Generationen von UNO-Friedensmissionen, in denen der Schutz der Menschenrechte eine entscheidende Rolle spielt, sowie die Schaffung internationaler Strafgerichte zur Aburteilung der wichtigsten Kriegs- und Menschenrechtsverbrecher im ehemaligen Jugoslawien, in Ruanda, Sierra Leone, Osttimor oder Kambodscha. Auch die feierliche Verkündung der Millenniums-Entwicklungsziele mit der Priorität der Armutsbekämpfung ist ein Ergebnis der wachsenden Bedeutung der Menschenrechte in der Entwicklungszusammenarbeit nach dem Fall des Eisernen Vorhangs.

Demgegenüber war das erste Jahrzehnt des neuen Jahrhunderts ein verlorenes Jahrzehnt, nicht nur wegen der Terroranschläge des 11. September 2001, sondern vor allem wegen der Politik der Bush-Regierung in den USA, wegen des Rückfalls der Russischen Föderation in alte Denkmuster unter Wladimir Putin, wegen des wachsenden Konflikts zwischen der islamischen und der westlichen Welt, wegen der menschenrechtsfeindlichen Politik aufstrebender Großmächte wie China oder Indien, und natürlich wegen der schrankenlosen Macht der Finanzmärkte, die uns globale Immobilien-, Banken-, Nahrungsmittel-, Finanz- und Wirtschaftskrisen beschert haben.

Empört Euch!

In jeder Krise steckt aber auch die Chance des Umdenkens, aus der sich meine Hoffnung nährt, dass das zweite Jahrzehnt dieses Jahrhunderts wieder ein Jahrzehnt der Menschenrechte und des erfolgreichen Kampfs gegen Armut, globale Ungerechtigkeit, Folter und Unterdrückung werden könnte. Die Zeit scheint für einen Neubeginn reif zu sein. »Empört Euch!« hat der 93-jährige frühere französische Diplomat und gebürtige Berliner Stéphane Hessel, der als Mitglied der Résistance das Konzentrationslager Buchenwald überlebt und als Mitarbeiter der Vereinten Nationen an der Formulierung der Universellen Menschenrechtserklärung 1948 mitgewirkt hat, im Jahr 2010 den Bürgern und Bürgerinnen der globalen Gesellschaft ist seiner kurzen Streitschrift zugerufen.

Wir sollen uns empören über die Diktatur des Finanzkapitalismus, der die Werte unserer Zivilisation bedroht, über die Umweltzerstörung auf unserem Planeten, die wachsende Kluft zwischen Armen und Reichen und die vielen Unzulänglichkeiten unserer globalen Gesellschaft, einschließlich der Ausgrenzung der in die Illegalität Gedrängten. Ohne es zu ahnen, ist Stéphane Hessel zur Galionsfigur einer neuen Widerstandsbewegung geworden, die vom »Arabischen Frühling« bis zur »Occupy Wall Street«-Bewegung und zu globalen Aktionstagen reicht, in denen gleichzeitig in allen Regionen dieser Welt gegen die Macht der Banken und die Unverfrorenheit des Finanzkapitalismus demonstriert wird. Im Prinzip geht es bei all diesen Bewegungen darum, die Kontrolle der Politik über die Wirtschaft zurückzuerobern, aber nicht einer von widerstreitenden Interessen der Nationalstaaten geleiteten Politik, sondern einer neuen, an den Werten der Menschenrechte orientierten globalen Politik.

Die Alternative zum Neoliberalismus und zur globalen Diktatur des Finanzkapitalismus ist nicht der Rückfall in den Schoß der Religionen und die Beschwörung der Macht der Nationalstaaten, sondern der Aufbau globaler politischer Strukturen zum Schutz der universell anerkannten Menschenrechte für alle Menschen, einschließlich der Armen, der Marginalisierten, Diskriminierten, der in die Illegalität und Gefängnisse Gedrängten. Wenn der Geist des »Arabischen Frühlings« auch andere Regionen erreicht, dann könnten wir der Vision einer an den Menschenrechten orientierten neuen Weltordnung tatsächlich einen großen Schritt näher kommen. Einer Weltordnung, die einmal wirklich den Anspruch erheben könnte, die Todesstrafe, die Körperstrafe und die Folter als Symbole einer veralteten Strafrechtsphilosophie und der Unterdrückung von Menschen durch Menschen ausgerottet zu haben.

Stichwortverzeichnis